诚挚感谢何道峰先生对本文集的出版资助

商玉生

ARTICLES IN COMMEMORATION OF 纪念文集

SHANG YUSHENG

爱德基金会传一慈善文化基金 编

SSAP 社会科学文献出版社
SOCIAL SCIENCES ACADEMIC PRESS (CHINA)

成长篇

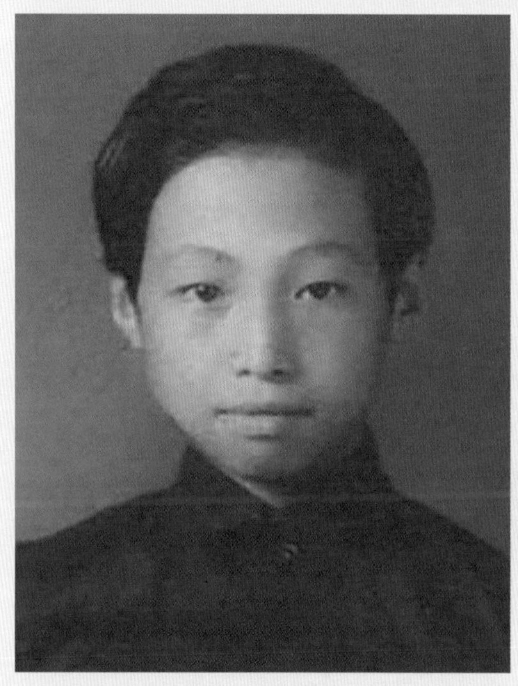

上图／ 商玉生先生少年时

下图／ 商玉生先生青年时

上图／ 商玉生先生中年时

下图／ 商玉生先生老年时

上图／1988 年 11 月 1 日正式成立吴作人国际美术基金会筹备委员会时合影。自左至右：钟涵、艾中信、邓林、吴作人、萧淑芳、文楼、郭剑明、葛维墨、刘勃舒、商玉生、周昭坎。

下图／1993 年第二次民间基金会经验交流与研讨会合影；第三排左一为商玉生先生。

上图／ 商玉生先生（右）在中国科学基金研究会二届二次理事会议上。

下图／ 2001 年 8 月，中国 NPO 培训工作会合影；后排右三为商玉生先生。

上图／ 2004 年，参加由恩玖中心组织的诚信系列培训试培训的学员、讲师与前来观摩的美国麦克利兰基金会代表合影；二排右一为商玉生先生。

下图／ 2004 年 11 月 NPO 高层管理人诚信系列培训第三期“治理的价值”培训合影；第一排左六为商玉生先生。

上图／ 2005 年 9 月 15-29 日，受美国麦克利兰基金会邀请，商玉生先生（二排右二）带队中国 NPO 访美考察团，先后到了旧金山、华盛顿和纽约，访问了美国的政府部门、大学、基金会、非营利组织、学术团体，进行了广泛的交流。

下图／ 2005 年，中国青少年发展基金会、中国扶贫基金会、爱德基金会联合发起“中国 NPO 自律行动”，由恩玖信息咨询中心担任执行机构。图为“中国 NPO 自律行动”发起人会议合影。前排左起：徐永光、商玉生、康晓光；后排左起：丘仲辉、何道峰、顾晓今。

上图／ 2009 年 12 月 9 日“基金会中心网”筹建工作会议；右二为商玉生先生。

下图／ 2010 年，商玉生先生（左）与徐永光先生在基金会中心网启动仪式上。

上图／ 商玉生先生老年时的工作照。

下图／ 商玉生先生（左）与朱传一先生（1925-2015）合影。

家庭篇

上图／ 1950 年代末，商玉生先生在北京大学就读期间与父母在天安门广场合影。
左起：青年商玉生、父商为东、母王淑喆。

下图／ 在 1988 年吴作人先生被比利时国王授予“王冠级荣誉勋章”的授勋仪式上全家合影。
前排左起：岳父吴作人、岳母萧淑芳、商玉生；后排左起：妻萧慧、女吴宁、子商宏。

2000年8月16日，商玉生先生（左）以家属身份，代表岳母、著名画家萧淑芳女士向中国青少年发展基金会捐赠一幅画作，以表达对希望工程及“中华古诗文经典诵读工程”的支持；右为时任中国青少年发展基金会常务副秘书长顾晓今女士。

2017 年全家合影。前排左起：商玉生、孙商徵羽、妻萧慧；后排左起：媳彭涛、子商宏、外孙女刘文萱、女吴宁、婿朱青生。

目　录

上辑　商玉生先生其言

中辑　商玉生先生其行

下辑　商玉生先生生平与自述

柔心柔情不柔骨　自强自律志后人

——编者的话

2020 年 7 月 15 日，商玉生先生永远离开了我们。

商玉生先生是当代中国民间公益创新发展的元老级、功勋级人物，是推动中国公益行业自律制度建设的第一人。他完全担当得起逝后的纪念与荣光。但在临走之前，他曾向家人明确表示“什么都不要”“不要葬礼，不要墓碑，不要建立他个人名义的基金（会)”。照此推想，纪念文集当也在他的“不要”之列。这些体现了他的畅达与通透。

既然如此，我们为什么还是决定要编辑这本纪念文集呢?

首先是为了纪念。这纪念里寄托着我们对商玉生先生的深情厚谊。它既是我们发自内心的致敬，也是我们在路上的一种反顾：通过对前辈走过的路、对前辈的身影与目光的反顾，我们不断充实以公益为志业的理想、信念、能力与行动，不随波逐流，不轻言放弃，并时时保持谦卑。

以此纪念为话题，我们彼此之间也可以进行一场新的真诚对话和精神交流。在对话与交流中，我们追忆商玉生先生的人生和公益历程，实际上就是在回顾中国社会转型、公益发展的历史。从中，我们重新面对和思考一些重大公共议题，例如，在中国社会的整体发展中，公益事业扮演的角色与作用的发挥、公信力的建设、人才的培养、专业化的提升、与政府及企业协作的机制等。由之，我们在一个更宽广的视野里，一起发现当下的问题与瓶颈，体验公益共同体的存在，并确认仍须努力的方向与重点。而这实际上也是商玉生先生生前的言传身教。

所以，为了纪念商玉生先生，记录下他走过的路、想过的问题、做过的努力，传承他的精神与信念，基金会中心网、中国基金会发展论坛、爱德基金会传一慈善文化基金、吴作人国际美术基金会决定于2021年7月联合举办商玉生先生逝世一周年追思会，并编辑出版这本纪念文集，具体编辑工作由爱德基金会传一慈善文化基金（以下简称“爱德传一基金”）承担。

这篇编辑说明题目中的“柔心柔情不柔骨，自强自律志后人”，取自何道峰先生《悼商玉生老》一诗。何道峰先生与商玉生先生是公益路上并肩探索的同行者，也是生活中相契甚深的挚友。商玉生先生去世次日，何道峰先生在美国含泪写下《悼商玉生老》，其中写有“执手长叙犹昨日，笑谈时局语尚温”，痛念之情，溢于言辞；悼诗的最后两句“柔心柔情不柔骨，自强自律志后人”，则更进一步表达了他对商玉生先生人格、智慧与事业的深刻理解。取这两句用作编辑说明之题目，正是希望这本纪念文集能成为一个入口，持续引导更多后来人，追寻和继承商玉生先生的精神境界与未竟之业。

依据“听其言，而观其行，而见其人”的整体思路，纪念文集分为三辑：上辑，是商玉生先生生前的文章、演讲和书信等共23篇，并收入了商玉生先生生前起草/领衔的两份重要文件——《中国非营利组织（NPO）公信力标准》《中国公益性非营利组织自律准则（草案）》，以及《中国慈善家》杂志的一篇访谈稿作为附录；中辑，是商玉生先生逝后，其家人、友人、同事等悼念他的文章，共10篇，并收入了《商玉生先生2020年线上追思会全纪录》和《更多对商玉生先生的（文字）纪念》作为附录；下辑，是商玉生先生的生平和口述史，并收入了《社会创业家》杂志对商玉生先生的封面报道作为附录。

虽然这些内容叠加起来也仍无法还原商玉生先生及其所经历的历史、时代的全部，却都是商玉生先生留给我们或经由商玉生先生而生发的宝贵资料。在此，再次向授权并支持我们编辑出版此文集的商玉生先生家属、生前诸好友、同事等致以真诚谢意（具体感谢名单在每辑开篇的“编者按”中详细列出）。特别感谢对商玉生先生知之甚笃的徐永光先生和吕朝先生为纪念文集作序。同时，衷心感谢社会科学文献出版社对纪念文集的出版，感谢何道峰先生对纪念文集的出版资助。

最后，由于编者水平所限，兼以时间匆促，本纪念文集的不足之处，在所难免，恳请广大读者和公益同人们给予批评指正。

徐会坛

爱德基金会传一慈善文化基金项目总监

2021 年 6 月

序1：斯人已去 唯德乃兴

徐永光

基金会中心网名誉理事长、南都公益基金会名誉理事长

商玉生先生长我10岁，我称他老商，奉为兄长。作为公益同侪，我们交往时间最长，从1990年至2020年，整30年。他晚年时因抱病淡出公益活动，见面少了，我和夫人会经常登门探访。每次叩响车公庄公寓老商家门时，总是商夫人萧老师开门相迎，她是吴作人和萧淑芳先生的女儿。我们入座的书房，是一代画界宗师吴作人用过的。萧老师招呼我们坐好，很快会端来上好清茶，陪着夫君和我们一起聊天。书香、茶香、斯人、斯景，无比温馨，令人难忘。

2019年春节拜年，我给老商送了一个进口腰部按摩器，希望帮他缓解一些病痛。听萧老师说，他常常用。2020年春节，新冠肺炎疫情来袭，无法前去拜年。再见时，已成永别！杨团、我和徐会坛代表两代公益人，为商先生默哀、悼念、送别。我泣血稽颡，献上挽联：

天降大任于斯人笃行公益大道其修远兮鞠躬尽瘁不止步

德惠无量一完人寄托美好社会未竟理想死而后已有来者

世上是否有完人？商玉生先生是当代中国民间公益创新发展的元老级、功勋级人物，是推动中国公益行业自律制度建设的第一人，他的专业追求、责任担当和道德感召力，令几代公益人高山仰止。按照儒家传统，

“立德、立功、立言”是成为完人的三条标准。依此标准，商玉生先生即为中国公益界一完人。他功德圆满，值得我们永远景仰。

商玉生先生1964年毕业于北京大学物理系，毕业后被分配到中国科学院物理研究所。“当初报考物理系，跟科学救国是有关系的，但那时整个科技的发展形势没法让个人实现科学救国的愿望。”（《为公益发展鼓与呼——商玉生先生口述史》）由于中国当时正经历着“文化大革命”，这位被保送北大深造的“学霸”抱憾未能在科学研究领域施展拳脚。然失之东隅，得之桑榆，20世纪80年代我国科学基金制创立，商玉生成为国家自然科学基金委员会第一批工作人员。从国家基金到民间基金，时代的因缘际会，给中国公益界送来了一位精英，中国公益从此得到改变。

国家自然科学基金委员会的成立和1988年国务院《基金会管理办法》的出台，激发了国务院各部委和一些省市科技基金会的建立。这些基金会属于民办范畴，国家自然科学基金委员会不承担对这些机构的监管和领导作用，为此，1988年，商玉生先生推动成立了“中国科学基金研究会”，其英文名为China Association of Science Foundations，可译作“中国科学基金会联合会”。这是商先生最早搭建的基金会联合平台。从那时起，他开始潜心研究和推动中国基金会行业的制度建设、自律及其发展，创造了一个又一个中国第一。

1989年，商玉生先生参与筹建吴作人国际美术基金会，历任副秘书长、秘书长、名誉理事长。吴作人国际美术基金会是中国最早、影响力最广泛的名人艺术基金会。

1990年8月，商玉生先生主导发起中国第一次民间基金会经验交流与研讨会——承德会议，并在发言中引用日本同行的话“阳光照不到的地方，我们去照”，向中国同行介绍第三部门的功能和定位。

此后，商玉生先生一直活跃在基金会交流合作的前台。那时候，没有一种紧密型组织形式，商先生成了自觉担责的天然召集人。他还联合10多家民间基金会，筹划成立中华基金会联合会（这个联合会后因种种原因未能最终成立），希望借此推动中国公益行业的发展。当年，商玉生先生五十多岁，在基金会领导人中属于壮年，还是一头黑发，故我在 2010 年（当时商玉生先生已逾七十高龄）基金会中心网成立大会上说，商玉生先生为探求中国基金会自律道路“熬白了少年头”。

1995 年，商玉生先生参加中国基金会访美代表团，赴美交流学习；回国后，主持编写了《美国基金会研究》。中国需要借鉴美国经验，成立基金会信息披露平台——基金会中心，正是他当年的想法。次年，他主持编写了国内第一本《中国基金会指南》。

1998 年，是商玉生先生在中国公益领域展现领导力的重要年份。基于对国内、国际基金会行业发展的深入研究与理解，时任中国科学基金研究会秘书长的他，领衔了中国民间基金会管理的系统研究，并召开了持续 4 天、规模 200 人的民间基金会管理报告会，发布了《基金会、非营利机构与法律》《基金会如何筹集基金》《基金的保值与增值》《面向 21 世纪的基金会》四个专题报告。这在当时可谓刮起一阵民间基金会旋风。

商玉生先生的“恩玖中心时代”也在这一年开启——“恩玖”为 NGO 之谐音。当时，基金会与非营利组织信息交流与联合起来共谋发展的呼声高涨，由时任中华慈善总会会长阎明复举旗、中国青少年发展基金会等机构参与推动的“中国基金会与 NPO 信息网”应运而生；但当时没法登记注册，只能在互联网注册国际域名。商玉生先生成为首个在互联网注册的中国非营利组织信息网的操盘手。用互联网做公益，在今天并不稀奇，但这事发生在 20 多年前。

2001 年，“北京恩玖信息咨询中心”（简称“恩玖中心”）在工商部门登记为企业，商玉生先生担任创始董事长（对外称“理事长”）。当年，没有官方背景是很难成立公益慈善组织的。以企业模式获得法人资格与合法账户，不失为绕道做公益的智慧之举。实际上，在香港，公益慈善组织也有公司登记的，但与营利企业不同的是，这些以公司形式设立的公益慈善组织为非营利组织，不分配利润。

商玉生先生还是推动中国公益行业公信力建设第一人，他对于非营利组织自律与行业发展所做的贡献，在中国公益史册上留下了浓重一笔。

“公信力系列培训”课程，被公认为中国公益行业专业化教育培训的奠基之作。这门课程在2003年启动，引进者是阎明复先生，资助者是美国麦克利兰基金会，而教材本土化和培训操作工作则由商玉生先生领导的恩玖中心完成。教材内容涉及公信力、筹资、领导力、治理四大部分，接受培训者达到上千人，本人亦是其中一员。除了培训，它还培养了一批培训师。上海徐本亮先生就是该项目产生的培训师，迄今还活跃在国内公益培训讲坛，弟子遍布全国。

2003年举行的“跨国公司与公益事业高级论坛”，发布了由商玉生先生执笔起草的《中国非营利组织（NPO）诚信和行业自律呼吁书》，当时公益领域有影响力的代表都在呼吁书上联署签名。

2005年，在民政部组织召开的首届中华慈善大会上，恩玖中心与中国青少年发展基金会、中国扶贫基金会、爱德基金会联合主办了NPO自律论坛并发起中国NPO自律行动，提出“中国NPO自律的九条守则”。

2008年，由上述三家基金会与恩玖中心合作开发制定的《中国公益性非营利组织自律准则》正式发布。该准则既遵照中国有关法律法规要求，又吸收了世界各国非营利组织公信力标准制定的成果，是引领中国公益性非营利组织走向卓越的宝典，今天仍适用，未来也不会过时。

2009年，鉴于商玉生先生年龄和身体原因，中国扶贫基金会执行会长何道峰继任恩玖理事长，并在北京注册成立了恩玖非营利组织发展研究中心，恩玖公司转身为民办非企业单位。接着，恩玖中心由我接手。接手过程如赴何道峰设的“鸿门宴”（一笑）。一天，道峰通知我到一个地方吃饭。到后发现在场只有道峰、老商和我三人。道峰拿出一份合同，说：“永光你签字。”“签什么字？”我很诧异。他说，我把恩玖中心注册下来了，但我这个理事长只能是过渡的。南都基金会是中心的发起机构，你接理事长顺理成章。他后面的理由让我无法抗拒：“老商已经70岁了，不能让他硬扛了。你才 60 岁（我的甲子年生日宴还是道峰精心安排的），所以恩玖的棒就该你来接！”此情此景下，我只有签字的份。

2010 年，以恩玖中心为载体、由 35 家基金会联合创办的中国基金会中心网成立。我任理事长，理事会决定商玉生先生为终身名誉理事长。基金会中心网的成立，实现了商玉生先生的夙愿，其域名“www. foundationcenter. org. cn”，就是 18 年前与“基金会与 NPO 信息网”同时注册的。基金会中心网的启动资金，也是他经营恩玖多年结余下来的。

回忆恩玖中心的成立，商玉生先生说：“从成立开始，我们就把自己定位为一个支持型组织，而不是操作型组织，面向 NGO，面向 NGO 和政府的关系，面向整个 NGO 的发展环境。那时候，恩玖中心有一个精英组成的理事会团队，如阎明复、朱传一、杨团、徐永光、何道峰、李小云、康晓光，都是比较活跃的、操作和理论都很强的专家。这是我们的核心力量，大家不断地研究、分析中国 NGO 发展中的问题。注册之后的几年，我们做了非常多的 NPO 支持性工作，也得到广泛认可。”（《为公益发展鼓与呼——商玉生先生口述史》）

2016 年，商玉生先生登上《中国慈善家》杂志 2 月刊封面。文中写道：从 90 年代开始，商玉生就是推动民间非营利部门发展的核心人物，但他性格平和温厚，总是谦让。“所有的成绩他都是讲别人，实际上他做了大量的主持、协调工作，很多幕后工作都是他来组织的。”吕朝说的这段话道出了大家的心声。2006 年，恩玖董事长商玉生带着执行长吕朝南下上海，复制恩玖中心，后来定名恩派公益孵化器。恩派 10 年，已经成为公益创新的成功范例，而幕后推手商玉生，并不为人所知。

桃李不言，下自成蹊。在商玉生先生指引下，一代代后来者正在继续把公益大道拓宽。他留下的精神财富和未竟理想，也将被一代代公益人继承和发扬。斯人已去，唯德乃兴，是之谓矣。

序2：不能失落的接力棒

——写在商玉生先生逝世一周年

吕　朝

恩派（NPI）公益组织发展中心创始人、主任

一　“死亡不是生命的终点，遗忘才是”

古人认为“立德、立功、立言”这“三不朽”的难易不同：“立德”有赖于见仁见智的历史评价，而众口铄金、黑白颠倒的事例比比皆是；“立功”要以身犯险，投入官场商海随众浮沉，且费尽九牛二虎之力也难有建树；相比而言，“立言”则比较稳当，正所谓“寄身于翰墨，见意于篇籍，不假良史之辞，不托飞驰之势，而声自传于后”①。

商老一介书生，人单力薄，从体制内退休后，大可颐养天年，闲暇时著书立说，然而，他却“任”字当头，在耳顺之年开始“创业”。曾国藩曾说：天下事，在局外呐喊议论，总是无益，必须躬身入局，挺膺负责，乃有成事之可冀。

如今，商老被纪念，是因为他那一辈人真正开了中国第三（社会）部门发展的先河；而他的不朽，则将是因为他所开创的事业得以传承，并生生不息。

① 参见曹丕《典论·论文》。

二　不能失落的接力棒

2004 年夏天，我给朱传一先生打电话说："我要告别公益圈，回去做生意了。" 朱先生说："先别急着走，明天我给你介绍一个人，你到那里做个志愿者，可以了解一下什么是真正的 NGO……"

我第二天要见的这个人就是商玉生先生，这个"真正的 NGO"就是恩玖中心。

商老一生值得称道的事迹很多，我和他的相交，正是他生命的最后 20 年，也正是中国的第三（社会）部门从无到有、发展壮大的时期。他亲身推动的几件事，后来都被证明对中国 NGO 的意义深远。

1. 推动 NGO 的法人化

恩玖中心成立于 21 世纪初，创办者中除了商老，还有朱传一、徐永光、杨团等当时中国最有影响力的公益领袖，民政部退休的老部长崔乃夫、民政部原副部长阎明复也给予了很大的支持，阵容不可谓不豪华，"关系"不可谓不硬，但在当时的历史条件下，也只能是工商注册。

2005 年秋天，商老找我说："上海浦东刚被批准为中国第一个综合配套改革试验区，其中也包含社会事业的突破创新。浦东民政局局长马伊里邀请我们去浦东发展。恩玖这么多年还只是一个工商身份，要把握这个机会，注册一个正式的公益法人。你去浦东吧，不是为恩玖，（而是）要为中国的 NGO 开出一条路来……"

当时 10 万元的注册资金分成三份，我出一份，恩玖中心出一份，商老说："我个人也出一份，表示我的支持和期望吧……"

这个在浦东注册的民办非企业单位，就是恩派的前身，而它所做的第一个项目"公益孵化器"就是让草根公益组织在创业早期得到全方位的支持，包括获得社会组织法人身份。随后，恩派在全国"开枝散叶"，也把"支持草根公益创业，并使之赢得社会公众和政府广泛认同"作为使命。

“组织化行善”只有获得了“准生证”，才能有法律保障的财权、人权和事权，才能成为区别于政府部门、事业单位、公司企业的另一种组织形式，也才能体现出自身的主体性。

2. 推动 NGO 的能力建设

翻看当年恩玖中心组织的大量培训活动老照片会发现，作为活动主要发起者和组织者的商老极少坐在“C 位”，而经常是“混”在学员里。这不仅是他一贯谦虚低调人格的体现，更是在传达一种 NGO 的价值观。从这样的细节中，我感受到 NGO 独特文化的冲击，也第一次发现这种所谓“非政府、非营利”的组织，可以呈现一种除了“上下级关系”和“交易关系”之外的社会关系。

当年，恩玖中心的能力建设培训源自原汁原味的西方 NGO 理论框架和实践案例，让我们大开眼界，起到“点灯”的作用；但商老始终鼓励我们继续探索如何与实际相结合。

经过十几年的实践印证，我以为，在当今中国有三种思潮在共同影响着“幼儿期”的中国 NGO。一是倡导扶贫济困、弘扬慈善文化的传统 NGO，其理念是“损有余而补不足”，注重第三次分配和利他精神；二是推崇科学理性、推动公民参与的现代 NGO，它们是西方几百年来宗教去魅化、政治多元化、经济市场化进程在社会领域的折射；三是强调优势互补、致力社会创新的当代 NGO，它从人类命运共同体的高度，从环境与社会的挑战出发，与政府、企业共生共创，合力推动问题解决。

这些认识和思考其实都是在不断回答当初商老等前辈提出的“中国 NGO 要走怎样的道路”这一根本问题。

记得当年在商老主持的能力建设课程中，很少有关于“筹款”和“项目管理”之类的“干货”课程，让人感觉有些不接地气，殊不知筹款再多，项目再“规范”，如果不搞清为什么需要钱和为什么做项目，也还将是白忙活了一场。

3. 推动 NGO 的诚信和自律

这是商老晚年最关注的课题。他和几位公益前辈共同发起了“中国公益性非营利组织自律行动”，成立了“中国公益性非营利组织自律联盟”，恩玖中心是自律联盟的执行机构，我当时因兼任恩玖中心的负责人，也参与了执行工作。说实话，当时我对这件事并不那么热心，因为我认为中国大量的草根组织起步低、能力弱，如果按照类似中国青少年发展基金会、中国扶贫基金会这样的大机构的管理水平来要求，会加剧资源的“马太效应”。

但现在看，我当时的想法有失偏颇。正因为公益领域乱象丛生，在外界的他律还不完善的时候，才应倡导高标准，为公益正名。“这种行业自律机制的建立，就可以避免‘一人生病，大家吃药’的麻烦，甚至将规避‘劣币驱逐良币’的可怕后果。”①

后来出现的“郭美美事件”，让我们看到，公众与公益组织之间因严重的信息不对称，存在强烈的不信任感，大大影响了中国公益事业的发展。

“中国 NGO 自律行动旨在通过建立自律准则，加强 NGO 行业的行为规范，提高社会公信力，促进我国公益性 NGO 的健康发展。”商老言犹在耳。

三　正心诚意，不忘初心

改革开放 40 多年来，中国初步建成了一个市场；但可能还需要几十年甚至更长的时间，中国才能建成一个“于家国之间，与政商并进”的社会。这是商老传下来的接力棒。

---

① 语出时任中国扶贫基金会副会长、“中国公益性非营利组织自律行动”第一届轮值主席何道峰先生。参见新华社《〈中国公益性非营利组织自律准则〉向社会发布》，2008 年 4 月 28 日，http：//www. gov. cn/jrzg/2008 -04/28/content_ 956713. htm。

有一则禅宗故事——

有个小和尚问老和尚："师父，你年轻的时候都干些什么呀?"

师父说："我就是砍柴、挑水、做饭。"

小和尚问："那你得道开悟之后，你都干些什么呀?"

师父说："我还是挑水、砍柴、做饭。"

小和尚问："那有什么区别呢？你活了一辈子也没什么进步啊?"

老和尚说："不对，有进步。我年轻的时候是砍柴的时候想着挑水，挑水的时候想着做饭。现在呢，我开悟了，我现在砍柴的时候就砍柴，挑水的时候就挑水，做饭的时候就做饭。"

目标明确了，干好眼下的事情最重要，想太多也无益。

"功成不必在我"是情操，"功成必不在我"是宿命。

商玉生老师千古！愿您的事业永存！

上　辑

商玉生先生其言

商玉生先生是一位有思想的行动者。此辑收录了其生前在1993年全国性民间基金会工作交流和研讨会、1995年中华慈善大会等重要场合的发言，在《NPO纵横》《研究报告专刊》《学会》等刊物上发表的文章，致美国麦克利兰基金会合作伙伴的信件，以及部分手稿内容，共23篇，主要记录的是他从20世纪末到21世纪初对中国公益慈善事业发展的历史、挑战与机遇的思考，以及他在带领“基金会与非营利机构信息网”（后注册为“恩玖信息咨询中心”）开展NPO诚信培训项目、推动自律行动、搭建行业交流平台等工作过程中的行动追求与实践总结。这些文字或由商玉生先生亲笔所写，或由公益同仁整理而成，但都是商玉生先生其言的真实记录；从中，不但可以读到商玉生先生的洞察、睿思与理想，还可以读到他的实事求是、上下求索与其犹未悔。

商玉生先生的遗孀萧慧女士、儿子商宏先生、女儿吴宁女士，为本辑内容提供了大量原始资料，包括商玉生先生的手稿；原恩玖信息咨询中心工作人员章萍女士，为本辑内容提供了大量标注了录入时间的原始电子文档；长青图书馆工作人员任梦洁女士、李秋池先生，为本辑内容提供了《中国基金会的发展现状与体制分析》《中国基金会发展二十年回顾》《文化与传承：中国基金会百年》《中国NGO诚信发展报告》《自律，NPO生存之本——在中华慈善大会NPO论坛第六期开幕式上致辞》《信号、方向、希望——首届中华慈善大会点评》《〈NPO纵横〉创刊词》《做人做事的哲学——写在德鲁克〈非营利组织的管理〉中国大陆出版之际》等文章发表刊物的扫描件；基金会中心网工作人员王璐女士、王丹丹女士为本辑内容找到登载《中国民间公益组织自律与互律之路》一文的出版物；此外，《中国慈善家》杂志授权本辑收录该杂志2014年对商玉生先生的一篇访谈稿作为附录，这篇附录的作者是李睿奇女士，在此一并诚挚感谢。

发展我国民间基金会的思考（1993）*

一　吴作人国际美术基金会四年小结

吴作人国际美术基金会是我国为数不多的完全靠民间筹集基金而不靠官方投资或资助而设立和运行的民间基金会；它的工作由独立的理事会领导，因而也是独立自主型的基金会。

从工作内容和基金使用对象来看，吴作人基金会是属于奖励和资助型的基金会。由于设立了海内外艺术家组成的艺术委员会，奖助工作充分依靠专家，发扬学术民主，使基金会的工作在改革大潮中，始终保持和坚持自己确定的宗旨和目标。它既坚持了正确的方向，又顺应了形势，努力开拓新局面，在国际、国内产生了相当广泛的影响。

吴作人基金会 1989 年设立，至 1992 年底，共收到吴作人先生及海内外人士捐款 16 项，共计 34 万元。3 年多来，开展各项奖助活动 14 项，颁发奖金和资助金 7 万元；出版美术交流刊物 10 期，支出 5 万元。

二　美国和日本民间基金会概览

私人基金会在国外历史相当久远。私人慈善事业实际上是私人基金会

* 本文是商玉生先生以吴作人国际美术基金会副秘书长身份在 1993 年全国性第二次民间基金会工作交流和研讨会上所做的报告；其中二～五节小标题为编辑时修改或添加。

的始祖，这种观念可追溯至古老的时代。但是，一直到 1601 年（即英国伊丽莎白王朝时代）才有了针对慈善事业创立、管理的慈善法。这一法律，赋予一切从事社会公益事业的私人和组织若干特权，其中最重要的是免税权。这一法律的颁布，对当时各种类型的慈善事业，包括私人基金会的发展，起了很大的推动作用，而且为后来乃至今日私人基金会的创建、发展与完善奠定了法律基础。

现代基金会最发达的当属美国。据 20 世纪 80 年代末统计，全美各种公众慈善机构有 30 万个，而尚在运行的基金会有 2.8 万个（一些曾经建立但目前已不再运作的不计在内）。2.8 万个基金会中，资产超过亿元的有 150 多家，其中 10 家最大的私人基金会资产都超过 10 亿美元（见表 1）。

表 1　美国 10 家最大的私人基金会

单位：亿美元

排名	名称	总资产（1988 年）	年资助额
1	福特基金会	55.09	2.19
2	保罗·格蒂信托会①	39.82	1.49
3	凯洛格基金会	35.81	0.89
4	皮尤慈善信托会②	23.11	1.22
5	麦克阿瑟基金会③	22.80	1.13
6	莉莉捐赠基金会④	19.83	0.71
7	约翰森基金会⑤	19.08	0.91
8	洛克菲勒基金会	16.76	0.71
9	梅隆基金会	14.78	0.67
10	克雷斯吉基金会	10.46	0.39

注：①指 J. 保罗·盖蒂博物馆信托，即 J. Paul Getty Museum Trust。

②指皮尤慈善信托，即 The Pew Charitable Trusts。

③指艾伦·麦克阿瑟基金会，即 Ellen MacArthur Foundation。

④指礼来捐赠基金，即 Lilly Endowment。

⑤指罗伯特·伍德·约翰逊基金会，即 The Robert Wood Johnson Foundation。

日本称民间基金会为财团法人，1988 年统计为 11782 个，其中全国性的 3129 个，地方性的 8653 个。日本资产前 10 名的基金会见表 2。

表 2　日本资产前 10 名的基金会

单位：亿日元

排名	名称	总资产（1988 年）	年资助额
1	日本造船振兴基金会	380	5.7
2	笹川平和基金会	220	3.7
3	稻盛基金会	159	1.9
4	广播文化基金会	133	3.5
5	车辆竞技公益资金纪念基金会	122	9.8
6	トヨタ基金会	116	5.1
7	日本保险基金会	105	5.6
8	セゾン文化基金会	93	1.9
9	吉田育英基金会	80	3.2
10	三菱基金会	80	2.8

三　我国 20 世纪初的民间基金会

我国民间基金会之所以长期得不到发展，固然有过去政治不稳定、经济不发达等因素，但对民间基金会存在的必然性、发展的必要性在认识上不清楚，也是重要原因之一。

实际上，我国民间基金会的发展至少可以追溯到 20 世纪初。

1915 年，我国一些在美国的留学生发起组织了“中国科学社”，利用永久会员交纳的会费和向社会募集的基金，开创了我国民间基金会的先河。该社于 1918 年迁回国内，数十年间，艰苦地从事着科学教育方面的资助活动。

20 世纪 20 年代，我国著名爱国将领张学良将军在掌管东北军政大权的同时，走以教育复兴中华民族的革新之路。他亲自担任东北大学校长，又从他父亲张作霖遗产中拨款 200 万大洋建立了“汉卿奖学基金”，用来资助东北大学优秀毕业生出国留学深造和教师出国考察进修。对每届各系各专业第一名毕业生均在毕业典礼上当场宣布资助其出国留学。1929 年，东北大学毕业生中毕业成绩名列第一者均由学校出资送英、美、德留学。

我国民族资产阶级中不乏有识之士，捐资设立各类奖学金。如由香港怡和有限公司顾问、顾氏有限公司董事长顾乾麟先生1939年在上海设立的“叔蘋奖学金”即是典型的一例。顾乾麟先生17岁时，父亲去世，他即继承父业，入怡和公司任职。由于他经营有方，产业发达，业务兴旺。但他未忘记对社会的责任，以“得诸社会，还诸社会”的信念，出资建立了以他父亲命名的奖学金，那时，他才30岁。奖学金宗旨中写明：“为纪念顾公叔蘋生前乐善好施，提倡教育不遗余力之遗志，特设纪念奖学金，以造就本埠贫寒男女中学生或高小毕业生之无力负担学费以继续升学者，由本处给予奖学金以培植之。”得奖学生必须是学期总平均成绩在85分以上，品行端正，家境贫寒，经过奖学金管理处的考试和家庭经济状况核查，确实符合条件的。奖学金起初规定资助学生上中学的学、杂、书费，以后待遇越来越优厚。如生病治疗可资助医疗费；成绩特别好的可资助膳宿费；高中毕业后升大学的继续资助学费（私立大学）或膳宿费（国立大学）；大学毕业后出国留学的资助出国费用。

叔蘋奖学金从1939年设立，至1949年，共办了20期（以一学期为一期），得奖学生累计达1000多名。以个人的财力，资助这么多学生上学，这在当时的上海是首屈一指的。

值得庆幸的是，叔蘋奖学金在1949年顾先生由上海移居香港而中断37年之后，1986年又得以恢复，具体确定先在上海市第三女中和上海中学各设40个名额，由在上海的原“叔蘋奖学金”得奖学生代为主持。如办得有成绩，打算把名额逐步扩大到400名。顾先生还立下遗嘱，在他的遗产中，将有一笔足够的款项留作奖学金，把奖学金坚持办下去。

四　改革开放以来，我国民间基金会的发展

在改革开放大潮中，我国民间基金会有较大的发展，1988年还制定和颁布了针对民间基金会的管理办法等。但从整体上来说，我国民间基金会

的发展还处在刚刚起步的初级阶段，主要表现为以下几方面。

一是基金会的数量、规模、所涉及的领域和工作范围，都是很有限的，与社会的需求、与经济和社会发展的水平存在相当大的差距。

二是目前所设立的民间基金会大部分属官办、半官办，而由公司、企业或个人投资设立的民间基金会所占比例甚少。

三是一些所谓的基金会实际上与民间基金会概念相差甚远，有些民间基金会独立工作性能较差，带有较强的部门和行政干预色彩。

四是在民间基金会的管理上，还缺少适应我国经济社会发展状况的政策和法规，尤其是针对基金会事业发展的免税等优惠政策。

五是对我国民间基金会发展中若干理论和实际问题的研究基本上处于自发阶段，有些工作还是空白。

目前，我国民间基金会的发展正面临建立社会主义市场经济体制的挑战和机遇。如何规划和发展民间基金会，是我们面临的一个重要课题。

首先，民间基金会的产生基于社会的一种需要，这种需要是民间基金会得以生存、发展的内在原因、基本动力。民间基金会对社会所发挥的作用是不能由其他方面所取代的。

一是民间基金会可以调动和发挥社会的力量、社会的资金用于社会，这是任何一个健康社会、文明社会所不可缺少的。

二是民间基金会的工作在社会生活各方面可以起政府、国家所顾及不到的拾遗补阙作用。

三是民间基金会具有快速反应、动作灵活的“雪里送炭”功能，可以随时改变、调整资助方向和投资方向，以发挥短平快和资金利用及时有效的作用。

四是民间基金会可以摆脱不必要的行政干预和官僚主义之害，使有限的资金发挥出大的效用等。

因此，民间基金会资助金尽管少，只要细心使用，是能发挥重要作用的。

其次，经济的发展、综合国力的提高为我国民间基金会发展提供了物质基础和条件。

我国现在处于21世纪经济发展最快的时期，因而也面临民间基金会发展的一个新的高峰时期。在我国民间基金会发展的第二个十年中，以下两种方式的民间基金会应引起应有的重视和关注：一是由企业、公司或集团兴办的各类民间基金会将是我国基金会发展的重要方向和趋势；二是由个人、家庭创办的独立自主型民间基金会将有相当大的发展潜力和势头。

最后，政策是民间基金会发展的生命和灵魂。

面对发展民间基金会的大好时机，能不能抓住机遇，正确引导，使民间基金会发展不仅在数量上、规模上，而且在质量上、在工作模式和水平上都能上一个新的台阶，这决定于我们制定何种政策。

五　关于发展和建立中国特色的民间基金会的几点建议

1. 加强对民间基金会的调查研究工作，逐步完善基金会法律法规

对我国民间基金会地位、作用及应采取的方针、政策研讨是非常必要的。最近（不确定时间），中共中央办公厅调研室把中国科学基金制列入课题之一，这不仅对我国科学事业，而且对基金工作都是一次极好的机会。调查所要解决的问题是如何在社会主义市场经济体系下发展和完善科学基金的问题。我国民间科技基金会虽然还不发达，在科学基金制中所占比例很小，但作为我国科学基金制体系的组成部分，已被社会所承认和重视，中办调查组报告中，也对民间科技基金会给予肯定和评价。

1992年成立的中国科学基金研究会①，对我国民间科技基金会的地位、作用也给予高度重视，我国民间科技基金会发展中的一些理论和实际问

① 中国科学基金研究会经民政部批准和注册登记于1992年12月成立，业务主管部门是国家科技部，挂靠国家自然科学基金委员会，办公地址在北京；商玉生先生曾担任该会秘书长直至退休。

题，将作为研究会的研究任务之一。

民间基金会的主管部门面对大发展的良好时机，不应采取阻止、限制的办法，而应严肃对待，认真研究，积极引导，尤其是让政策和相应的法规走在前面。

2. 建立民间基金会数据中心

中国科学基金研究会已把建立全国各类科学技术基金数据和信息中心及出版《中国科学基金年鉴》，作为经常性重要任务。截至 1993 年，在中国科学基金研究会注册的团体会员单位 70 多个，也包括一些有影响的民间科技基金会。

为了及时掌握民间基金会发展情况，建立一个数据信息中心是必要的。

3. 加强国际合作和联系

国际化是基金会发展的重要趋势之一，由于中国具有的特殊地位和文化背景，开展全方位的国际交流是有条件和必要的。为了形成一个有力量的对外统一的合作能力，加强自身建设、完善管理和联合起来是一个可取的方式。

4. 建立民间基金会联谊会

关于修订《基金会管理办法》发展我国基金会事业的意见（1999）*

在中国悠久的历史长河中，虽有乐善好施的传统美德，也不乏由民间办学、修路建桥、散财济贫等慈善行为，但这些社会公益行为，常常表现为个人行为、家庭行为或乡里行为。我们研究的初步结论是，在我国数千年漫长的历史中没有形成如西方基金会这种组织形式。因而，我们的老祖宗也没有给我们留下有关基金会的法律及相应的减免税政策供借鉴。研究中国基金会的历史表明，中国的基金会这种组织形式还是由西方引进的。其历史可以追溯至 20 世纪初。

1915 年，由一批留美学生发起成立的“科学社”（后改为“中国科学社”）也许可以称为中国最早的具基金会形态的科学组织。而帝国主义列强，如美、英等国，利用退还的庚子赔款设立的“教育基金”及相应的“基金管理机构”，从本质上讲，是为帝国主义文化侵略服务的工具。而 20 世纪 20 年代，东北军司令张学良将军以家资 200 万大洋在东北大学设立了“汉卿讲学基金”，资助东北大学优秀毕业生和教师赴西方留学深造，这是张将军提倡教育兴国、全面学习西方主张的体现，此基金虽只实行了几年就因日本入侵东北而中断，但在中国基金会史上，占有开创性的重要地位。抗战期间，上海企业家顾乾麟先生为纪念其父设立了“叔蘋奖学基金”，资助家乡贫寒而有发展前途的子弟上学，是企业家设立基金的实例。

---

* 本文发表刊物/场合不详。

相比起来，我国当前民间基金会的发展却远远落后于改革开放形势发展中社会的广泛需求。20 年改革开放、建立社会主义市场经济和实现小政府大社会进行全面改革的大好形势，已为中国基金会发展提供了巨大的潜力和广泛的发展空间，但基金会的发展现状却与之相悖。分析其原因，主要是受到非常严峻的法律和社会政治、经济环境的制约。

1988 年由国务院正式公布实施的《基金会管理办法》对规范管理 80 年代后期中国基金会的发展起到一定作用，但其本身就存在重要不足乃至失误。其中最大的问题是把民间基金会视为一种（准）金融机构，从而把中国的中央银行——中国人民银行推上了审批基金会的监管机构的宝座，这不但在国际上是唯一的管理体制，而且为相当多基金会的不良行为提供了借口和机会。另外，也没有区分基金会与社会团体的不同。同时，由于《基金会管理办法》只有 14 条，条款粗糙、缺少管理思路，加之缺少研究和协调，缺少权威性和可操作性，一些对基金会发展有利的条款却难以落实和执行，个别条款甚至从未实施过。

经过 11 年以后，特别是 1998 年 10 月《社会团体登记管理条例》和《民办非企业单位登记管理暂行条例》公布后，更突出了《基金会管理办法》重新修订的迫切性和必要性。

我们有改革开放 20 年的实践和中国非营利组织和基金会发展的经验，也有一些法规可供借鉴，以及 1999 年 9 月 1 日生效实施的《中华人民共和国公益事业捐赠法》，已为我们重新修订《基金会管理办法》提供了可借鉴的根据和修改方向，其时机已经成熟。

我们希望，民间基金会能在修改过程中介入其中，为制定基金会管理新的办法提供研究报告和修改意见。对此，笔者对修改《基金会管理办法》提出以下意见。

1. 关于基金会的界定问题，包括基金会定义、性质、作用，主要解决该法规的适用范围问题

基金会这一名称在国际上被广泛使用，但不同国家、地区，对基金会的定义、解释并不统一。对本办法所界定的基金会应该具体明确，既与国际惯例接轨，又符合中国国情。一些称为基金会而与本办法界定有别的组织，本办法应不予承认；而一些因某种原因不叫基金会但却符合本办法基金会界定标准的组织，则仍可视为基金会，并享有本办法所赋予基金会的优惠政策。

2. 关于改进基金会管理体制问题

中国基金会成立的批准和登记注册程序被国际上称为“三部制”，即需要分别通过业务主管部门、中国人民银行和民政部民间组织管理局三个部门的审核。实际上，作为非营利组织和特殊社团的基金会本身并不具备任何金融机构或准金融机构功能和性质。从 1988 年《基金会管理办法》公布以来的 10 年基金会发展和执行《基金会管理办法》的过程中，也非常清楚地看到，不能把基金会视为任何形式的金融机构，因而，由中国人民银行负责审批基金会是不必要的，在国际上也无先例。建议取消由中国人民银行审批基金会这一程序；基金会作为特殊社团，其登记管理部门由民政部统一承担。

3. “依法”审批基金会

要依法审批基金会，不能以“领导批示”或“人情”决定基金会能否成立的命运。严格管理、严格登记注册程序是为了使基金会健康发展，而不是控制其发展。1988 年《基金会管理办法》出台之后，几乎一直在整顿基金会，限制其发展。政策大于法规，以至正式批准注册的基金会发展缓慢。1993 年，正式注册的全国性基金会有 55 个，而 1999 年，也不过 70 多个，平均每年增加 2 ~ 3 个。

但由于社会需求的驱动，未注册或以其他方式生存的基金会数量增多，这无疑增加了管理的难度。由于有法不依，或者疏于管理，既损害了政府的威信，也损害了基金会事业的崇高性。

4. 解决减免税收政策问题

世界各国普遍对基金会及非营利机构有减免税政策，体现了政府对这一公益事业的支持。但中国目前的税收政策对公益捐赠吸引力很小。

当然，税收政策优惠是个非常敏感和复杂的问题，不但涉及税种、减免税幅度，而且涉及对获减免税资格的认定等一系列问题。一个国家对基金会和非营利机构的优惠政策，既体现了政府的政策导向，也体现其管理水平的高低。

新的基金会管理办法不可能不涉及这个问题，建议做好调研和协调工作，对优惠税种、减免幅度、减免项目及机构认定的标准、程序及监督做出切实可行的规定。

5. 基金会资产的性质

基金会资产的所有权和性质一直比较模糊。《中华人民共和国公益事业捐赠法》第 7 条对此有了规定，即“公益性社会团体受赠财产及其增值为社会公共财产，受国家法律保护，任何单位和个人不得侵占、挪用和损毁”。因此，基金会的资产不管来自何处（政府或事业单位、企业或个人的捐赠等），一旦赠予基金会，就成为基金会所有，即成为“社会公共财产”，不是国有财产，也不是个人财产。

6. 基金会基金的运作

政府关心基金会基金运作的安全可靠，并对基金运作给予一定限定的考虑是有道理的。但不能把基金会增值渠道堵死，置基金会基金的保值、增值于困境。

1988 年《基金会管理办法》最重要的条款当是开放基金会基金运行渠道，即允许基金会基金“存入金融机构收取利息，也可以购买债券、股票等有价证券……”（《基金会管理办法》第 7 条）

虽然一些基金会在基金运作中受到损失，基金会主管部门通过行政文件又限制基金会基金的运作，但基金会基金必须进入市场运作，政府应在政策性上给以支持，使之在合法、安全下达到较大的增值。

7. 建立非营利性基金管理公司，支持中、小基金会基金运作

为了保证中、小基金会基金运作的安全、有效，建立基金会基金管理公司，托管中、小基金会的基金。该基金管理公司所托管的基金属非营利性的公益机构，其收益不对个人分红，不能消费，而是返回到社会公益事业，因而，可以争取政府主管部门对之给以一定的优惠和政策倾斜。

8. **制定关于社区基金会、企业基金会及名人基金会的有关政策**

新的《基金会管理办法》应该为基金会发展提供一定的空间，尤其对预测将要有更大发展的社区基金会、企业基金会及名人基金会留有发展的余地，并给予一定的鼓励政策。

9. **基金会行政开支和筹资成本问题**

对基金会运作需要的行政性和运作成本支出，在国际上是通用的做法。中国基金会应该占多大比例不宜在办法中定死，可在细则中或管理部门的文件中加以规定。因为不同基金会的比例差别很大，而基金越小的基金会，行政开支所占的比例越大，而中国基金会绝大多数是小型基金会。

对筹资成本亦应在新修改的《基金会管理办法》中有所承认。

10. **基金会内部管理和自律原则**

一个完整和健全的基金会应包括顾问参谋层、领导决策层、业务执行层和监督反馈层。由于我国大多数基金会规模小，专职人员少，可以采用设立非常设机构，由志愿者或兼职人员担任一些工作的做法。

11. **建立基金会服务机构**

应该支持建立为基金会服务的中介机构，如信息咨询、财务会计、人事管理、审计评估等机构，以为基金会提供服务。

12. **关于基金会联合会**

应支持基金会之间的相互交流、合作，建立基金会行业间的自律和协调机制。

《基金会管理办法》修订座谈会综合报告（2000）*

2000年1月13日，中国科学基金研究会在民政部民间组织管理局支持下，在北京国际艺苑主持召开了"《基金会管理办法》修订座谈会"，70多位基金会领导、管理者、专家及民政部官员与会。中国科学基金研究会法人代表、前秘书长、中国基金会管理体制研究课题组组长商玉生主持了会议，民政部民间组织管理局副局长陈光耀介绍了国务院关于修订《基金会管理办法》的基本原则、要求、步骤和大致进度，并对本次座谈会的目的、方法等提出意见。与会者各抒己见，发表了许多见解。根据会上的发言和有关资料，初步归纳如下。

一　关于立法原则

1. 前瞻性

一部法律或法规总要使用几年、十几年，因而制定时，不仅要从现实出发，而且要有预见性，对事物发展趋势和特点有所研究和预测，即前瞻性。

2. 权威性，可操作性

写进去的就要能执行、可操作。吸收1988年《基金会管理办法》一

* 本文原载于《基金会与非营利机构信息网研究报告专刊之三》，2000年2月。

些条例不能执行的教训，制定期间一定做好充分调研和协调工作，体现法律的权威性和严肃性。

3. 原则性和灵活性相结合

有的条款要具体，但有的条款要原则一些，以便根据形势发展或特殊情况加以灵活处理，具有一定的灵活性和伸展性。

4. 培育发展与监督管理并举

应体现培育发展和监督管理并举的方针，而且从根本上说，监督管理也是培育发展的重要内容。

5. 体现管理的层次和责任

该由政府部门（业务主管或登记机关）管的，一定要管好、管住；该由民间组织自己负责、自己管的事情，明确其承担的责任（包括法律责任）；不该由政府部门管的，政府部门坚决不管，但可以行使监督权利。

二　基金会的定位及该法的地位

1998 年公布的《社会团体登记管理条例》总则第二条指出，“本条例所称社会团体，是指中国公民自愿组成，为实现会员共同意愿，按照其章程开展活动的非营利性社会组织”。按此条规定，我国现在的基金会，均应不在“社会团体”之内，也不适用于《社会团体登记管理条例》的适用范围。

因此，我们应该制定的基金会法规不该是《社会团体登记管理条例》的细则，也不是其补充规定，而是一部与之相并列的另一个民间组织的法规，即《基金会登记管理条例》。据此，该条例绝不是 1988 年《基金会管理办法》的简单修改，可以说，是重新制定一部新的条例，1988 年《基金会管理办法》中合理的、适用的内容当然而且应该纳入新条例之中。

照这样分类，我国的民间组织可以分为三类，即社会团体、基金会和民办非企业单位。这一分法，也同世界上许多国家的分类原则相一致。大陆法系国家对法人的最基本区分是社团法人和财团法人。社团法人是以人的集合为基础而具有法人资格的社会组织；财团法人是以财产的集合为基础而具有法人资格的社会组织；公益性的财团法人即公益性基金会。

三　基金会的定义和分类

该办法所称的基金会应有以下五个主要特点。

一是拥有一笔资金或资产。

二是社会公益性的组织。

三是非营利性的组织。

四是民间性。

五是合法性。

基金会的定义可以有多种，如下。

第一种，“基金会是对由社会组织或个人为社会公益事业而自愿捐赠的资产进行管理的非营利性公益组织。”

第二种，“基金会是为了某个特定目的而捐赠的基金而成立的非营利机构。”

第三种，“基金会是一种非营利的、非政府的组织，它本身拥有资金或资产，从事社会公益事业或者提供经费给其他非营利机构，用以资助或支持为社会大众服务的、慈善的、教育的、文化及科学的公益活动。”

由于我国基金会发展历史很短，基金会的发育还很稚嫩，从目前状况看，我国基金会有以下几个明显的特征。

其一，官方色彩浓。不但体现在基金会成立背景、运作领域、经费及条件支持方面，而且体现在观念，体现在工作和运行模式和方法上。

其二，基金会规模小、数量少。多数基金会资产规模在几百万至几千万元，而且大多数存在严峻的基金困难，因而主要是边筹资边工作的运行模式。目前，中国基金会才有近千个，可靠资料显示，日本有基金会

13500 家、韩国有基金会 5 万家以上。

其三，大多数是自行运作型基金会，真正属资助型基金会的极为个别。

其四，管理不规范，工作人员不稳定，总体从业人员素质和管理水平较低。

其五，基金会类型少。企业型基金会、社区基金会还未发展，个人或家族捐赠、遗赠型基金会应有潜在的发展前景。

把中国目前基金会加以分类是困难的。从目前情况和长远发展来看，还是分两大类为好，即一种是资助型基金会（目前很少，但应该有发展前途），另一种是运作型基金会，一边筹资，一边自己搞项目，从事社会公益活动。当然，可能有的基金会是两者兼而有之，只能称为混合型。对资助型和运作型这两种基金会，应该在相关政策上有所区别。

四　关于成立基金会条件

成立基金会的核心问题之一是基金问题。基金会的原始基金是设立者的捐赠或遗赠。这涉及基金来源渠道的限定和正当、原始基金的数额限定、基金的构成，即流动基金、动产不动产及其他资金、基金的到位、验资以及捐资人（包括团体）资格的认定等。

基金会的设立者可以是一个人、几个人，亦可以是单个法人或多个法人；而法人可以是企业法人、事业法人、社团法人以及政府有关部门。对海外个人或法人在中国境内单独设立基金会可以有条件地开个口子。特别是海外华裔个人或团体为支持家乡公益事业和祖国建设而设立的基金会应该欢迎和给予一定的优惠。

设立者捐赠或遗赠资产，应符合以下条件：捐赠者必须是资产或遗产的唯一所有者；捐赠必须是自愿的；资产必须是合法的；设立目的必须是为社会公益事业服务的。

捐赠资产可以是现金、各种有价证券、企业股份、房地产以及仪器设备、办公交通工具等，无形资产及专利等知识产权的捐赠亦应包括在内。

设立基金会的最低资产限额问题：中国政府对设立基金会最低注册资产历来是有限额的，要求限额就是一刀切；关键是这一刀砍在哪里？这不仅是资产多少问题，还涉及政府对基金会发展的认识、基金会基金运作的有效性以及限额基金的目的等因素。

从 1988 年的 10 万元到 1995 年的 210 万元，及由此产生的一系列问题，令我们进一步思虑，这一刀该砍在哪里？以及是否对一切基金会都用一把刀子？

从中国基金会目前资产情况看，搞 210 万元限额，全国性基金会的 15%、地方性基金会的 50% ~60% 不能达标（当然，一些基金会为了达标也采用企业法人注册、借用资金的办法）；如果提高“门槛”至 500 万元，那么 40% 的全国性基金会、80% 的地方性基金会均成问题。

利用大额本金进行安全、有效运作的效益开展基金会活动是一些大型资助型基金会的做法，对它们来说，本金越大越利于工作。但中国的基金会还达不到完全利用本金的收益开展活动的地步，因而，对注册资金的最低限额也达不到国外大型资助基金会对注册资金最低限额的目的。

另外，是否不一刀切，对不同类型的基金会用不同的限额标准？对企业设立的基金会、遗赠设立的基金会、资助型基金会、社区基金会、海外机构设立的基金会，可以要求高一些，比如 1000 万元标准，而对刚刚兴起的名人基金会、华侨回乡设立的公益基金会、科技教育和奖励基金会，其门槛可以低一些，比如 200 万 ~500 万元，甚至可以再少一些，或者通过成立专项基金托管或信托型基金会方式加以解决。从目前情况，不宜把限额提得太高，目前的 200 万元定位对全国来说是合适的。

五　关于基金会基金增值问题

（1）作为捐赠人捐赠基金的托管人（机构）——基金会，必须对托管基金进行正确、有效的管理：投资不当、轻率造成失误是应当尽量避免的；但是对基金不设法运作，不能使之保值、增值，致使基金萎缩也是失职，也是不允许的。这是人们经常忽略的一条原则。

（2）基金运作应遵循安全、合法、有效的原则，缺一不可。

（3）在基金会基金采用何种方式运作增值的问题上，条例不宜限制太死。因为基金托管人更关心基金的运作效果，如果投资不当造成损失，由管理人承担责任。

（4）《基金会管理办法》中的第□条[①]可以保留。

（5）作为对社会公益事业的支持，政府应当给予基金会基金投资某种倾斜政策，如对公共基金、对社会福利基金运作的优惠政策可以用于基金会基金的运作。

（6）对建立中小基金会基金管理机构，给以政策上的支持。

（7）有人建议：利用发行社会福利彩票筹得的基金，可以对基金会开放，或者为基金会的社会公益事业发行专门彩票筹集基金，发展、扩大基金会的本金。

六　允许基金会从事经营活动

即民政部、国家工商管理局《关于社会团体开展经营活动有关问题的通知》中允许社会团体从事经营活动做的申请，基金会也可以。

允许基金会从事经营活动有利有弊，但只要抓住管理的要素，即基金会自身管理制度和纳税问题，还是利大于弊，对于违规操作，或者违背非营利机构宗旨，可以处罚，以至追究法律责任。

---

① 此处原文难以辨认；鉴于本节内容是关于基金会基金增值问题，故推测指的可能是原《基金会管理办法》中的第七条：“基金会可以将资金存入金融机构收取利息，也可以购买债券、股票等有价证券，但购买某个企业的股票额不得超过该企业股票总额的20%。”

七　争取税收方面的优惠政策是基金会立法中的核心问题之一

税收也是国家对基金会实施有效监控的手段之一，因而政策性极强。

第一，关于免除所得税问题。世界上大多数国家对非营利组织的收入均有免征所得税的规定，但不同国家其规定又不同。针对中国的情况，提出如下建议。

一是实施免税机构认定制度。一些国家对凡正式注册的非营利机构一律认定为免税机构，涉及面太宽，不易实施。对已注册的正式基金会，是否享受免税待遇及其属哪种免税类型，加以认定；认定的免税机构在以后的年度中如有违反规定行为，还可以取消其免税待遇并补交税金。

二是对不同类型收入采取不同的免税政策。对来自捐赠或者来自政府及相关部门的资助，免征所得税。

三是对被动收入，如股息、红利、投资收益等，亦免除收入所得税，只要这些收入用于开展为宗旨服务的非营利目的活动。

四是对商业性收入可考虑享受一定比例的免税待遇，如50%。

第二，关于捐赠公益性非营利机构和基金会免征遗产税问题。建议条款中规定，凡是遗赠基金会的财产一律免征遗产税。

第三，关于减免关税问题。境外公司、机构或个人向基金会捐赠用于公益事业的物资，免征关税和增值税；但赠送与公益事业无关的物资应照法律、法规的规定纳税。

第四，向获得免税机构认定的基金会捐赠资金和财产的企业及其他社会组织，享受关于企业和单位所得税的优惠待遇，以不小于10%（中国目前是3%）计。

第五，向基金会捐款或财产的个人，亦享有减免所得税待遇。

八 关于设立分支机构问题

对于一些基金会设立代表处及分支机构问题不应采取一刀切的政策。只要严格法制和责任明确，一些全国性基金会设立分支机构应允许。

九 对名人基金会网开一面

对于国内名人、海外同胞将自己的财产（资金）捐赠出来设立为某一社会公益事业服务的基金会应该支持、鼓励，而且在最低注册资金额度上给以一定的宽松条件。有人认为，“名人”本身就存在名人效应——无形资产。

十 对企业型基金会发展给以一定的生存和发展空间

鼓励企业投入社会公益事业设立企业型基金会，最重要的是给以税收优惠待遇。

十一 关于领导兼职问题

什么样领导能担任社团或基金会的何种职务，不应该在社团管理或基金会管理办法中规定。中国政府公务员、中国党政要员应该清楚他们能干什么，不能干什么，能在社团或基金会兼任什么职务，不能兼任什么职务。

十二 基金会领导不应该有年龄限制

应该在健全基金会民主选举制度、建立和完善基金会董事会、建立基金会健康的管理制度上下功夫、提要求。70 岁以上的人不一定不合适担任基金会领导。美国总统可以是 40 多岁，也可以是 70 ~ 80 岁，关键不在于年龄，而在于能力。基金会领导更是如此。不能用政府官员标准要求基金会。抓住根本和关键问题才能搞好基金会。只有抓好基金会的内部管理体制建设，才能搞好基金会工作。仅从年龄、兼职等方面提出要求，是没有抓住要害。

十三　目前，我国基金会的组织机构管理体制不健全、不完善

目前，我国基金会同社团组织机构体制相同。基金会应该设立董事会，而不是由会员大会选举产生的理事会。参照国外经验，董事会是基金会的领导和决策机构，董事会由至少 3 位董事组成，最多 30 人左右，而且为奇数：在董事会设主席、副主席及秘书长；在董事会中，捐赠者及直系三代之内亲属最多不应超过 1/3；首届董事会董事由捐赠和设立者（单位）推荐、协商产生；应规定董事任期、职责、更迭程序等。

十四　关于筹资和行政管理成本

基金会进行筹资活动、项目运作等都需要一定的成本，基金会本身也有行政开支。有一些国家限定基金会和非营利组织行政费用开支的上限比例，但由于机构规模、项目类型差异很大，制定一个统一标准难以适用所有类型的基金会，一些国家的实践也不理想。像中国青少年发展基金会这样的机构，其行政费用开支在 10% ~15% 。国际上，差异也很大，一般在 20% ~40% 。一些大的机构相对比例要小一些，小的机构所占比例会更大些。

一种倾向性的意见是，不做具体上限的规定，而采用严格会计制度、增加透明度、向社会公布账目接受捐赠者审查和监督的办法更为有效。

对特定项目筹资成本的规定同上述情况相似。

对专门的筹资机构或中介组织的筹资成本应予以承认，其比例可以更高一些。

十五　建立民间自律机制及服务机构

（1）有人建议应支持建立基金会行业的民间自律机制及服务性民间机构（法人或非法人），加强基金会间的相互交流、学习和信息沟通，建立行业规范和道德标准，并支持建立基金会联合会。

（2）建立由政府主管部门官员、有影响和代表性的基金会领导，以及有关专家组成基金会管理委员会，研究基金会发展中的重大问题，提出有关政策建议及管理细则，指导基金会的健康发展。

十六　简化管理程序，减少基金会的负担

我国大多数基金会规模小，工作人员少，许多为兼职人员。管理要体现务实有效，避免不必要的烦琐、重复事项，减少基金会的经济负担和时间上无价值的投入。首先要界定业务主管部门和登记管理部门的管理责任，分工明确，减少重复；其次减少各种报表、请示，每年花费在审计、会计等方面的支出，对那些财政紧张的小基金会来说，是个不小的负担。

关于企业社会责任及企业的公益投资（2000）*

一 企业公民

著名经济学家米尔顿·佛里德曼①在1970年说，“企业的责任仅是增加股东的利益，任何其他的目的，只会减少股东的福利，是不可取的。”而有些企业界人士也常常会说，“我们已交税给政府，作为社会福利经费，为什么我们还要捐钱支持社会公益?”

但是，社会公益事业仅仅依靠政府的“福利国家”政策的种种弊端已明显地显示来，即缺乏动力来推动经济发展。

上述理论已为新的概念所代替，即企业的社会责任的理念，企业要做社会中的好“企业公民”的理念。

“企业公民”概念包括四点内容：企业是社会的一个主要部分；企业是国家的公民之一；企业有权利，也有责任；企业有责任为社会的一般发

* 本文是商玉生先生于2000年10月摘录的上海浦东“公司与社会公益研讨会”上有关企业社会责任的论文之要点。

① 指美国经济学家、1976年诺贝尔经济学奖得主 Milton Friedman（1912～2006年）；他于1970年在《纽约时报》上刊载了一篇题目为《企业的社会责任是增加利润》（The Social Responsibility of Business is to Increase Its Profits）的文章，其核心观点是：“企业有且只有一项社会责任——在遵守竞争规则的前提下，利用自己手中的资源从事一切增加其利润的活动，即在诚信经营的前提下进行公开和自由的竞争。”

展做出贡献。

因而，企业的成功，不仅是赚取高的利润、为股东谋求最大的利益，而且要对社会做出贡献。

二　慈善投资

认为企业向社会捐赠是单方面给予，只有慈善机构是受惠者的概念，不但已经过时，而且是错误的。“商业公司捐出了金钱，让慈善机构获取经费的同时，亦助长了公司业务的发展，是一个利益回报的循环机制。”

正如陈达文先生①所说，企业“在履行社会责任的同时，可获得很多不同性质的回报”。亦可以说，企业的社会公益捐赠是一种“慈善投资”，是为企业“长期、理性的自我利益”的一种战略选择，是增强企业运作的重要环节，是一种有良好经济效益的社会投资。

三　回报

企业捐赠带来什么利益？（通过 463 家美国公司的调查）

➢改善公司的形象（75%）

➢提高员工的参与和士气（52%）

➢与顾客关系得到改善（20%）

➢产品销售增加（7.2%）

➢更多的媒体报道（3.6%）

① 陈达文（1932～），曾服务香港政府 32 年，担任香港文化署署长、影视及娱乐事务管理处处长、副宪制事务司、劳工处处长及屋宇地政署署长等职务，并曾任香港艺术发展局主席；此外，他积极参与国际、中国内地及香港地区的慈善工作，是仁人家园中华地区、国际培幼会、爱德基金会等慈善机构的董事局成员。为表彰他对香港所做的卓越贡献，2003 年，陈达文先生获时任香港行政长官董建华颁授的“银紫荆星章”；此外，他也曾获民政部颁授的“全国优秀慈善工作者”荣衔。

四　企业捐赠的动机

1. 降低社会的不稳定性

为了保持投资环境的稳定性，为公司长远发展创造有利环境，公司捐赠可帮助社会有需要的人士，间接协助营造稳定的社会环境。

2. 策略性发展的考虑

公司行政管理人员拟定未来的策略性计划，研究提升思考公司在市场竞争方面的影响力时，会考虑借公司捐赠建立慈善形象。

3. 人力资源的考虑

公司在预计未来人才是否配合公司的发展时，会给予直接或间接相关的资助以配合公司发展。

4. 公司产品和服务的推销

配合公司推出新产品和服务，公司便会通过公司捐赠以增加公众对新产品的认受性，可以达到增加营销的目的。

5. 推广公司

公司认识到长期参与捐赠及筹款活动，可建立良好的形象，成为公众心目中热心公益的公司，确定公司的认受性，对公司的发展有很大帮助，公司当然乐于参与捐赠活动。

6. 社会责任的承担

社会上较有规模的公司，它们都很强调对社会的回馈，因而亦会通过公司捐赠表达承担社会的责任，而这也符合我国传统上“取之社会，用之社会”的精神。

7. 公司雇员的受惠

公司捐赠款项用于推行一些社会公益事务，捐款公司的雇员亦可享受有关服务，得以提升公司员工的家庭生活质量，这亦构成公司参与捐款的动机。

五　公司投资社会公益的战略

有远见的公司都制定有一套全面性的面向社会公益事业的捐赠计划和战略，并且随时进行调整，从企业的社会投资战略上来说，归纳以下四个主要方面：捐赠项目更有焦点并且更和公司的营业目标挂钩；捐赠渐渐成为一项投资，并会为公司取得可量度的回报；利用捐赠改善公司的形象，提高员工的士气和归属感；捐赠策略和顾客的选择有更密切的关系。

六　公司公益投资的策略和方法

第一，为公司的慈善捐赠确定统一的主题可使捐赠更有集中的焦点，得到更多的注意力，产生更大的影响。

第二，跟社区的非营利机构成为策略伙伴，并给它们金钱、人力及物资的支援。

第三，用公司的专长和技术帮助非营利机构，使它们更有效率，更可自力更生。

第四，组织一个有系统、有目标的公关计划，集中宣传公司的社会公益项目。

“公司与社会公益研讨会”（上海浦东）后记（2000）*

两天的研讨会以（10 月）22 日下午的闭幕式总结报告而顺利结束。23 日安排一天的参观项目，同前两天一样安排了满满的 5 个节目。本来准备参加上午的活动，但因为机票改在 14∶10，吃过午饭便就要去机场了，所以只好放弃参观，在家里把这次会议再回顾一下。

一　筹备经过

在由中国科学基金研究会（我那时主持工作任秘书长）组织的“98 基金管理报告会”期间和会后的小结会上，许多基金会及 NPO 机构希望组织更多类似的活动，提出关于社区基金会、亚太地区基金会交流会以及企业和公益事业联姻等题目。关于把企业和 NPO 机构召集在一块讨论社会公益事业这一主题，已经酝酿几年了。经过多次讨论之后，我们同美国福特基金会驻北京办事处前首席代表 Peter Geithner 也专门谈过，亚太慈善理事会也给我们寄过一些资料。同朱传一教授也多次讨论这个问题。杨团和姚晓迅等人也非常支持。我们认为在 2000 年召开这样的会议已经可以提到议事日程上来。于是，1999 年 4 月，先由崔玉汇总出了一份关于召开非营利机构和企业共同讨论社会公益事业的研讨会的计划建议书，对会议主题、

* 商玉生先生写本文于“公司与社会公益研讨会”闭幕次日，即 2000 年 10 月 23 日。

目标、步骤以及规模、经费等提出可供讨论的方案。经几次修改后，于1999年9月出笼了第一稿。在讨论方案中，提出浦东是最合适的会议召开地点。于是，与（时任）上海浦东新区社会发展局马伊里局长对此进行了交流，并达成初步共识。

我们在1999年11月在中国青少年发展基金会举办的“希望工程和第三部门发展研讨会”期间，北京、上海、南京三地代表聚在一起，正式讨论由我们起草的关于召开“企业型基金会的运行机制和企业与社会公益事业合作研讨会”（这是当时的题目）的建议书及实施方案。

参加会议的人员有：朱传一、杨团、姚晓迅、崔玉、商玉生（此5位来自北京），马伊里、瞿建国、杨焕凤（此3位来自上海）和庄爱玲（来自南京）。这是第一次正式筹备会议，针对主要讨论方案，一条条地讨论，基本上达成共识。经北京修改后，送至马伊里局长处，由上海方面落实和负责筹备工作。此后，会议的筹备工作主要在上海，北京方面起配合作用。其间，上海、北京两地交流信息，共同推动。在最后阶段，许多单位共同配合，圆满地完成了会议。

二　对会议的评价

对这次会议可以从不同视角进行分析研究，从中找出带有启发性的东西。

其一，从会议命题——公司与社会公益研讨会——可知会议主办者组织这次会议的目的非常明确，即促进公司的社会公益责任和理念，推动第二和第三部门之间的沟通、合作及事业的发展。

这一命题的提出，并且作为一次全国乃至国际性会议（的主题），在国内具有开创性、开拓性。围绕这一命题所邀请的报告、参加的人员构成、讨论的内容，都是成功的，达到主办者的初衷。这一会议将对中国公益事业发展产生深远影响。

其二，从会议参加者的成分上看，也体现了上述宗旨。在82位正式代表中，有28位来自海内外企业界，42位来自公益部门，在讨论社会公益事业和中国NPO发展中，第一次把企业请到会议的主角位置，第一次把NPO作为一个整体同企业界直接对话、讨论。这件事本身，奠基了中国两大部门建立合作和长期伙伴关系的基石。如果说，在以前许多企业和公益部门已经有了多年和良好的合作的话，那么，通过这次会议所传达的新的理念和思想，则把企业的社会责任放到更高境界和地位，从而使这两大部门间的合作推进到一个在崭新的理念引导下的新阶段。

其三，从会议组织者，特别是浦东新区政府的角色、作用来看，体现了政府引导下的三大部门的合作、伙伴关系，在国内也是首创，意义重大。

这次会议之所以能在浦东召开，这次会议之所以能体现三部门合作，应该感谢浦东新区政府的支持和马伊里局长的远见卓识和魄力。就在我们在北京讨论要组织这样会议的时候，马伊里局长也在考虑如何推动社会公益事业，特别是企业参与公益事业的问题。马局长对我讲，有两件事使她感到震惊。一件事是她在1995年组织上海浦东的联合募捐项目时，虽然非常成功，一次就筹得300多万元，但使她感到，企业对此事缺乏应有的热情；另一件事，浦东新区这几年进驻了大批跨国公司、企业，这些企业在它们国家都有大量公益项目和捐款，但在浦东却少见它们对浦东社区公益项目的热情。

因而，当北京提出这一会议并建议在浦东召开时，马伊里局长立即表现出极大的热情，立即抓住这一机遇，想打开浦东公司和企业社会责任这一缺口，推动浦东社会公益的发展。这不能不说马伊里局长的敏锐，并在一年多筹备中，花费了巨大的投入和热情，使会议效果超出原来的想象。

这次会议中，政府部门在同NPO合作中，没有失去任何东西；政府部门官员在同NPO人员及志愿者的合作伙伴关系中也没有降低政府官员的身份和价值。由于这种合作，反而加强了公益部门同政府的关系和凝聚力，而且也体现了政府部门在这一关系中的引导、领导作用。更为重要的是，这种引导、领导作用不是靠权力，而是靠共同的使命、对社会的责任，政府部门的官员们也会从中学到许多。

从浦东新区社会发展局领导的这种做法，我们感到，政府部门只要转变观念、强化社会责任感，在与 NPO 合作伙伴的关系中是可以起到领导、引导作用的。

其四，从组织方式的多样化和志愿性、参与性来说，体现这次会议主办者的良苦用心。它向我们传达了一种生气勃勃、有活力的社会工作的面貌。公益项目展示、多媒体及网络制作，小记者采访以及参观公益项目的安排，都很有创造性和启发性。我在主持会议闭幕式时称这次会议具有开创性和前瞻性，这次会议的成果将为我国 NPO 同企业的合作奠定新的基础和可持续发展的动力。

中国基金会的现状及体制分析（2001）*

改革开放后在中国出现了两种类型的基金会，即所谓官办的国家基金会和民办的民间基金会。其根本区别在于基金的来源不同、管理体制不同及运作和工作模式不同，因而其在社会上所起的作用和所处的地位也不同。

但是，所谓“官办”和“民办”是两种极端情况，官办与民办之间有时相互渗透、融合、补充。实际上，在我国的社会转型和改革时期，官办与民办之间的严格界限有时也很难划分，而且存在官办与民办之间的相互转换，特别是由官办向民办的转换过程。

民间基金会是按国务院《基金会管理办法》规范的一类社会团体①，是对社会捐赠资产进行管理的非营利性民间公益组织。民间基金会在我国可以说是舶来品。在新中国成立后的较长时期中几乎处于空白阶段。改革开放政策为官方基金会，也为民间基金会发展开启了大门。从1981年中国儿童少年基金会的成立到1999年底，已有1801个民间基金会（其中95%以上在地方），形成了一个分布在中央和地方以及各个社会领域的社会公益组织体系。它们为中国的对外开放、经济体制与政府体制的改革以及社

---

* 本文原载于《非营利部门与中国发展》，香港社会科学出版社，2001，第229~234页。

① 1988年9月发布实施的《基金会管理办法》第二条把基金会界定为“对国内外社会团体和其他组织以及个人自愿捐赠资金进行管理的民间非营利性组织，是社会团体法人”。在2004年3月颁布实施的《基金会管理条例》第二条中，基金会的定义改为“利用自然人、法人或者其他组织捐赠的财产，以从事公益事业为目的，按照本条例的规定成立的非营利性法人”。

会发展做出了自己的贡献。

中国的民间基金会产生于中国的政治、经济体制之下，是在中国法律和行政管理体制之下生存和发展起来的，这决定了中国民间基金会在管理体制上的特点，形成了不同类型和不同管理模式的民间基金会。

一　官办民助型基金会和民助官办型基金会

“官办”和“民助”可根据其结合顺序的不同构成官办民助型基金会和民助官办型基金会两种形式。这两种形式的基金会，都是官办的，但官办程度不同。官办放在前面，更强调基金会的官办性质或者其官办色彩更浓厚；而把官办放在民助后面，表明其官办的色彩比前者淡一些。

例如，宋庆龄基金会可列为官办民助基金会之典型。首先其官办性质非常突出、明显。其建立本身就是相当程度的政府行为，属副部级单位，其行政事业经费仍然每年由国家财政拨款，其领导人是政府官员、是由政府任命的。其工作人员是公务员待遇。这些同国家科学基金会并无多大差别。但该基金会要开展业务活动，其经费还是要靠社会上的赞助和募集，包括从海外获得赞助，因此“民助”也是该基金会不可缺少的部分。

另外一个例子是中华农业科教基金会，可以列为民助官办之列。之所以把民助置前是因为这个基金会的所有资金还是靠社会募捐或赞助得到的，利用这笔基金作为本金并加以运作，用其收益开展本会宗旨规定的活动。但这个基金会基本上是农业部下属的一个事业单位，是官办的民间基金会，基金会本身没有自主决策权。

二　民办官助型基金会

这里所说的是官助型的“民办”基金会，但其官助的程度各有不同，

“民办”程度也有很大区别。所谓“民办”，主要是指这些基金会的运作、管理及工作模式是由基金会本身决定，基金会是由民间在办，但其原始基金的全部、大部或一部分来自政府有关部门的一次性投入或者通过政府行政手段所进行的筹集。如中华文学基金会、中国京剧发展基金会等，其原始本金是由国家一次性投入的，但在成立之后的运作过程中，还是采用民间基金会模式运作。

中华环保基金会也可以看作民办官助型基金会，该基金会的原始基金是由曲格平先生捐赠的，其基金的募集也在不同程度上利用行政手段，但该基金会本身的运作是采用民办基金会的模式。

三　（纯）民办基金会

我们说的中国民办基金会，其并不完全排除政府介入，不排除政府在经费上的支持。另外，中国的基金会管理体制决定了任何基金会，不论是民办还是官办，都脱离不了“官方”的领导，即业务主管部门的领导。

因此，这里民办的概念也是相对而言。严格来说，在中国并不存在所谓纯的民办基金会。这里所谓的纯民办基金会，主要是指从基金会的组建、基金来源渠道、基金会领导人产生及运作都是按民间基金会方式进行的，政府较少直接介入。

我国一些名人基金会属于这种类型。如吴作人国际美术基金会、李可染艺术基金会、周培源基金会、吴阶平基金会等其原始基金的建立都是由名人捐赠或通过社会募集，而在其工作中，由独立的董事会或（理事会）领导，其资助和工作方向是由捐赠人界定或理事会决定的。中国青少年发展基金会，虽然有团中央的支持，但从其资金的筹集和工作模式上看也应该属于这类。其他属于这种类型的基金会有：中国科学技术发展基金会，这是由科协创办的，由科协作为领导部门，但其经费来源是由会员单位汇集或社会募集的，基金会工作是独立进行的；振兴中华科学教育基金会，这是由海外华人投资设立的并按捐赠者意见开展工作，由独立的理事会领导；以及南京的爱德基金会、上海的建国公益基金会等。

四　公司型基金会

国外这种公司型基金会非常普遍。因为许多国家的政府鼓励公司从事社会公益事业，一方面满足日益增长的社会需求，另一方面也满足一些有善心回报社会的企业家的心愿。随着经济发展和国家政策的调整，我国公司型基金会会有一定的发展空间和机会的。目前，我国正式注册为基金会的公司型基金会非常少，仅有北京国际艺苑美术基金会、香港光华公益基金会等，屈指可数。如按上述把基金会分为民办和官办两大类的区分法，公司型基金会当属民办基金会之列。

五　名人基金会

以人名设立的基金会很多带有纪念性质或利用名人效应。如宋庆龄基金会，开始是以“纪念国家主席宋庆龄基金会”为名设立的，后来改为此名；又如孔子基金会、周培源基金会、吴阶平基金会、吴作人基金会等都是以名人之名而命名的。其实所谓名人基金会的“名人”是相对的，名人有世界名人，有国家公认的名人，也有某一领域、某一行业、某一学科、某一方面、某一地区的名人，也有一些出巨资设立以其个人名字命名的基金会，虽然其本人名气不大，通过设立基金会而扬名。所以名人基金会或人名基金会将是今后基金会发展中不可避免的现象，尤其在遗产税法等有关法律的引导下，这种基金会的设立是不可避免的，不仅不应该抑制，而且应该适当鼓励。关键是在管理上要做到该管的管好管住，不该管的不管，发挥基金会自身的作用，发挥社会中介和媒体的监督作用。当然，名人基金会也有官办、民办之分。

六　在中国境内的海外基金会

在中国境内活跃着一大批在海外注册的基金会，它们以各种方式开展活动。例如，在中国境内设立代表处的海外基金会，如美国福特基金会，福特基金会是美国排名第二的大型独立私人基金会，在世界设有14个代表处，中国代表处是1988年设立的；在中国设立办事机构的海外基金会，如美国亚洲基金会，其代表处设在香港，同时在北京设立一个办公室负责同境内各方面的联系；瑞典自然基金会也是以办公室的身份，活跃在中国境内。另外有一些在香港登记注册的基金会，如霍英东教育基金会、香港求是基金会、蒋震公益慈善基金会以及光华公益基金会等。它们在国内有关部门或单位的合作下开展赞助和社会公益事业。还有一些海外基金会，对中国有项目资助，申请人可以直接同它们联系，提出申请。

七　专项基金或者合作基金

在中国境内设立运作基金会受到种种限制，而且运作成本也很高。因而，在政府部门、事业单位及其他社会团体之下挂靠的基金会中，设立专项基金的情况非常普遍。这种以托管方式进行运作的专项基金，虽然不作为独立的基金会，但只要同托管单位有良好的协作和互助关系，一般运作还是有效的。从一定意义上讲，这种专项基金对那些要对社会做贡献而基金不多的专家、学者、老干部，甚至一些工薪阶层人士来说，也是一种可行的选择。如在中国科技发展基金会中有多项专项基金，在中华医学基金会中也有专项基金，这些基金许多是以个人名义建立的，如茅以升教育基金、施正信卫生奖学金等。

结 论

从对上述各类基金会的分析中可以看出，可以把我国基金会大致分为官办、民办以及介于二者之间状况的三种类型，完全官办和完全民办是其极端状况，而大多数是介于两者之间的各种形态。这表明，我国基金会形态和状况呈现多样化的发展趋势。这是我国基金会事业在发展进程中出现的不可避免的现象。

从社会发展趋势来看，有些基金会存在如何从官办到民办的转化和发展过程；这一过程的进展速度主要取决于政府政策的导向。因为，中国社会对发展基金会的需求和实际经济能力早已超出目前基金会的发育水平，如果政策导向正确、合理，中国基金会的发展是很有希望的。

从中国基金会基金来源及基金运作的效率看，中国基金会资产规模小、本金少；基金本金保值增值渠道单一、风险大、限制多、效果差。

中国基金会中，以巨资投入设立、利用本金开展工作的资助型基金会不多，而且由于基金增值困难，这种基金会工作很难开展。而对靠项目筹资的“过路财神”式的基金会来说，相对还都能开展工作。这种基金会多数属于运作型基金会，即自己筹资，自己进行项目运作。这必然导致工作高成本，有时还会发生监管不严等不良现象，而且存在可持续性问题。从基金会发展趋势上看，建立必要的本金并逐年增加，对基金会的长期发展和战略目标的实施是必要的。所以，一些过路财神型基金会也应注意扩大本金，至少应做到有一定数量的本金沉积，以便增强利用本金收益去开展工作的能力。

中国民间公益组织自律与互律之路（2001）*

一　自律问题的提出——NPO 并非一片净土

在市场经济与社会转型变革期间，各类社会问题严重威胁着人们的生活稳定与进一步改善。在这一形势下，各类非营利组织（NPO）应运而生，其发展态势迅猛，在经济与社会领域发挥了积极的作用，得到公众和政府的称许。被称为社会第三部门的 NPO 已成为社会发展中不可缺少的部分。由于它具有动员公众积极参与、公正透明、低成本、高效率等品格，人们用许多赞美和期望的言辞描绘 NPO 的特性和社会功能，如称其为志愿者组织、慈善组织、公益组织、公民自治组织以及非营利组织等。而实际上，NPO 存在于现实社会生活中，并非一片净土。可以说，在 NPO 产生、发展的同时，即包含 NPO 内在固有的"失灵"和"缺憾"。

在近年获得一定发展的中国 NPO，虽有久远的历史和文化传统，但其真正发育还是在改革开放的大潮中。它几乎是在还没有做好"育婴准备"的情况下，呱呱诞生落地，步入了一个社会急剧变化的洪流之中，面临着严峻的考验。人们需要重新认识与适应，政府法规政策还远未到位，虽然

---

* 本文原载于《研究报告专刊》（恩玖信息咨询中心非正式出版物）2001 年第 13 期，第 1～3 页。

“怀胎不止十月”，仍然天生发育不良。

当前，中国 NPO 健康发展将遇到来自以下四个方面的威胁：组织运作及行为的非规范性；组织及个人的腐败和争名夺利行为；由于狭隘的小农意识而引发的恶性竞争以及违背 NPO 的非政治化原则等问题。

当然，那些作为安置政府和事业单位下岗分流人员的“养老院”，或为本单位“小金库”创收而设立的 NPO，其状况可想而知。

由于法制不健全，或者管理失当所造成的某种混乱或不规范行为亦比比皆是。

综上可见，必须正视 NPO 发展中的 NPO“失灵”。

二　来自政府及法律方面的监督和强制性“自律”

各国政府对 NPO 都是采取扶持和严管的双向强化方针。政府对 NPO 采取扶持的方针是因为政府越来越认识到，其在履行社会职责能力方面是有限的。西方福利国家对社会事务全包下来的政策已走入绝境，扶持 NPO 发展成为政府的重大决策。这是由于政府“失灵”而造成的 NPO 的发展环境和空间。在这种“卸载”“减肥”“退却”和公共服务市场化的政策下，NPO 可发挥更大的作用。

同时，政府也不断加强了对 NPO 的管理。原因有以下几点。

其一，公共部门和市场的相互渗透，造成旧的互惠组织逐渐演变为纯商业组织。

其二，政府对 NPO 财政支持力度加强，NPO 使用公共资金时的社会责任，亦引起更多的关注。

其三，政府把 NPO 作为一种政策工具，由于公共部门和 NPO 之间的界限日趋模糊，政府对日益发展的 NPO 的不适应感和相互关系的不完善便更加显露出来。

因而，一方面，政府对涉及 NPO 的政策法令应不断适应经济与社会的变化；而另一方面，任何 NPO 必须合法运作。它首先必须遵守适用于 NPO 的法律、法令，承担与其他法人相同的责任、制裁与刑罚。如果说，NPO 要树立守法意识也是“自律”的一项内容的话，那么这种“自律”应是强制的、必需的；如果 NPO 缺少自律的制约，就可能导致自身的腐化。

三　自律——NPO 的社会责任

社会公益组织的资金及其他物质资源，除部分来自政府直接或间接投入外，将有越来越多的部分来自社会，即国内外非营利组织、民间团体、企业以及个人的捐赠，因此，接受社会监督、向社会交代、向捐赠人负责是 NPO 必须承担的责任。

从法律意义上讲，只有政府才可以制定 NPO 的法规，才有权通过法律规范 NPO 的行为；但许多国家的实践证明，自律条款对 NPO 是有效的，在某些情况下，甚至比来自政府和传媒等的他律更有效。

自律对于某一个 NPO 或对于某一行业、领域甚至整个 NPO 领域，都是很重要的一种自我约束的行为规范，是 NPO 能力建设的重要内容。

NPO 自律规范大致有以下三个层次。

第一层次是指任何一个 NPO 都有用以约束自己成员（董事、员工）的行为标准和道德标准，设有禁止图利于个人，禁止有关非常规交易等议题。此外，还有 NPO 的伦理守则，比如，“回避制度”、拒绝收受所有同其职务有关的贵重礼品；要求董事、干部和员工使用便宜合理的交通工具和选择价格中等的住所等。

这些行为规范准则的目的，在于确保参与 NPO 的个人皆可以注意到潜在的不当行为与权利滥用。

第二层次是指某些领域的 NPO 联合制定并共同遵守的行为和道德标准。国外常常是由联合组织及协会共同制定行业自律条款，自律虽然是自觉自愿的，但有些机构有时还是把对行业自律条款的遵守承诺作为加入联合组织的条件之一。这种约束对联合体整体来说是自律，但对联合体各个成员来说则是互律，即自愿的他律。对我国 NPO 来说，目前还缺少这种机制和它产生的动力。

第三层次是指由民间专业 NPO 所专门从事的 NPO 自律行为。如美国有一种称为“看门狗”的 NPO，其主要工作任务就是监督 NPO 的活动，对一些 NPO 加以评判、品头评足、“找碴儿”。从 NPO 整体来说，也是自律机制，但对某一 NPO 来说，可以说是互律或他律。

四　国际经验之借鉴和中国非营利公益组织自律守则

总结国际 NPO 的发展经验，特别是自律的过程，有助于建立中国 NPO 的自律机制。以下几点值得关注。

首先，非营利组织本身具有非政治性与非宗教性，这符合中国国情及非营利组织发展的现状，应成为守则之一。

其次，志愿精神与志愿组织的建设应同步进行，坚决抵制社会中各种形态的腐蚀与异化。

再次，民间公益组织的组织建设与政府有关的法制建设完全有可能相互促进，而且民间公益组织的自律也离不开国家的法制环境。

最后，社会结构中三大部门间在自律、互律与他律方面的密切合作极为重要，各类支持性组织的建设与发展迫切需要得到更大鼓励。

从国际上 NPO 自律分析中可知，越是法制健全、发育健康的国家和地区，其自律越有效。因而，我们不能仅从 NPO 本身谈自律，NPO 是在整个社会大环境中生存、发展的，自律问题也要在发展中、在社会运动中逐步发展和完善。NPO 自律需要同下面五方面的客观环境相适应、相辅、相成。

其一，NPO 自律必须与和 NPO 发展相应的较为宽松的法律和社会环境相适应。

其二，NPO 自律必须在有正常、可靠的经费来源和渠道的情况下才有实现的可能性。

其三，需要有和谐、有效的 NPO 间横向协作的互动机制，才能产生相互监督、合理竞争和共同发展的气氛。

其四，需要中国 NPO 的自律能与本国传统文化、道德、伦理观念密切结合。

其五，NPO 自律需要政府、企业及全社会的共同参与，NPO 的自律是随着社会的持续发展、社会文明的不断进步而逐步完善的过程。

是否可以认为，当前中国社会并非缺乏公众的公益与互助精神，而是缺乏鼓励和维系 NPO 健康发展的行为规范和社会机制。

我们建议：NPO 应就自律、互律和他律问题进行进一步的讨论，讨论应有政府、相关社会组织、学者及有关方面参加；还应组织进行案例研究，吸取国内外的经验和教训，拟定符合中国国情的自律和互律条款。

下面，我们提出一些有关中国 NPO 自律守则条款的建议，供大家讨论。

其一，坚持机构的公益目的，促进社会的进步和公正。

其二，坚持非营利组织本身的非政治性与非宗教性性质。

其三，坚持活动的非营利性原则，不谋求任何个人或家庭成员的私利。

其四，坚持财务公开，工作透明，每年公布年度报告，接受社会监督。

其五，坚持机构之间信息互通、资源共享、合作互助与互律的原则，反对任何形式的恶性或不平等竞争，反对任何侵犯和损害同行利益的行为。

其六，尊重并维护同行的知识产权，包括商标权等。

其七，坚持自主、自立原则，建立健全理（董）事会及机构的管理体制，反对机构的某些官僚化和行政化倾向。

其八，遵循公正、合理的资助和评审原则，不以任何理由或方式违背机构制定的政策、原则及工作程序。

其九，坚持廉洁奉公、全心全意为公共利益服务的道德风范。

服务于中国非营利组织的基金会与非营利机构信息网（2001）*

中国非营利组织从20世纪80年代初发展至今，已经从孤立的、松散的“个体经营”转向合作与互相交流，推动了中国社会公益事业的发展，逐渐显示出其整体形象和作用。基金会与非营利机构信息网（以下简称“信息网”）筹备于1998年11月，它以非营利组织的第一身份，倡导大家共同参与和探索中国非营利组织发展的理论与实践，努力营造一个民主、宽松、和谐的发展环境，集大家的智慧和能力为中国非营利组织服务。通过两年多来艰苦的工作，促进了政府、企业和非营利组织之间的沟通与交流；加强了非营利组织能力建设和从业人员专业化培训；为非营利组织发展、制定法规政策提供了大量信息和依据。在信息网的工作中，彼此之间既代表独立的小机构又代表一个非独立的大群体，交叉换位、紧迫感和挑战性使大家在联合的主线上去触摸发展的脉搏。

信息网的形成顺应了中国非营利组织发展的需求。早在20世纪90年代初至90年代中期，中国基金会联合会筹备会曾团结和集中了一批致力于中国基金会和非营利组织共同发展的有识之士（如徐永光、张锲、商玉生、杨团等），因而信息网的工作一开始就得到业内的支持和广泛认同，我们凭借为中国非营利组织服务和促进非营利组织事业发展的愿望，执着地走过了艰苦的历程。为了保证信息网可持续发展，2001年初开始对其合

* 本文可考的写作时间是2001年3月；与崔玉合署，为第一作者。

法身份、组织运作模式、长期目标规划进行确定和探讨。本报告从以下四个方面对信息网的发展和与会者展开讨论：回顾；面临的主要问题和解决方式；从信息网的角度看中国非营利组织；信息网未来计划。

第一部分 回顾

一 信息网发展初期的基本架构

信息网由中国科学基金研究会、中国青少年发展基金会、中华慈善总会、爱德基金会等十几家全国性非营利组织联合发起。初期的信息网日常工作（1998～2000 年）由中国科学基金研究会负责，中国 NPO 互联网站设在中国青少年发展基金会下属的信息中心。信息网的工作场所及部分工作经费由发起机构提供，并获得了海外组织的资助，如世界银行、美国福特基金会、亚洲基金会。

信息网的宗旨是：通过提供全方位的服务，提高中国非营利组织的能力建设和从业人员的专业化水平，推动中国非营利组织文化的形成，推动中国非营利组织朝着健康有序的方向发展。

信息网初期的主要任务：组织非营利组织专题报告会、人员培训及项目合作；编辑出版有关资料、书籍；建立中国 NPO 互联网站。

信息网遵循以行动为导向、共同参与、优质服务的工作原则；采用虚拟网络的工作方式，根据需要随时组建项目执行小组。

二 信息网成功的因素

1. 联合与发展

中国非营利组织在资源获取和发展水平上非常不平衡，有效地利用各种能够利用的资源和互相促进是发展的关键。信息网的形成和实践说明了联合与发展的道理：我们或许不会拥有和获得大量看得见的、有形的资源，但是我们可以建立一个虚拟的资源网络，通过组织与组织之间、个人与组织之间、个人与个人之间互相碰撞、磨合、进取的过程，共同获取发展的机会。

在信息网的工作中，为了提高效率，减少无效时间、人力和经费的浪费，大家在承担各机构例行工作的同时，又为一项任务组成一个有效的工作网络，这其中包括智囊团、志愿者、合作机构通过各种方式的参与和支持。

2. **“服务”是信息网之本**

信息网在初级阶段，工作任务带有一定的风险性和探索性，因此主要从三项基本工作入手：组织专题报告会和研讨会；编辑信息网刊物；建立信息网互联网站。与此同时，根据有关机构的需求，共同合作组织一些形式多样的活动。

首先纳入信息网服务对象的是信息网发起机构及全国性基金会和公益性社会团体，并逐步扩大到地方性基金会和地方性社会公益团体。信息网的发起机构是信息网的核心群体，它承担着信息网的总体设想、活动推出等重要决策和实施。针对参与信息网活动的机构和人员的需求开展服务，是信息网的主要任务。正在关注和纳入信息网服务对象的是中国众多的基层非营利组织。

根据信息网两年来的活动统计，参与信息网活动或接受过信息网服务的机构达300多个，2000多人次。通过服务拉近了非营利组织之间、工作人员之间的距离，扩大了横向联系，通过服务赢得了信息网的信誉。

3. **全方位思考与规划**

由于联合使我们的视野从单一的机构转向了整体的中国非营利组织，根据中国非营利组织面临的共同问题，进行全方位思考与规划，包括中国非营利组织发展进程中的能力建设和专业人员培训、课题研究、法律法规建设、资金运作、项目合作等。例如，1999年提出的中国非营利组织中长期培训计划；由商玉生先生主持的“中国基金会运行机制及管理模式的研究”课题，配合民政部进行《基金会管理条例》的前期调研和修订工作；参与探讨非营利组织资金集合信托方案；参与策划和组织“公司与社会公益研讨会”“21 世纪管理国际研讨会——从使命到成功非营利机构专场”“跨国公司与社会公益高级论坛”（2001 年 11 月召开）；联合编辑、翻译、出版系列中外非营利组织专著。

上述这些活动内容都直接或间接地倡导和提高了中国非营利组织发展的整体意识，在这个过程中信息网自身的服务理念、社会地位和生存空间也得到提升。

三　信息网主要工作业绩

1. 交流与合作

信息网初期的主要活动集中在北京，不定期的专题报告会、联合性的大型活动与海外机构的交流等构成信息网的活动链。并且活动的频率随着工作的推进越来越高，效果越来越显著，截至 2001 年 3 月已组织各种活动近 30 次。有时因场地有限，不得不采取有选择地发放通知和限定参加名额，但大家的参与热情往往超出我们的预料。很多机构纷纷要求信息网协助它们组织和策划相关的活动，为其提供有关信息，利用信息网的网络关系提高社会效应。

信息网非常关注与海外的交流，目前与中国香港、台湾地区，美国、澳大利亚、英国、日本等相关机构建立了联系并达成一些合作意向。

2. NPO 专业培训

从 2000 年开始实施的“中国非营利组织专业人员培训项目”，是信息网面向中国非营利组织从业人员的一项专业培训计划，通过相关理论、法规、国内外成功案例等实务课程的学习，使参与者在现有实践经验基础上，提高专业认知和职业技能，进而提高中国非营利组织能力建设。

截至2001年3月，该计划在世界银行和福特基金会等国际组织的支持下，已举办了3期培训活动，来自全国各地的NPO主要负责人和项目主管共计189人参加。

培训工作由项目执行小组实施，其成员包括信息网及合作机构的人员，这样做的目的是为了整合资源共同开发培训课程，充分利用硬件设施、人员、资金等，并且使组织者增强协作意识形成有效的团队管理。

在培训过程中我们设计了培训评估意见反馈表，包括培训目标准确度、培训活动的有效性、收费和服务满意度、是否有兴趣做一次授课教师等八项内容。其中培训目标准确度的评估结果是75%，有效性为65%，服务满意度为80%，20%回答可以做培训者。

3. 刊物

信息网已出版《通讯》16期、《研究报告专刊》10期、《报告会资料》4期。现只有西北几个省、自治区的非营利组织没有收到信息网的刊物。目前刊物的内容和形式都还不成熟，但在中国非营利组织中已经发挥出较大的作用和影响。

第二部分　面临的主要问题和解决方式

信息网面临最大的困惑是非法人地位，这是一种无奈的选择。主要因为政府对非营利组织行业联合机构的制约，信息网登记为类似国外基金会联合会、NPO联盟这样的联合性机构有一定的难度，客观上加大了信息网开展活动的阻力。不确定的法人地位造成信息网自筹备到2001年初，无专职人员、无专门办公场所、无固定经费来源。除了使命感和热情之外，缺少必要的安全感和激励机制，不利于长期有效的专业化、职业化运作，因此信息网需要一个合法身份才可进一步为中国非营利组织提供服务。

另外，作为业内唯一的行业联合机构无论是其工作内容还是为非营利组织服务的能力，都远远满足不了需求。

信息网之所以能够在生存环境比较差的情况下仍然发挥出一定的积极作用，这里面体现了大家的认同、非营利组织机构和领导人的支持，以及在方式方法上的策略。为了使信息网能够更好地为非营利组织提供全方位的服务，从解决法人地位的角度有两种方案可探讨。

第一种方案：以民政部为业务主管部门成立一个民办非企业单位。因为信息网的工作性质是为非营利组织提供各种服务，又因为信息网的工作领域涉及我国各种非营利组织，而民政部是非营利组织最高登记机关，所以民政部作为信息网业务主管部门，对信息网的工作进行监督指导是比较合适的。目前这种形式最大的难度是说服民政部做业务主管部门。当然如果实现这一方案，可能遇到的问题是，政府过多的行政干涉将削弱信息网的民间性和独立性。

第二种方案：以公司的形式在工商管理部门注册一个 NPO 信息咨询中心。但为了继续保持其非营利组织的特性和运行模式，另外需要建立信息网的理事单位联席会议，并通过章程进行约定。其优点是受到的限制比较少，注册周期短。其缺点是不能享受非营利组织的税收优惠政策，运作成本将上升。

目前我们选择了第二种方案。

第三部分　从信息网的角度看中国非营利组织

一　亟须建立健全中国非营利组织的法律法规体系

改革开放以前的中国，所有的社会组织与机构实际上都是由党和政府所控制，而不是各种团体、组织和机构可以独立发展。除了像中国青年联合会、中华妇女联合会等少数由党和国家创办的群众组织以及大批非营利的事业单位以外，民间组织及民办非企业单位根本不存在（联合国开发计划署《中国人类发展报告 1999》)。1978 年以后情况发生了变化。根据民政部 1999 年的统计，中国非营利组织已有近 13.7 万个，其中基金会 1801 个（见表 1)，而 2000 年全国各种形式的民办非企业单位总数达 70 多万个，合计近 84 万个。

表 1　1999 年中国社会团体的分布（按 5 种类型统计）

类型	数量（个）	比例（%）
学术性	42588	31.1
行业性	40529	29.6
专业性	34704	25.4
联合性	17219	12.6
基金会①	1801	1.3

从成功发展的记录中得出的证据表明，当国家、社会和市场能够协调一致地运行并相互补充时，其所形成的合力要大于各部分的总和，而人类发展就会蒸蒸日上。中国由计划经济体制向市场经济体制转轨，为中国非营利组织发展带来许多机遇，与此同时为了适应非营利组织的发展趋势和特点，也呼唤着建立与之相适应的法律法规。

1998 年国务院发布了重新修订的《社会团体登记管理条例》和《民办非企业单位登记管理暂行条例》两个行政法规，而修订 1988 年《基金会管理办法》工作正在进行之中，其他配套法规政策如社会团体财会制度、税收优惠政策、非营利组织专职工作人员的人事交流、工资福利制度、医疗保险和养老保险政策等尚未完备。

中国非营利组织通过自身的运作和经验，协助政府为其制定法规政策提供相关依据。信息网在这方面也参与了协调组织工作，起到积极的作用。

① 1988 年发布的《基金会管理办法》（已废止）第二条规定："本办法所称的基金会，是指对国内外社会团体和其他组织以及个人自愿捐赠资金进行管理的民间非营利性组织，是社会团体法人。"

二　亟须形成社会公益的整体意识和形象

中国社会变革的滞后导致中国公益事业的规模、发展空间和专业水平受到很大的限制，远远满足不了多元化的社会需求，还没有形成中国社会公益的整体意识，以及发展与政府和营利部门良好的伙伴关系。

要解决这个问题需要中国非营利组织本身的主动和自信，破除门户观念，树立大公益、大慈善的概念；需要整个社会的主动，政府在政策上扶一把，企业加强社会责任，树立商业目标和参与社会公益协调发展的战略意识；在公民中倡导大家都来关心和改善我们自己赖以生存的社会环境和自然环境。从而达到取之社会，回馈社会，造福人类的目的。

2000 年 10 月在上海召开的“公司与社会公益研讨会”以及正在筹备之中的“跨国公司与社会公益高级论坛”，都是共同促进中国公益事业发展的良好开端。

三　亟须加强 NPO 内部管理

中国非营利组织的发展需要建立行业自律、提高管理水平。我们认为目前最为关注的是以下几点。

（1）树立“以人为本”的战略发展意识。这里的“人”涉及非营利组织核心管理层的领导力、员工的专业化和职业化水平，以及怎样开发人力资源。要从“钱”转向“人”。

（2）主动接受现代管理理念，学习和掌握先进的管理方法。这是中国非营利组织在市场经济条件下，成为与政府和企业具有同等地位的社会合作主体的基础。

（3）发展中国非营利组织的支持性机构。如公共筹款、人力资源、信息咨询、技术服务、行业监督中介机构等。在不同角度不同层面上为中国非营利组织创造一个协调有序的运行环境。1998 年是中国非营利组织的发展出现重大转折的一年，相继出现了一批新的机构生长点，这其中包括信息网的诞生。政府、研究机构、非营利组织以及少数企业和一些国际组织从不同的角度启动和支持了中国非营利组织的法律法规建设、专业人员培训、课题研究和大型国际交流会议等，初步形成了中国非营利组织蓬勃发展的氛围。

第四部分　信息网未来计划

一　培训

中国非营利组织发展迫切需要加强机构能力建设和提高从业人员素质，但中西方非营利组织的概念、组织形式、运作模式有许多差异，因此中国非营利组织培训的发展方向应该是接受国际通则走自己的发展道路，形成本土化的培训体系。

信息网作为中国非营利组织的支持和服务机构，培训被列为重点工作之一，其优势是它直接来自非营利组织，不同于政府管理部门、正规教育机构、社会办学实体，并在实践中已摸索出比较成熟的操作方式。为进一步了解中国非营利组织培训对象的分布和各种需求，探索未来的培训目标、课程、方式，目前正在进行中国非营利组织培训项目的调研，在此基础上拟定 2001 年 8 月下旬在中国内地举行“中国非营利组织培训工作讨论会”。届时将邀请海内外非营利组织培训机构的专家共同探讨，形成一个中国非营利组织 3 ~ 5 年的培训规划。同时为了利用海外的成熟经验和资源，将邀请海外及中国港台地区优秀专家前来授课，有选择有计划地翻译一部分国外经典教材，寻求和引进好的培训工具和方法，条件成熟时与有关组织联合设立海内外培训基地或中心以及网上课程。

二　信息交流

1. **刊物和网站**

信息网刊物编辑发行初期，一直没有条件由专门人员负责，带有很大的随机性和业余性。下一步在机构运行正常之后，将吸纳非营利组织研究人员等有关人士和机构共同创办，申请准印号或正式刊号，扩大发行范围，适当收取成本以支撑部分刊物经费。

对现存网站进行评估重组，争取注入新的资金，与国内外知名专业网站进行友情链接，实现中国非营利组织内外交流的网络化。

2. **建立公共信息中心**

信息服务功能在信息网的工作中已凸显出来，许多机构和个人为信息网不断输送着信息，也有许多机构通过信息网及时获得了有用的信息。这种信息交互的资源如果不集中整理和充分利用，是极大的浪费，无形中也对信息网提出更高的要求。

我们希望和政府有关部门、各非营利组织共同合作，提出建立公共信息中心的设想。计划从手边最容易做起的事开始，收集和整理现有的资料，建立小型资料室、相关信息数据库，配合编辑、翻译、出版中外非营利组织著作等项目，以及申请加入海外有关非营利组织信息中心，逐步完善为中国非营利组织提供信息咨询服务功能。

3. **非营利组织论坛**

两年来信息网组织了多次专题报告会，收到较好的效果。在这个基础上与一些机构和人士探讨，是否能够形成一个非营利组织的论坛，进一步活跃业内的交流氛围。论坛的形式、内容将充分采纳大家的建议。

三　内部建设

成功的组织经验提示我们，要在组织发展的不同阶段有计划地进行自我更新。信息网在众多机构的关怀和支持下已经走出了第一步，今后的路还很长，有待我们继续创业和不断开拓。以下是信息网目前内部建设的五点基本原则。

其一，有明确的工作规划，培养开拓创新的团队精神。

其二，充分体现决策层的领导力，随时接纳社会和业内的建议和监督。

其三，健全财务、文档制度，实行开放式人员绩效管理。

其四，具备一定的筹资能力和技巧，使机构有充足的活动经费。

其五，筹备出版机构年报。

四　经费来源

建立网员制的设想。在信息网工作初期因考虑到服务的专业性有限，经费来源由主要发起单位承担和国际组织的部分资助，各机构自愿参与信息网的活动。目前随着信息网的工作不断深入和扩大，需要以网员制的形式组织起来，并收取合理的会费。网员的范围不限，可以是非营利组织、研究机构、企业、学校、医院、媒体等法人机构。

项目合作。这是非营利组织通行的模式。通过与政府、企业、海外机构和非营利组织自身的项目合作，提取合理的成本，维持行政管理开支。

有偿咨询服务。根据社会的需求和自身的能力建立咨询服务系统，参照有关规定制定合理的收费标准。

社会赞助。通过各种渠道扩大信息网的社会知名度和公信度，寻求热心社会公益事业的企业和部门，直接为信息网提供不同方式的赞助。

结束语

信息网从诞生到今天，随着中国非营利组织发展的轨迹畅想着一个又一个将要实现的梦，让我们共同撑起一块属于大家的天地，努力营造自然和谐的世界。

关于“双重体制”的讨论（2003）*

“双重体制”是我国政府相关部门对民间组织管理的基本政策之一，是政府对民间组织实施培育发展与监督管理并举方针中“加强监督管理”的重要手段之一。

长期以来，有一种认识，或称一种现象，那就是认为双重管理体制是“不可逆的”，甚至不容讨论，不管面对何种情况或在实行中遇到何种问题。令人欣慰的是，现在人们已经在讨论这个问题，而且也可以“容忍”“可逆”观点的提出。

在双重管理体制中，业务主管单位作为“双重”之一，负有重要的“管理”责任。按1998年公布的《社会团体管理条例》第28条规定，业务主管单位履行下述监督管理职责。

> （一）负责社会团体筹备申请、成立登记、变更登记、注销登记前的审查；
>
> （二）监督、指导社会团体遵守宪法、法律、法规和国家政策，依据其章程开展活动；
>
> （三）负责社会团体年度检查的初审；
>
> （四）协助登记管理机关和其他有关部门查处社会团体的违法行为；

---

* 本文可考的写作时间是2003年7月。

(五) 会同有关机关指导社会团体的清算事宜。

业务主管单位履行前款规定的职责，不得向社会团体收取费用。

除此之外，还有之所以把业务主管单位作为民间组织管理的第一道“关口”，政府人员解释，是因为可以利用业务主管单位对社会团体的业务和有关人员比较熟悉和了解的便利，对社会团体进行资格审查以及开展活动的指导。可见，政策制定者的本意还是在监督管理中促进社会团体的发展。

但实际操作和效果如何？这里我们不妨看一看，“业务主管单位”的作用是否发挥得很好，或者说，现行的“双重管理体制”是否真正达到政府所期望的既对民间组织严格管理又能积极培育、促进发展目标的实现。

一　“业务主管单位”管理体系的现状

1. 哪些单位可以成为“业主”?

(1) 各级人民政府部门（含人大、政协、党政机关）。

(2) 由政府授权的机关、团体等。

2. 全国性社团及其“业主”

至2001年，在民政部门登记注册的全国性社会团体1524个，分属于81个“业主”（见附录[①]）。平均每个“业主”主管20个社会团体。但实际上，除了少数“业主”（国家经贸委275个、中国科协180个、教育部92个、中国社科院89个、文化部85个、国家体育总局83个等）外，大多数“业主”管理的社团不足10个，有的甚至只有1～2个社团（见表1）。

① 附录从略。

表 1 “业主”下属主管社团数量

主管社会团体数（个）	“业主”数（个）	占比（%）
1	9	11.1
2	12	14.8
3	7	8.6
4	6	7.4
5～9	18	22.2
<10	52	64
10～20	15	18.5
21～29	2	2.5
30～49	5	6.2
<50	74	91.4
50～100	5	6.2
>100	2	2.5
总数 1524	总数 81	100

从表 1 可以看出，64%的“业主”下属主管社团不足 10 个，只有两个“业主”负责 100 个以上的社团。

3. **全国有多少“业主”?**

按中国政府对民间组织实行分级管理的体制，除全国性社团之外，还有省级社会团体、市级社会团体和县级社会团体，共有四级。目前，我国有县级以上行政区共设 23 个省，5 个自治区，4 个直辖市，2 个特别行政区；95 个地（州、盟）；667 个市；1682 个县；以及 749 个市辖区（《中国民政统计年鉴 2000》）。每一级成立的每一个社团都需要有“业主”。由此可见，中国民间组织的“业主”是一个非常庞大的体系，若套用全国性社团推论估计一下，应该是令人惊讶的数字。

4. **“业主”下面的“准业主”**

实际上，在民间组织和“业主”之间，常常还有一个层次，大多数人称之谓“挂靠单位”或“依托单位”，有时“业主”还把某些管理民间组织的职责授予某一组织代为行使。

如科技部为主管部门的 33 个社会团体中，15 个社团分属 10 个部机关及部直属部门为挂靠单位，另外18个社团又有10个挂靠单位管理，即平均1.5个社团有一个挂靠单位。这是否带有普遍性的情况呢？

我简直不敢用这个逻辑推断中国的民间组织有多少“婆婆”。但可以说，挂靠单位要比“业主”又多了多少倍。

5. 初步诊断

由上述分析可知，中国民间组织的运行实在太沉重了。这种分散的、多层次的管理模式，到底有多大用途和作用值得认真去考虑。管理层次多，就一定有效吗？这里，我们不妨回味“三个和尚没水吃”的故事吧！

二　基金会的业务主管单位情况

20世纪末，我国全国性基金会有74个，除宋庆龄基金会无须在民政部门登记注册外，其余皆按《社会团体登记管理条例》登记注册为社团法人。

74个基金会分别隶属于41个业务主管单位，其中卫生部主管11个基金会，文化部主管10个基金会，国家经贸委主管4个基金会，其余38个业务主管单位主管49个基金会，每个“业主”只主管1~2个基金会。

三　并非“主管业务”的“业务主管单位”现象

与大多数社会团体同业务主管单位的业务联系密切不同，也有一些所谓的“业务主管单位”同其主管的社会团体的“业务”几乎没有多少关系。

比如，中共中央统战部下属的一些社团，并不与统战部业务有关，只是为了给社团找一个“婆婆”而已。实际上，这使统战部门的管理工作和所属社团都处于尴尬境地，它们之间在业务工作上几乎无法联系。在这种情况下，如何实行领导、指导？可以说，是形式主义在作怪。以周培源基金会为例（见图1）。

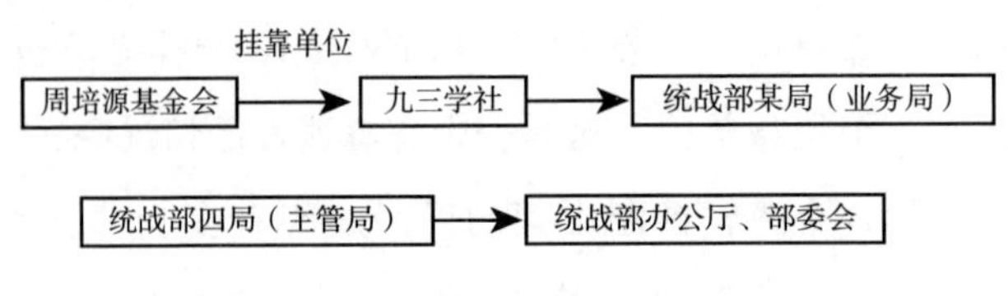

图1　以“周培源基金会”的管理为例

周培源基金会是在科学技术领域运行的民间基金会，只是因为周培源先生是九三学社的领导人，九三学社没有被授予业务主管单位的权力，所以又找到主管统战工作的统战部作为业务主管单位。

吴作人国际美术基金会也是个专业性很强的文化公益机构，因为吴作人先生是民盟中央负责人，而由民盟中央作为基金会的挂靠单位，因为民盟中央不能做业务主管单位，而“上属”统战部，成为统战部下属的一个社会团体。难怪，在清理整顿后期，作为社会团体登记管理的民政部同作为业务主管单位的统战部为此交涉、讨论很长时间。应该说，让中央统战部作为业务主管，来行使其业务主管单位的职责是勉为其难了。

四　关于管理体制还是集中在双重管理体制问题

首先，目前的“双重体制”是否有效地达到预计的目标呢？政府确定双重管理体制是从加强部门领导监督出发考虑的，这种出发点大家都非常理解，而且认为在目前情况下也有必要。但我们是否认真检查、研究这种体制是否真正发挥了这种功能或作用？如果它不像想象的那样发挥作用，反而对基金会的健康发展产生了阻碍，就应该反思这种方法是否合适，或者有没有比这种方法更好，既促进基金会发展又能体现政府意志，起到政府所期望的管理和监督作用的方法体制呢？

其次，概括地说，目前所执行的双重管理体制有以下不适合基金会发展的方面。

其一，限制了基金会的发展。

其二，助长了政府部门相互推诿之风，以及管理失职、无所作为思想。

其三，助长了一些政府部门或党政机关借设立基金会之名为本部门利益开立小金库和开募资金渠道、安插人员，使基金会成为业务主管部门的附属机构、下属事业单位，这种基金会永远不能成为独立的社会公益组织。

其四，增加了基金会的运作成本和工作成本。

其五，使基金会无法按法律法规办事，只能听命于“上级”“主管”，理事会形同虚设，行政化倾向严重，不利于社会监督。

其六，业务主管部门太多太滥，也是造成社团组织混乱的原因之一。

1500 多个全国性社会团体竟有 81 个中央级业务主管部门，每一个省市（地方）都有类似情况，20 万个社会团体该有多少“业主”？必定各行其是，没有统一的章法和规制，造成混乱。

其七，“业主”的非专业化管理，既增加了“业主”本身的责任和负担，又缺少对民间组织很好的治理和指导。

再次，取消“双重管理体制”的理由。

上述弊端，以及在贯彻双重体制中所遇到的困难和问题，说明这种体制有严重缺陷，其积极作用远少于消极作用。应该有一种比之更能体现政府意志的方法。

民间基金会，不管是公立基金会还是私立基金会，其基金都是从民间和社会来的（由政府出资或大部分资金来源于政府的官方基金会除外），又用于民间公益事业，为什么要有上级概念呢？所谓上级管理的概念是不对的。我们是依法管理基金会，还是按上级意志管理基金会？既然基金会最高权力机构是基金会董事会（或理事会），那么到底是该听从理事会，还是要听从“上级”？

如果从目前中国民间基金会的产生背景、工作状态来看，有些基金会离不开“上级婆婆”的话，那么这种“上级婆婆”的概念是应该逐步淡化，走向基金会自立方向，还是继续保持这种行政关系呢？如果是前者的话，应该从发展眼光，从法律的前瞻性出发，对双重体制加以调整，以顺应形势发展。

有人认为，双重管理体制是社会领域政社不分的根源，实际上在一些情况下又流于形式，起不到“一层”管理的作用。如全国性基金会有72个，分别由40个相关党政等部门作为业务主管部门，有的业务上完全没有任何联系，有的部门无任何管理基金会和社团方面的知识和经验。而在另外一些情况下，业务主管部门只把基金会和社团作为自己的一个下属部门对待。可见大多数情况下，不是管得过死，就是撒手不管，“双层”变成单层。

最后，应该有一种比现行“双重”制更好的管理体制。

首先，以法治管理社会组织，代替以政策、长官意志、部门利益、上级行政管理的方法。要有健全的、独立的基金会董事会使之成为基金会的决策机构，这才是方向。对于资金来源主要来自政府的基金会（至少50%），董事会领导可由政府选派、决定；而对于公共基金会的董事会应该主要由公众人物，包括政府部门人员组成，政府有关部门可以派代表进入董事会或监事会。私人基金会的董事会主要由设立人选派，政府机关部门只起监督作用。

其次，委任单一部门审批或可由若干选定的业务主管部门审批。从目前来看，全国性基金会只有70多个，即使发展到几百个基金会，单一部门审批也能胜任，但缺点是缺少业务上的指导。而如按业务领域确定业务主管部门，大大减少“业主”的数量，从长远发展和管理上看，也不妨是个选择。

中国 NPO 诚信发展报告（2003）*

本文从中国 NPO 诚信的发展历程、中国 NPO 的诚信需求及其困境、建立 NPO 诚信的基本原则以及实施框架等方面，阐述目前中国 NPO 诚信建设的发展情况，以期得到政府、社会各界对 NPO 诚信的了解、参与和支持。

一　中国 NPO 诚信发展历程

自 20 世纪 80 年代以来，中国的 NPO 已走过了近 20 年的发展历程。在这个过程中，诚信建设始终是摆在中国 NPO 面前的战略性问题和任务，特别是近年来，诚信建设的呼声越发高涨，步伐也在逐渐加快。对此，我们不妨做个简要的回顾。

2000 年 10 月，阎明复先生率团访美期间，把 NPO 诚信作为一个重要的考察内容，与美国同行进行了深入讨论。

2001 年 10 月 28 ~ 30 日，在“中国 NGO 扶贫国际会议”上，来自实务界、学界的多方代表就“中国公益组织的自律与联合互律之路”“中国非营利组织社会公信力建设的制度化途径——自律与社会交代”“NGO 的自律、他律、法律”等论题进行了交流。此次会议发表的《中国 NGO 反

---

* 本文与崔玉合署，为第一作者；原载于《NPO 探索》（恩玖信息咨询中心非正式出版物）2003 年 12 月试刊号。

贫困北京宣言》鲜明地提出了“不滥用社会信任和志愿，坚持公开化、提高透明度”“逐步形成行业文化与行为准则，建立行业自律机制，实施自我治理，维护行业尊严”的诚信行动纲领。

2001 年 12 月 27 日，NPO 信息咨询中心组织了以“非营利组织的自律”为主题的 NPO 论坛。来自实务界、学界、政府、国际机构、媒体的代表从 NPO 自律的实践经验、法律和社会环境、自律的必要性等方面探讨了中国 NPO 实现自律的途径。此次论坛上提出了“中国 NPO 自律的九条守则”和联合签署自律守则的动议，得到与会者的积极回应。

2002 年 9 月 20 ~21 日，在美国麦克利兰基金会支持下，由 NPO 信息咨询中心在北京组织召开了“中国 NPO 诚信讨论会”。出席会议的代表分别来自政府、学界、非营利组织、企业和国际组织。与会者就 NPO 诚信的国际经验、理念、标准、认定及实施等进行了充分讨论，为推动中国 NPO 诚信建设提供了良好的基础。

2002 年 11 月 8 ~9 日，在民政部民间组织管理局召开的“中国民间组织发展与管理上海国际会议”上，时任民政部副部长姜力、民政部民间组织管理局局长李本公在主题发言中多次强调要“建立和完善民间组织的法律法规体系、行政管理体系、社会监督体系和民间组织自律机制”，此次大会还专门开设了以“民间组织自律研究”为主题的分组讨论会。

2002 年 12 月 6 日，NPO 信息咨询中心召集部分 NPO 领导人会议，就 NPO 诚信实施的基本原则、架构、法律基础和工作步骤进行了讨论。会议提出，在中国目前情况下，NPO 诚信应该遵循以下原则：务实而不贪大，逐步发展保证可持续性，建立核心成员支持体系，实行专业化运作和管理。此次会议设计了 NPO 诚信的行动方向和轨迹。

2003 年 1 月 15 ~16 日，NPO 信息咨询中心在北京组织召开“NPO 诚信培训工作会议”。来自美国的麦克利兰基金会总裁汤姆·麦考利先生率专家一行 4 人，和来自民政部民间组织管理局管理处及 NPO 实务界和学界的 12 位中方代表一道参加了此次会议，会议着重讨论了《NPO 诚信培训大纲》，并就近期工作计划初步达成一致。麦克利兰基金会将作为资助方支持这一项目的实施。

2003 年 1 ~ 9 月，在福特基金会等的支持下，中国 NPO 和学界的代表参加了多次国际会议，就 NPO 诚信问题与各国代表进行了广泛的交流和探讨，获取了大量的信息和经验。这些会议是：在印尼万隆召开的“维护权力、倡导非政府组织责任和诚信国际会议”；在荷兰 KDK 会议中心召开的“INTRAC 第五次评估大会”；由亚太慈善联盟（APPC）在菲律宾马尼拉召开的“治理、组织效率和非营利部门国际论坛”。

2003 年 8 月 17 ~ 19 日，NPO 信息咨询中心与美国麦克利兰基金会经过近半年的合作开发，推出了中国 NPO 诚信培训的第一门课程“公信力的价值”，在北京举行了试培训。此次培训特邀政府主管部门官员、学界和国际组织代表，以及来自北京、上海、云南、陕西、四川地区的 NPO 领导人参加，目的是对培训课程进行从内容到形式的评估。在这次活动中，经过与会代表的充分讨论，《中国 NPO 自律公约》得到进一步完善。正式的“公信力的价值”培训将于 2003 年 12 月初举行。

此外，即将出台的《基金会管理条例》中，也明确写进了有关 NPO 需要建立自律和监督机制的条款。

回顾中国 NPO 诚信建设走过的历程，我们认为，诚信建设的真正动议来自 NPO 自身，这是令人高兴和应予以激励的一件事，同时，社会环境的发展和变革也起到推波助澜的作用。

二　中国 NPO 的诚信需求及其困境

1. 中国 NPO 的诚信需求

综观中国 NPO 发展的内外环境，我们认为，中国 NPO 的诚信需求主要表现在以下几方面。

（1）NPO 自身的需求。一些从事社会公益活动、面向公众筹款的 NPO

从自身的实践中强烈地意识到，诚信不仅是维系一个机构的生存命脉，而且是整个 NPO 领域发展的核心问题。

（2）社会的需求。当社会上关注公益事业、参与公益事业的意识不断提升，个人以及公司的公益行为要求通过 NPO 得以实现的时候，他们需要知情权，以便选择他们认为合适的 NPO。

（3）政府的需求。在目前法律环境还不健全的情况下，政府管理 NPO 的角色定位和实际能力都面临着压力，政府希望 NPO 能够自律、能够诚信。

（4）来自国际资助机构的困惑。随着国际社会对中国发展的关注，许多国际组织希望加盟中国公益事业，但它们在向中国 NPO 提供资助时，对中国 NPO 缺少一定的判断标准。

（5）潜在的危机。有相当一部分 NPO 负责人，或者还未认识到 NPO 诚信的重要性和迫切性，或者意识到，但存有疑虑，觉得困难重重，不易操作。他们并未感到诚信的压力，也没有自律的要求；某些人甚至不乐意承认自己是 NPO，而更愿意加入准政府机制，进入政府拨款的保险体系。

2. 中国 NPO 诚信的困境

尽管对 NPO 的诚信的需求是显而易见的，但目前在中国实施 NPO 诚信还面临以下几方面的困难。

（1）诚信理念方面。如果把 NPO 领域比作一个新兴的公益市场，那么它还没有形成规范的、有章可循的、良性竞争的成熟市场。诚信的理念还没有深入人心，还处在一种感性阶段，限于个体行为。

（2）法律环境方面。由于有关中国 NPO 的法律、法规正在建设之中，现有法律模糊和不健全，加之政府管理方面的问题，不利于公众对 NPO 的充分了解，造成了 NPO 在运作上的不确定性和执法的不公正性。在一个难以自立、自主的法律环境下运作的 NPO，如何达到道德和伦理观念上的更高标准？

（3）管理技术方面。适应中国 NPO 诚信的标准在哪里？如何建立 NPO 诚信的认定程序和机构？如何建立和提高审计的权威性？到目前为止，这些问题都没有答案。在这一点上发达国家和一些亚太地区的国家已遥遥领先，行业内的自律规范和 NPO 民间认定机构已经非常成熟，值得我们学习和借鉴。

(4) 媒体功能方面。在目前环境下，如何公正地传播和发布信息，加强 NPO 诚信的社会监督力度？“媒体是一把双刃剑”，这是人们经常形容媒体的话。是否有一批愿意了解并且真正爱护 NPO 的媒体人士？如何通过多样化的互动方式，加强媒体与 NPO 之间的交流与合作？这些都是我们面临的挑战。

三　建立 NPO 诚信的基本原则

实施 NPO 的诚信建设，我们认为应遵循以下基本原则。

第一，调查利益相关者，包括捐赠人、公众、政府、受益人、NPO 等对 NPO 诚信的具体动机和要求。在他们心目中“标准的” NPO 是什么样的？他们认为最有价值的信息是什么？他们能否接受独立的民间监督机构对 NPO 的认定？

第二，与政府相关部门积极沟通与合作。在倡导和建立 NPO 诚信过程中，配合政府尽快制定和修订相关的法律法规，如基金会管理条例、NPO 会计制度、NPO 税收政策等。在信息共享方面寻求政府的支持，减少资源浪费，提高信息的利用率。

第三，与媒体建立良好的公共关系。向具有良好信誉的、真正关心和支持公益事业的媒体提供真实的信息，通过媒体弘扬社会公益事业，传播 NPO 诚信的理念，强化 NPO 的社会和舆论监督。可喜的是，近一两年来，一方面各种媒体对 NPO 的关注有迅速扩大的趋势，探讨的深度和广度也在不断加强。另一方面，NPO 也逐步意识到通过选择合适的媒体，能够扩大组织的成功机会和社会影响力。

第四，加强研究和探索。诚信如果有效就必须深入人心。建立 NPO 的诚信是一个不断探索、实践和发展的过程，我们需要学习国际经验，加强对中国 NPO 发展状况的调查研究，确定中国 NPO 的权利、责任与诚信的内涵，为制定诚信标准和实施诚信程序提供有效的指导。

第五，寻求多元化的经费运作。NPO 诚信关系到整个 NPO 领域的发展，为了避免利益冲突，在运作资金来源上应追求多元化。一是 NPO 自筹，二是申请国际资助，三是寻求与政府和海内外组织合作。

四　中国 NPO 诚信实施框架

根据中国 NPO 发展现状及 NPO 诚信的上述分析，中国 NPO 诚信的实施过程应该包括三方面的主要内容：第一，倡导和树立诚信的理念，实现诚信的基本承诺；第二，制定中国 NPO 诚信的标准；第三，对 NPO 诚信进行认定。如图 1 所示。

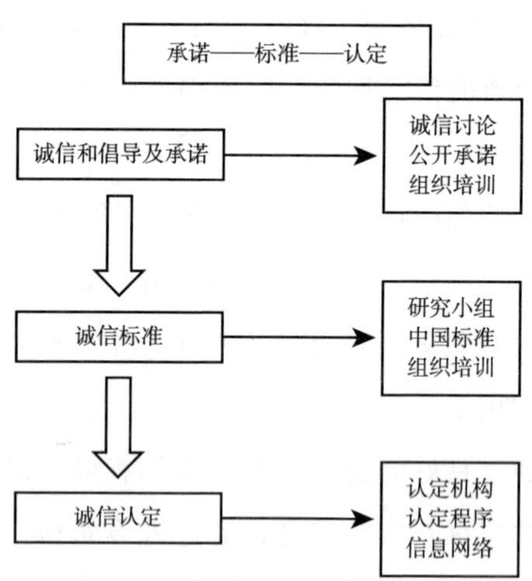

图 1　中国 NPO 诚信实施框架

1. 关于实现承诺的途径

开展诚信的系列讨论，在 NPO 业内逐步倡导和树立诚信的理念，提高社会和公众对诚信的认知，促进政府对相关法律环境的关注和改善。

鼓励一些 NPO 首先对本机构的项目、财务、组织等有关信息进行公开披露，接受社会、公众、政府的监督，并逐步将信息披露的方式加以推广和扩大。目前，中国 NPO 服务网已经开辟了这方面的栏目（http：//www. npo. org. cn）。

推出系列的相关培训活动，以期加强 NPO 内部的结构、管理、制度、人才等方面的综合治理，让更多的中国 NPO 加入诚信中来，达到诚信的基本承诺、认同诚信标准以及接受诚信认定这样一个过程。

2. 关于制定诚信的标准

制定诚信的标准是中国 NPO 诚信实施计划的核心内容之一，按照国际经验，诚信标准既是一个反映不同国家 NPO 发展阶段的标准，又是一个反映不同国家 NPO 机构共性的标准。处在刚刚起步阶段的中国 NPO 诚信，其标准如何适应中国 NPO 发展阶段的内外部环境而且卓有成效，将是一个关键的问题。

3. 关于进行诚信的认定

纵览许多国家和地区的 NPO 诚信模式，中国 NPO 诚信将来采取什么样的最有效的认定方式，还受诸多因素的制约，应在实现基本承诺和制定标准的过程中不断努力探索。应具备的基本要素是：具有法律地位的、独立的、权威的认定机构；透明的、公正的、可操作的认定管理程序；与政府、公众、资助者、媒体之间良性互动的信息网络。

五　结论

诚实守信是中国自古以来一直崇尚的美德，并且有很多这方面的论述。在现代社会中，诚信对于任何一个组织和个人都应该是一条基本的行为准则。近年来世界上因为没有诚信而造成的损失和灾难令人触目惊心，中国不能等到诚信危机达到顶峰时才觉醒，特别是作为有志于 NPO 事业的组织和个人更应该把诚信作为秉持的职业道德标准。

致美国麦克利兰基金会时任COO托马斯先生

——关于诚信培训项目（2003）*

Thomas先生，您好！

您及您的同事能参加上月的北京诚信讨论会，并带来极为重要的信息和建议，后又收到Harber先生的书面建议，何永华先生又亲自转达了您的思考，这些对推动中国NPO走好诚信和自律的第一步极为重要，更坚定了我对中国NPO诚信建设的信心。从您和您的同事，以及何先生身上，我强烈地感到你们对中国的深情的热爱，对中国NPO发展充满着热情，令我十分感动。

您一再重申要确立中国特色的诚信标准和诚信机构模式，同我的想法完全一致。我们都认识到，中国NPO发展必须是建立在中国的法律环境，中国的文化、传统及中国NPO发育状况和需求的基础上。这是我们的共同目标。其实，NPO Network① 本身就是在这种条件下诞生的。坚定的信念与使命，务实开拓的精神，处理各种复杂关系，在有限的资源和条件下探索创新模式，是我们生存与发展的根本原因，也是我们得到广大NPO、学界及政府部门认同、支持，得到海外NPO以及国际组织尊重和合作的原因。

NPO自律是我多年来一直关注的课题之一。2001年，我们举办NPO

---

* 这封信转录于商玉生先生的手稿，手稿并未标注日期；从内容推测，结合《中国NPO诚信发展报告》一文的介绍，应该是写于2003年2月。

① NPO信息咨询中心的英文名称是China NPO Network，简称CNPON。

自律论坛，是力图从实践角度推动中国 NPO 自律的重要措施。在我的研究中，已注意到类似如 ECFA[①] 式的机构，也关注如 Council on Foundations 这样的机构。中国的 NPO 自律应该如何实施，一直是在思考中的问题。是您和您的同事开拓了我们的眼界，提供了许多令我们学习、借鉴的经验和知识。我们共同认识到要推动中国 NPO 诚信建设必须把建立机构作为主要目标，而且，培训也是为了这一目标而引进的。

何先生告知，您正在考虑培训问题，我不知何时能得到您安排的意见。我先把我的想法同您共享，供您在考虑计划时参考。

我认为可以考虑两方面内容的培训。一类是关于诚信的培训，面向 NPO 机构，主讲诚信的内涵、实现诚信的方法和途径；另一类是针对机构建立、运作方法等，培训对象是诚信机构的管理人员等。

关于诚信培训可以安排两套课程。一套是在尽可能多的中央和地方 NPO 参与下，宣讲 NPO 诚信的理念相关知识和技能，注重在机构形成诚信的气氛；另一套是以重要的诚信标准为专题的培训，着重对会员单位或即将入会的机构进行专门培训，使之达到诚信标准的要求。

关于机构的培训，我设想有 2～3 次海外交流学习。第 1 次可以安排董事会成员的培训，他们决定中国诚信机构的发展；另外，第 2～3 次可组织机构的管理人员进行对口的培训和学习。

关于诚信机构如何建立、采用何种模式以及相应的组织构架等，目前不可能提出。我认为有三件事是目前可以进行的。第一件事是建立董事会的架构。您对政府的支持和政府官员的加入的特别关注令我欣慰，因为在我们设想的董事会名单中，确已考虑几位政府官员。董事会主席恐非阎先生[②]莫属。等他从外地回来后我们会开始推动这件事。您的建议我非常同意并会认真考虑。第二件事是推动一些有名望的 NPO 组织起来签署一份对

① 指美国福音教派财务管理协会（Evangelical Council for Financial Accountability）。

② 指中华慈善总会原会长阎明复先生。

公众承诺的自律公约，作为第一步。第三件事即您所考虑的培训。以上所有工作的实施先由 NPO Network 负责。从中国 NPO 诚信建设来看，诚信机构必须是独立、专业化的机构。由于中国法律环境的因素，目前立即注册一个机构还有困难。利用 NPO Network 作为执行机构是快速可行的、少阻力的方法。一旦时机成熟，立即成立中立机构。

当然，还有个非常重要的问题，就是 MF[①] 在这项计划中要担任的角色和起到的作用。我们会在认真考虑，及同各方面协商，特别是听取阎先生之意见后，形成一个框架和计划提交给您。我也诚恳地期待您的意见。谢谢您拨冗读了我的意见。我可以负责地说，上述设想仍不成熟，您可以坦白地提出任何意见。

① 指麦克利兰基金会（Maclellan Foundation）。

中国公益基金会发展新态势

——《基金会管理条例》时代的中国公益基金会（2004）*

2004年3月8日公布、6月1日实施的《基金会管理条例》（下称《条例》）开创了中国公益基金会发展的一个新时期。

一 《条例》是我国政府专门为公益基金会制定的第一部真正法规文件

1. 关于《条例》

《条例》第48条规定，"本条例自2004年6月1日起施行，1988年9月27日国务院发布的《基金会管理办法》同时废止"。

1988年的《基金会管理办法》（下称《办法》）虽然也是总理签发的国务院行政文件，虽然其存在并规制中国基金会发展长达10余年，但不能说它是一部真正的、完整的基金会法规文件。原因有以下几个方面。

其一，《办法》中的基金会被规定为社会团体法人（《办法》第二条），基金会是作为社会团体中的一个类别而存在的；1989年由国务院发布的《社会团体登记管理条例》（下称《社团条例》）[①] 第一章第二条中也

---

* 本文可考的写作时间为2004年9月27日。

① 1989年发布并实施的《社会团体登记管理条例》已于1998年《社会团体登记管理条例》发布施行的同时废止。

明确规定在中国境内的“协会、学会、联合会、研究会、基金会、联谊会、促进会、商会等社会组织，均应依照本条例的规定申请登记……”可见，基金会首先要接受《社团条例》的管理，《办法》仅仅是《社团条例》的补充，不是一部完整独立的公益基金会法规。

其二，《办法》本身仅仅有 14 条，没有对基金会的组织形式、内部决策程序、财务会计制度、资产使用管理及社会监督机制等诸多问题加以规范，使得基金会在具体运作的许多环节无章可循。《办法》第 13 条虽然规定“本办法由中国人民银行和民政部负责实施，并可制定相应的实施细则”，但是，我们一直没再看到“实施细则”。

其三，《办法》出台缺少专家学者研究和公众参与的基础，《办法》出台主要目的在于纠正风行的“基金热”，加强管理。我国改革开放之后第一家民间基金会诞生后的几年中曾出现的“基金热”，是政府始料未及又让政府担忧的。在未有任何规范审批程序和管理办法情况下，滥竽充数者不在少数，把基金会作为敛财工具和利用募集基金投资办企业获利的现象非常突出严重。据 1996 年统计，各地利用救灾扶贫款建立的救灾扶贫基金会就有 6275 个。在这种情况下，国务院应急制定《办法》是必要的、正确的，但缺乏系统的调研和广泛的群众路线。《办法》出台虽制止了这种混乱的现象，清理整顿了基金会，但《办法》没有解决如何促进和规范基金会发展的一系列问题。

2.《条例》出台迫于形势所逼

1988 年《基金会管理办法》带有“应急”和加强管理力度的性质，并没有解决基金会运行和操作中的问题，因而，修订《办法》的要求和呼声一直没有间断过。但是，政府管理部门与基金会实务管理人员对修改却持不同的立场。1995 年中国人民银行发布的《关于进一步加强基金会管理的通知》（银发〔1995〕97 号），是政府主管部门对基金会发展的一记重拳。在 1996 年中办、国办《关于加强社会团体和民办非企业单位管理工作的通知》（中办发〔1996〕22 号）指导下的《社会团体登记管理条例》

（1998）和《民办非企业单位登记管理暂行条例》（1998）两部国务院法规的发布，以及民政部《关于清理整顿社会团体意见的通知》（1997）等，使民间组织立法倒退，中国民间组织发展经受了一次冬天的洗礼，与当时中国经济改革开放大好形势形成对比。实际上，中国改革开放之后，国外社团、基金会、国际企业和国际组织在中国开展社会公益活动的要求也十分迫切。因而，在新形势下，特别是中国加入 WTO 的情况下，我国新一轮的民间组织立法成为国内外各界关注的焦点之一。

在民间组织各门类中，基金会最为突出；而从基金会本身的性质来说，基金会也比社会团体和民办非企业单位要单纯一些，作为民间组织立法突破口最为合宜。

3.《条例》立法过程历时 4 年之久，可分为两个阶段

1999 年中国人民银行不再作为基金会业务主管部门后，从 2000 年民政部正式启动《办法》的修订工作到 2004 年《条例》出台，其间大致可分为两个阶段。

第一阶段，2000～2001 年 3 月，以民政部报请国务院审议《基金会管理条例（送审稿）》［下称《条例（送审稿）》］为界，是由民政部主管的阶段。其间，经历了海内外调研，专家及基金会负责人、基金会管理部门多次讨论等，出台了《条例（送审稿）》。这一稿，忠实地遵循 1998 年《社团条例》的基调，并吸收了 1988 年《办法》、1995 年《关于进一步加强基金会管理的通知》等的条文，除了个别地方，没有新意和突破。国务院法制办没有通过这个《条例（送审稿）》。

第二阶段，2001～2004 年，以《条例》出台为标志。在《条例（送审稿）》离立法要求差距较大的情况下，国务院法制办没有采取退回民政部修改的做法，而是直接领导了这部国务院法规的起草工作。这足以说明国务院对这部法规的重视，表达了以该法规作为民间组织立法突破口的意图。

4. 立法过程的启示

《条例》发布之后，大家将工作着眼点集中在《条例》本身，关心《条例》的内容，以及为执行落实《条例》的申请登记、换证等工作，关注执行和管理部门所出台的一系列细则、办法等。但《条例》的意义远不止于此，立法过程给我们的启示，从立法过程来看，是《条例》背后的东西。《条例》立法过程同以前相比，有以下几个突出的特点。

（1）中国基金会立法受到海内外各界的高度关注

对基金会立法，中国高层极为重视，一直列为国务院重点立法内容；而且于2001年直接由国务院法制办主抓，法制办和民政部领导多次亲自听取专家及各界意见。立法过程中得到国际组织在出国考察、召开国际研讨会、邀请国际专家咨询等方面的支持，支持的形式包括给予经费和资料、信息等。国内各基金会负责人、专家学者、媒体的关注和参与程度也都是少有的。

（2）开放、互动

每一修改稿都在相应范围内征求意见。由民政部、国务院法制办及相关民间组织召开的会议，包括国际会议，为海内外人士的参与提供了机会和空间。《条例》中不少地方吸收了各界人士的意见。作为国务院发布的法规文件，有这么多方面、这么多人士介入，花费达4年之久，是少见的。

二　透视《条例》——中国第三部门立法的前奏

海内外各界之所以关注基金会立法，还在于它涉及中国第三部门（或称民间组织）立法前景的问题，都期望《条例》不仅仅解决“有比没有好”的问题，而且能对大家一直关切的重大政策和理论问题有所突破和重新认识。立法过程，也就是这些矛盾交叉、博弈的过程。从深层次角度来认识、来透视《条例》，对今后中国民间组织立法的任务、追求的目标会有新的认识。具体可从以下几方面来看。

其一，《条例》清晰地解决了基金会的法人性质，同时为《民法通则》[①] 关于法人的分类提出了新的课题，为中国非营利组织立法提供了一个参考模式。

其二，《条例》的最大进步是对非公募型基金会的界定和鼓励态度。正如徐永光先生提出，非公募基金会背负中国第三部门的希望；杨团研究员称之为“开放个人空间”。其实，这一分类法，基本上是借鉴外国，尤其是美国的经验；但中国目前情况下，它又有所创新，是针对中国基金会发展现状和中国社会今后发展趋势的一种选择。按国外经验，非公募基金会一般应是有相当资金的资助型基金会。如果需要注册资金的话，应该比公募基金会多。但《条例》却限定在 200 万元的注册基金，远低于全国性公募基金会 800 万元的注册基金，也低于地方性公募基金会的 400 万元注册基金。[②] 作为一个真正的、资助型的基金会，靠 200 万元注册基金通过资金运作开展活动，显然有困难。但从长远上看，政府鼓励、引导部分富裕而又有公益理念的人士走进社会公益事业，鼓励设立公益基金会，无疑是一条阳光之路。这一条的真正意义也许要过 3 年、5 年或 10 年才能显示出来。

其三，《条例》的最大受益者是国际 NGO 和基金会。中国政府在历时 4 年的《条例》修订中，始终坚持了把海外基金会管理纳入《条例》之中。大量海外基金会由此可以进入中国，而且法律赋予它们相当的活动空间。当然，对于一些已经在中国境内自由活动数年的海外小型基金会来说，《条例》并非幸事，因为它们再也没有理由不去注册登记，以规避中国政府的监督了。

---

① 《中华人民共和国民法通则》于 1986 年 4 月 12 日公布，1987 年 1 月 1 日起施行；2017 年 3 月 15 日，《中华人民共和国民法总则》通过，并于 2017 年 10 月 1 日起施行；2021 年 1 月 1 日，《中华人民共和国民法典》施行后，前述两法同时废止。

② 2004 年颁布实施的《基金会管理条例》第八条第二款规定：“全国性公募基金会的原始基金不低于 800 万元人民币，地方性公募基金会的原始基金不低于 400 万元人民币，非公募基金会的原始基金不低于 200 万元人民币；原始基金必须为到账货币资金。”

其四，《条例》最难实现的数字是10%和8%。[①] 规定10%的运行成本，尽管立法者有其理由和目的，但是，数字是刚性的，写入法规条款是要严格执行检查的。10%在国际上既无先例，又与中国基金会实际情况有差距，恐将影响会计、财务报表的真实性。8%也缺少根据。1995年中国人民银行曾有10%的规定，好在并没有认真实施。8%也好，10%也好，都来自美国国税局对获税收优惠待遇的私立基金会的最低公益支出的限定。美国是针对一些富有的私立基金会利用所获得的税收优惠政策把基金会作为聚财工具而制定的，起到制约作用，目的是防止许多私立基金会过分积累基金，忽略开展公益活动而出台的规定；5%是针对美国社会总体状况而规定的下限，它低于基金会可实现的增值比例，利于基金会适度积累本金的发展需要，又利于公益事业的发展。1995年，中国照搬这一条时，还没有区分公立和私立基金会。目前，按《条例》分类的非公募基金会刚刚起步，经费运作能力很差，而且8%远远高于目前基金增值能力。所以8%与《条例》对非公募基金会的鼓励态度相违背，会成为非公募基金会设立、运作的障碍因素。也许中国立法者希望，非公募基金会的设立者每年都拿出基金投放基金会运行之中。但这仅是一厢情愿。

其五，公募基金会的高“门槛”，使现有公募基金会发展面临严重挑战。按朱先生[②]提供的数字，将有40%以上的地方性基金会无法达到200万元的基金值，现要在半年之内让这些已经营有10年之久的地方基金会达到400万元的本金值，岂不是“灭顶之灾”？

---

① 2004年颁布实施的《基金会管理条例》第二十九条规定：“公募基金会每年用于从事章程规定的公益事业支出，不得低于上一年总收入的70%；非公募基金会每年用于从事章程规定的公益事业支出，不得低于上一年基金余额的8%。基金会工作人员工资福利和行政办公支出不得超过当年总支出的10%。”

② 指中国社会科学院美国研究所研究员朱传一先生（1925.4.11—2015.3.9）。

其六，仍然没有突破“双重管理”体制，这让人有些费解。[①]

其七，提升章程的地位和作用，强调依照章程从事公益活动，以及对理事会、监事会的规定，体现了基金会依法开展工作和强化内部治理、发展自我管理机制的管理思想。

三　中国基金会发展态势

从1997年政府发动社会团体清理整顿和重新登记，到2004年《条例》公布实施，这六七年中，中国基金会发展总体上受到很大阻碍。因而《条例》的公布为中国基金会的发展开辟了一片新天地。

《条例》公布之后，中国基金会将如何发展？这是一个令人兴奋的课题，也是难有确切答案的难题。因为仍有许多的不定因素，边界条件也不太清晰。但本人仍想从《条例》本身，从《条例》背后，以及中国基金会25年的实践、国外几百年基金会发展的历史中，提出几个问题同大家讨论。

1. 境外境内、公募非公募、官办民办基金会共同构建中国公益基金会体系

《条例》解决了境外基金会在国内活动的问题，又按公募和非公募两种类型分类，体现了政府对公益基金会发展的鼓励态度，是转变立法立场，落实中央对民间组织培育发展方针的切实行动。中国政府基金会管理政策的这一重要突破，即开放国内私立基金会和境外基金会这两个“市场”，将对中国公益事业产生深远的影响。

徐永光先生称“非公募基金会，背负中国第三部门的希望”。而境外基金会的入境及境外人士或机构在中国内地设立基金会将对中国基金会发

① 商玉生先生关于“双重管理”体制的思考，可参见本文集《关于“双重体制”的讨论》（2003）一文。

展产生结构性影响；境外基金会的中国“本土化”趋势和中国本土基金会的“国际化”趋势，将是中国公益基金会发展的新特点。

境外境内、公募非公募、官办、民办等多种基金会形态将共同构建中国公益基金会体系。

2. 积极应对企业基金会的加入

海外企业基金会十分普遍，但在中国改革开放的25年间，企业基金会却凤毛麟角。原因是多方面的。但随着中国市场经济建立，以及全球化的趋势，特别是从立法上开放非公募企业基金会，鼓励企业的社会责任和公益行为，如果在税法上有所突破，我们期待的企业基金会将成为中国非公募基金会的主体之一。

3. 发展社区基金会，推动公募基金会发展的新阶段

社区基金会是典型的公募型基金会，主要出现在地方。国内这种以社区为对象的社区基金会已有初步苗头，如许多地区的慈善会、慈善基金会，虽然不称之为社区基金会，但都具有社区基金会性质和功能。20世纪90年代中期，公益基金会发展受阻的情况下，具有社区基金会功能的各地慈善会、慈善基金会却破土而出。至2004年，全国已有各类慈善会200~300家。我以为，可以进一步总结经验，发展具有中国特色的社区基金会。

4. 中国资助型基金会的发展前景

中国基金会主要是运作型或操作型，但近年也有所变化。一些基金会领导人已意识到要从完全操作型逐步向具有一定资助功能转变；也有些有识之士，倡导并推进中国大型资助型基金会的诞生。

建立资助型基金会条件之一是具有一定的资金规模和稳定经费来源；另外，要有明确的定位和宗旨。

中国国家自然科学基金会是国家财政拨款的国家级官方基金会，是政府所属的事业单位，它是完全的资助型基金会；上海慈善基金会是官办的民间基金会，资金完全靠社会筹资，具有很强的吸引基金和基金运作能力，具有开展资助活动的条件，很高兴地看到，上海慈善基金会正在向建立资助型社区基金会前进；中国青少年发展基金会也在利用本身的品牌和筹资渠道，开展更多的资助工作，向资助型基金会一步一步地走去。

发展资助型基金会应该成为政府对基金会扶持政策之一。实际上，许多非公募基金会都将成为或部分成为资助型基金会。除了国家自然科学基金会和上海慈善基金会两个类型资助基金会之外，政府有关部门还可以建立官民合资、官助民办或官办民助的资助型基金会。

大型的资助型基金会的建立和发展，才可以算作中国公益基金会发展的新阶段。

5. 公募基金会发展前景

《条例》大大提高了公募基金会的入门条件，体现政府利用经济杠杆控制或限制公募基金会的发展规模的意图；同时，又通过双重管理体制中政府部门很大的裁量权，以及《条例》中一系列管理上的规定等，来规范公募基金会的行为。

公募基金会主要是具有强烈官方背景的官方或半官方基金会。中华慈善总会及各省（市、区）设立的慈善基金会是最典型的公募基金会（它们之中，许多注册为社会团体）；目前在中央及地方注册的1000多家基金会中，多数也将重新登记为公募基金会，但高的资金“门槛”会使一定比例的基金会无法继续运营下去。

公募基金会中的官方色彩是不可避免的，甚至是其一大特点；要克服一种认识上或理念上的误区，即官方色彩是缺点，要排斥，因为对公募基金会来说，官民结合是其特点，甚至是方向。既要发展民办官助的公募基金会，也要发展官办民助的公募基金会。

我主张政府部门（主要是业务主管部门）可以或者应该投入更多的资金建立官方色彩的民营官助或官办民营的公募基金会，开展社会急需的社会公益，或者承担本部门、行业下放民间承担的事业。

比如，在行业协会基础上建立行业发展基金会以支持行业科技进步、技术改造、行业规划、可持续发展等行业共性问题，以及其他社会公益事业。在20世纪八九十年代，我国一些行业科技基金会曾有过很好的经验。中国公募基金会发展的前景主要看政策和政府支持力度，主要发展的不是数量，而是规模；其面临的主要挑战不是资源，而是运作和科学的管理，是公募基金会的能力建设。

6. 公益信托基金会——中国公益基金会下一个亮点

《条例》的最终稿取消了前稿中关于基金会可以作为“公益信托的受托人，从事公益信托活动”条款，但公益信托基金会，作为传统的公益慈善形式，作为与财团法人基金会并列的另一种基金会类型，在国际上很普遍，也很有特色。特别是在中国目前经济情况下，公益信托基金会存在发展的必然性和发展基础。目前，中国政府的相关政策还不清晰，为什么把公益信托基金会排除在外？但实际上，中国公益信托基金已在运行。如许多信托投资公司及基金管理公司已经按信托法中公益信托的相关条款推出公益信托的概念和产品。但由于法律还不明确，在操作和运营中会出现问题。如果将其纳入基金会管理之中，应该对规范管理是有利的。期待公益信托基金会或公益信托公司加入公益事业的运行中。

中国非营利部门的崛起（2004）*

一　Global Associational Revolution[①] 和第三部门的兴起

大家知道，社会存在许多部门，最主要的是三个部门，即称为第一部门的公共部门（政府部门）、称为第二部门的营利部门（公司、企业部门）和称为第三部门的非营利部门或非政府部门（亦称社会部门）。

公共部门广义而言是指各级政府部门，是由国民赋税支撑其活动的部门，除了中央、地方各级政府部门之外，也包括中国的人大、政协甚至执政党、各民主党派等。公共部门的使命是带来法律和秩序，提供公共服务产品；营利部门是开展经营活动、向政府纳税、为社会创造财富和就业机会的部门；而第三部门，就是除了上述两大部门之外的一个很宽泛、庞大的部门，既非政府部门又非营利部门，所以又称为非政府部门（NGO）、非营利部门（NPO），如各类社会团体组织、财团法人组织、各类学校法

* 此文为商玉生先生2004年7月在内蒙古呼和浩特的社会团体秘书长培训班上的主题演讲。同年，商玉生先生还曾于广州、福建等地做过同题演讲。

① Global Associational Revolution 中文一般译作“全球结社革命”，由美国非营利部门权威学者萨拉蒙教授提出。其背景是20世纪80年代以后，民间的非营利、非政府组织在世界各地如火如荼地兴起，其规模和范围都引人注目；萨拉蒙教授认为，“历史将证明，这场革命对20世纪后期世界的重要性丝毫不亚于民族国家兴起对于19世纪后期世界的重要性。其结果是，出现了一种全球性的第三部门即数量众多的自我管理的私人组织，它们不是致力于分配利润给股东或董事，而是在正式的国家机关外追求公共目标”。参见〔美〕莱斯特·萨拉蒙著、谭静编译的《非营利部门的崛起》，《马克思主义与现实》2002年第3期。

人、社会福利法人等公益法人，也包括各类自助互惠性团体、兴趣爱好团体、同乡同学校友会团体等。

这三大部门各有各的使命、责任，构成现代文明社会的基石。

1. NPO 的定义和特性

参照国际上一些较为通行的概念，结合中国情况，我这里推荐由世界银行组织撰写的《非政府组织法的立法原则》一书中关于 NPO 的定义，即在特定法律系统下，不被视为政府部门的协会、社团、基金会、慈善信托、非营利公司或其他法人，而且不以营利为目的，即使有赚取任何利润，也不可以将此利润分配。但是工会、商会、政党、利润共享的合作社，或教会均不在此列。

上述 NPO 的定义包含以下几层含义，即 NPO 的主要特征：是不视为政府部门的非政府组织——NGO（民间性和自治性）；是不以营利为目的的非营利组织——NPO（非营利性）；是在特定的法律下的合法成立的组织（组织性和合法性）；政党、宗教等组织不在其中（非政治性和非宗教性）。

美国霍普金斯大学萨拉蒙教授指出 NPO 的 6 大特性，也是国际上比较有共识的，即正式的组织，不包括临时性、非正式的民众集合体，并得到政府特定法律的合法承认，具有法人团体资格（合法性、组织性）；民间私人性质（民间性）；利润不分配（非营利性）；组织自我治理（自治性）；志愿人员参与（自愿性）；公共利益属性（公益性）。

2. 关于第三部门的称谓

第三部门的称谓很多，这里简单介绍国际上流行的一些称呼。

（1）NGO—Non-Governmental Organization

中文译名为“非政府组织”。

从政府和非政府概念来说，第二部门也是非政府组织。但国际上，对 NGO 使用有一个历史过程，目前已经成为国际通用的概念。

NGO 一词最早在 1945 年 6 月签订的《联合国宪章》第 71 款正式使

用；该款授权联合国经济与社会理事会在相关事务中同非政府组织进行磋商。[①] 1952 年，联合国经济与社会理事会定义非政府组织为“凡不是根据政府间协议建立的国际组织都可被看作非政府组织”。

目前，我们在使用 NGO 时，是强调了该组织不是政府部门，强调第三部门的非政府性。

在国际上，同 NGO 相关的还有一些提法，例如——

GONGOs—Government Organized NGOs（政府组织的 NGO）

GRINGOs—Government Run/Initiated NGOs（政府运作的 NGO）

BONGOs—Business-Organized NGOs（企业建立的 NGO）

INGOs—International NGOs（国际 NGO）

QUANGOs—Quasi NGOs（准 NGO）

NNGOs—Northern NGOs（北方 NGO）

SNGOs—Southern NGOs（南方 NGO）

LiNGOs—Little NGOs（小 NGO）

（2）NPO—Non-Profit Organization 或 Not for Profit Organization

中文译名为“非营利组织”，或“不以营利为目的的组织”。这是在国际上应用最为普遍的一种称谓。从广义上讲，政府机构也是非营利组织，但通常所谓的 NPO 是指非政府的 NPO。它是同以营利为目的的第二部门（公司、企业）相对而言的。

（3）VO—Voluntary Organization（志愿者组织）

Voluntary Sector（志愿部门）（领域）

这是在英国应用最广泛和普遍的称呼。要区分不同国家、地区关于志愿者和志愿精神的差别。这里所说的志愿部门同我们上面提到的 NPO、

---

① 《联合国宪章》第十章“经济及社会理事会”第 71 条规定：“经济及社会理事会得采取适当办法，俾与各种非政府组织会商关于本理事会职权范围内之事件。此项办法得与国际组织商定之，并于适当情形下，经与关系联合国会员国会商后，得与该国国内组织商定之。”参见联合国官网 https：//www. un. org/zh/sections/un - charter/chapter - x/index. html。

NGO 几乎是同一类型组织的称呼。而我们平常所说的志愿服务、志愿者则是另外的概念。

英国的志愿领域或志愿者组织数量难以统计，因为由公民成立的志愿者团体并不需要都去注册登记，也没有统一的标准。

而我国所称的志愿者是“指那些具有志愿精神，能主动承担社会责任而不关心报酬的人，或者是不为报酬而主动承担社会责任的人”。

（4） Civil Society

有三种译法，即公民社会、市民社会、民间社会。三种译名有些微小的差别。

（5） Charitable Organizations（慈善组织）

Charity（慈善团体）

慈善团体也是源于英国的惯称，是英国社会的主要形式。在英国，慈善团体要比志愿部门范围窄得多。所谓慈善团体，必须经过认证，方可得到税收的优惠待遇。美国人也用慈善团体，几乎等于具有免税地位的 NPO。

（6） Tax-exempt（免税组织）

这是美国人的提法。美国政府通过税收政策来鼓励非营利部门的发展，同时也通过税收优惠的一系列条款监督治理非营利部门。美国政府管理非营利部门的政府部门是财政部所属的国内税务局（IRS）。凡是要申请获得联邦政府免税待遇的团体，必须向 IRS 提交 1023 表申请书。美国按免税组织情况，分为 25 种类型。从税收来看，NPO 可分为两大类，一类是公益性非营利组织，另一类是互惠性非营利组织。这两者免税待遇是不同的。

（7） Third Sector

中文译为“第三部门”或“第三域”，意思上差别不大。但称第三部门是相对第一部门（公共部门）、第二部门（私人营利部门）而言的另一个部门。一些学者又称之为独立部门（Independent Sector）等。

（8）GRO—Grassroots Organizations（草根组织）

这是经常提及的一种 NPO 类型。

此外，还有如——

Economic Society（经济组织）

Self-help Organization（SLO）（自助组织）

Mutued Benefit Organization（MBO）（互惠性组织）

Public Benefit Organization（PBO）（公众利益组织）

国际上对之称呼几十种乃至上百种。

3. 第三部门已成为重要的社会力量

20 世纪是社会创新层出不穷的时代。从某种意义上讲，20 世纪最值得人们记取的一次社会创新就是“第三部门”。美国霍普金斯大学萨拉蒙教授称之为“Global Revolution of Association”，并认为“社会部门已经发展成为一股非常重要的社会力量”。

二　第三部门的发展概况（介绍萨拉蒙教授的研究结果）

伴随席卷全球的社团革命，关于第三部门的研究工作也非常活跃，在这一研究领域处于领先的是由美国霍普金斯大学莱斯特·M. 萨拉蒙教授领导的非营利部门比较项目组的工作。他们已进行了 10 余年的研究工作。第一阶段于 1994 年完成，主要针对 8 个国家，即美、英、法、德、意大利、瑞典、匈牙利和日本。随后，这一项目推广到更多国家，到 2004 年为止已对 42 个国家做了研究，对比分析工作在继续。1999 年发表的研究报告中公布了针对 22 个国家的完整分析数据。这 22 个国家包括 9 个西欧国家（奥地利、爱尔兰、比利时、荷兰、芬兰、西班牙、法国、英国、德国）、4 个中欧和东欧国家（捷克、匈牙利、罗马尼亚、斯洛伐克）、5 个拉美国家（阿根廷、巴西、哥伦比亚、墨西哥和秘鲁），以及澳大利亚、以色列、日本和美国。

萨拉蒙的对比研究项目的主要成果概括为以下几个方面。

其一，非营利部门已经成为一种重要的经济力量。有以下 6 个方面的表现。

①1995 年的统计表明，22 个国家的非营利部门相当于拥有 1.1 万亿美元的产业，雇用了相当于 1900 万名全职员工。1.1 万亿美元的产值约占 22 国国内生产总值的 4.6%，1900 万名全职员工占就业人员的 5%，占所有服务就业人员的 10%，占所有公共部门就业人员的 27%。

②如果把 1.1 万亿美元的非营利部门作为一个单独的国家的话，那么，它排在世界第 8 经济大国的位置，仅次于美国（7.2 万亿美元）、日本（5.1 万亿美元）、中国（2.8 万亿美元）、德国（2.2 万亿美元）、法国（1.5 万亿美元）、英国（1.1 万亿美元）、意大利（1.1 万亿美元），而超过了巴西（0.7 万亿美元）、俄罗斯（0.7 万亿美元）、西班牙（0.6 万亿美元）和加拿大（0.5 万亿美元）。

③1900 万名非营利部门的就业人口，远比 22 个国家最大私营部门企业 330 万名就业总数多几倍。

④1900 万名就业人口比这些国家的公用事业、纺织制造业、造纸和印刷业、化学制造业就业人数总和都高，而相当运输和通信业就业人员数目。

⑤上述统计还没有包括这些国家的志愿者力量。这些国家有 28% 的人向非营利组织贡献了自己的时间，相当于 1060 万个全日制职工。如此，非营利部门全日制职员可达 2960 万人，占非农就业总数的 7%，占服务就业总数的 14%，占公共部门就业总数的 41%。

⑥如果包括宗教力量，那么非营利部门会更加强大。

其二，非营利部门的发展在不同地区、国家间的差异很大。研究发现，一般而言，NPO 在多数发达国家的规模较大，实力较强，而在拉美、中欧、东欧规模较小。如在西欧及其他发达国家，NPO 就业人口占非农劳动力总人口的比例为 7%，而拉美国家为 2.2%，中欧为 1.1%。

其三，按非营利部门所活动的领域来看，以福利和服务行业为主导。

22 个国家中，全部 NPO 就业的 2/3 集中在福利和服务行业，如教育 30%、卫生保健 20%、社会服务 18%。不过也发现不同地区亦有所不同，大致有以下五种模式。

①教育主导模式，如以色列、英国、拉美；

②卫生保健主导模式，如美国、日本、荷兰；

③社会服务主导模式，如一些西欧国家；

④文化娱乐主导模式，如中欧国家；

⑤平衡模式。

其四，多数国家 NPO 收入来自会费和公共部门，而不是主要来自慈善捐赠。22 国 NPO 资金来源中，会费几乎占一半（49%），而来自公共部门占 40%，慈善捐赠仅占 11%。当然，不同国家资金来源的构成及比例不同，有会费主导型、公共部门主导型及私人慈善主导型。

其五，NPO 是重要的就业渠道。研究 NPO 发展及就业人员的发展情况发现以下三个现象。

①NPO 就业增长速度高于总就业增长速度的 2 倍；

②卫生保健和社会服务业是 NPO 就业增长的主要来源；

③市场化发展趋势。

结论：第三部门已发展成为重要的社会力量，“现在是停止把非营利组织视为可有可无的时代了”，正如著名经济学家和管理大师彼得·德鲁克先生所说，21 世纪将是社会部门的世纪。

三　转型时期的中国第三部门

1. 社会转型和第三部门兴起

中国 20 多年改革开放之路，创造了中国经济持续高速增长的奇迹，实现了奔向“小康社会”的目标。

中国奇迹的取得得益于党的中心工作的转移（由以阶级斗争为纲转移

到以社会主义现代化建设为中心），得益于从社会主义计划经济体制转变到建立市场经济为主导的经济体制，以及市场和经济部门的兴起，中国正在进一步全面推动和完善市场机制的建立。中国社会由只有一个部门到第二部门的兴起，这是历史性的变化。

但是，当我们在欢庆中国历史上少有的经济繁荣和发展奇迹时，却无法忽略或漠视在繁荣背后的社会不稳定，若干重大社会问题已成为影响中国发展的关键。产生这些社会问题有着不可预测和不可避免的因素，但最根本问题是在发展经济的同时，忽略了社会的发展。

人类历史中的许多灾难都源于社会的变化总是远远落后于技术的变化，或者说，生产关系变革落后于生产力的发展，上层建筑的变革落后于生产关系的变化。

彼得·德鲁克先生曾提出过警告，建立市场经济的第三世界国家，如果不注意社会问题，如果没有非营利部门的发展，将付出沉重的代价。

我们的学者也曾提醒，在社会主义市场经济中，非营利部门绝不是无关紧要的，而是对中国的社会经济发展具有极大的意义，忽略非营利部门的发展将是一个战略性错误。

2. 中国第三部门发展的回眸

社会民间组织和公益机构，在中国有极为悠久的历史和传统。最早可追溯到春秋战国时期。在近代中国社会急剧变化时期，中国各类民间组织也有不俗的发展。

公益基金会这种外来形式的民间组织，在20世纪初也被引进中国。比如，20世纪20年代张学良将军在东北大学设立的“汉卿奖学基金”，上海实业家顾乾麟先生于20世纪30年代末在上海设立的“叔蘋奖学基金”（企业型基金会），以及诸如以退还庚子赔款所设立的各类教育基金等。

在中华人民共和国成立后，由于实施社会主义计划经济体制和建立大而全的强势政府，政府包揽了社会的一切事务。党政不分，政企不分，政社不分，社会只有政府一个部门运行。所以在新中国成立后的30年间，中国内地的民间组织部门是个空白阶段。

20世纪80年代，全球社团革命浪潮兴起之际，中国大地也经历了改革开放、建立市场经济体制、改善政府治理和职能转变的大变革时期。与此同时，中国民间公益组织亦破土而出，出现一个社会部门发展的良好开端。

1981年，在中国公益发展史上有两件事情值得关注。一是中国科学院89位资深科学家上书邓小平等中央领导，建议设立国家自然科学基金会，建立依靠专家、发扬民主、鼓励竞争和创新的科学管理体系和科学基金制度，促进中国科学的发展；二是由18家人民团体共同倡议建立了中国儿童少年基金会，可称为新中国成立后中国内地建立的第一个民间基金会。

中国政府在蓬勃发展的民间公益组织面前，特别是面对来自公民从下而上的公民行动，显然准备不足。政府对经济问题的关注远远大于对社会问题的关注，以至在实现25年飞速发展创造经济奇迹的同时，社会问题却越来越激化，成为制约经济发展的最大因素。

（当时）新的领导集体提出了新的发展观和5个协调发展、以人为本的新思路。其核心是把社会发展提到应有的高度和地位。这是经过痛苦教训得来的认识，也为民间公益组织或民间非营利组织提供了广阔的发展空间。

25年来，中国民间组织部门发展可分为三个发展阶段。

第一阶段：从20世纪80年代初至90年代初期，民间公益组织及其公益事业处于以社会需求为导向但缺乏政府有效管理的自由发展时期。其中尤以各类基金会蓬勃发展的“基金热”为典型。为克服某种程度的无序发展状况，产生了《基金会管理办法》（1988年）、《外国商会管理条例》（1988）和《社会团体登记管理条例》（1989）；随之而来的是90年代不停顿的“清理”“整顿”。严格的政策环境，限制发展的管理体制，产生民间组织曲折的发展状况，构成了90年代的民间组织发展的基本格局。

第二阶段：确认“慈善”概念的各级慈善总会或慈善基金会建立，成为中国公益事业发展的一个亮点。1995年，中华慈善总会（CCF）成立，及相继各级数百家慈善组织建立。CCF及各慈善组织具有强烈的官方色彩，是相当典型的GONGO。但在这期间，大多数公益基金会处在低谷时期。

国务院1998年公布的三个行政法规《社会团体登记管理条例》、《民办非企业单位登记管理暂行条例》和《事业单位登记管理暂行条例》，及《中华人民共和国公益事业捐赠法》（1999），显示政府贯彻中央对民间组织的监督管理和培育发展并举方针的政策意图。

第三阶段：开始于21世纪初以来的一系列政策调整，其中以《基金会管理条例》出台为核心事件，标志公益基金会发展的一个新时期，甚至有人称中国“公益时代”的到来。

中国政府深切感到非营利组织发展和治理的迫切需要，一直把非营利组织立法作为最重要的任务之一。历时4年完成《基金会管理条例》之后，继续进行完善中国非营利组织法律框架的设计。即将陆续修订1998年公布的《社会团体登记管理条例》和《民办非企业单位管理暂行条例》，2004年下半年将公布“非营利组织会计准则”，有关非营利组织税收政策的改革意见也在酝酿之中。政府及人大其他法律建设，也将为非营利组织的发展和法律环境改善提供更大的空间，如正在制定中的中国民法通则。

3. 中国第三部门分类

中国NGO/NPO的一种分类法如图1所示。

中国NGO/NPO的另一种分类（按法人性质）如图2所示。

中国境内的海外NPO/NGO如图3所示。

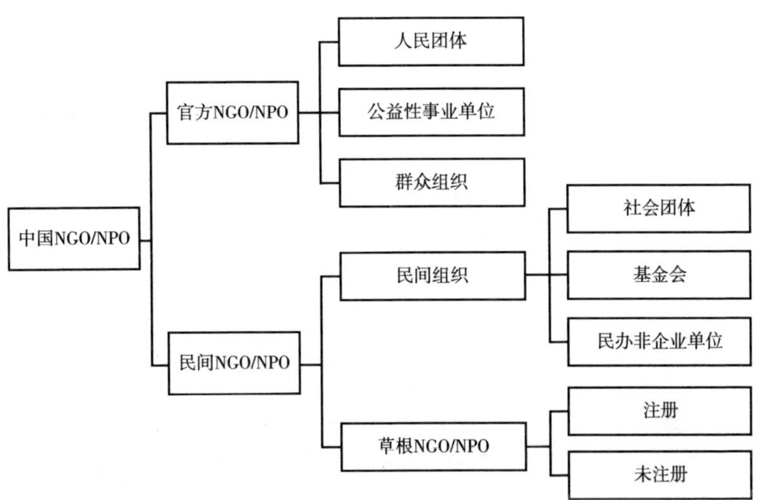

图 1　中国 NGO/NPO 的第一种分类

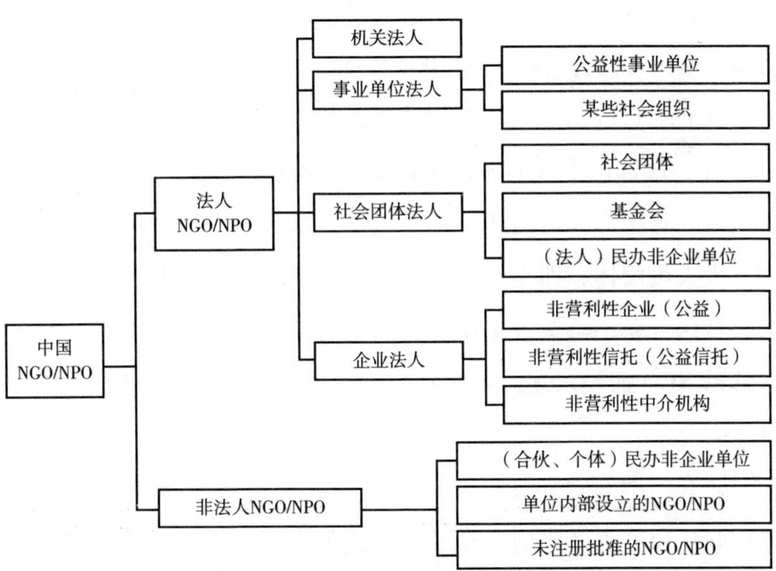

图 2　中国 NGO/NPO 的第二种分类

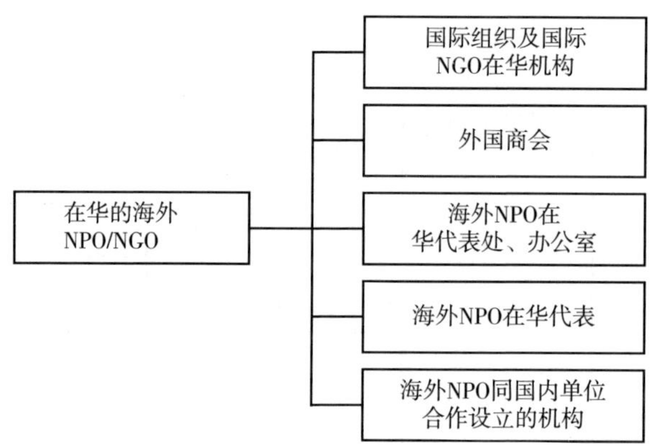

图3　在华的海外 NPO/NGO 种类

（1）政府民政主管部门使用民间组织概念

民间组织 = 社会团体 + 基金会 + 民办非企业单位

为此，民政部门设立民间组织管理局①。

目前，全国有社会团体（至 2002 年底）13.13 万个，基金会 0.1 万个，民办非企业单位 11.1 万个。至 2005 年底，全国民间组织已达 32 万个。

（2）非民政部门主管的人民团体及其他社会组织

中国有一类称为人民团体的社会组织，这是指参加中国人民政治协商会议的八大人民团体，即全国总工会、共青团、全国妇联、中国科协、全国侨联、全国台联、全国青年联合会和全国工商联。这类组织在对外交往中，常常以 NGO 面貌出现。但我把它们归为准政府组织，即不是 NGO 或准 NGO。

中国还有一类社会组织，是由国务院机构编制管理机关核定人员编制、工作职责和机构设置的群众组织，比如作家协会、全国文联、对外友协等，这类组织不按国务院有关民间组织管理要求在民政部门注册登记。但

① 2016 年 8 月，民政部民间组织管理局（民间组织执法监察局）正式更名为社会组织管理局（社会组织执法监察局），对外可称国家社会组织管理局。

同人民团体相比，这类组织民间性要强一些。我认为可以将其归为 GONGO 的一种。从法人种类来分析，上述二类社会组织，均为事业单位法人。

（3）公益型事业单位

1998 年国务院发布了关于事业单位的有关行政法规。目前，事业单位改革迫在眉睫，这支拥有 100 多万个单位、近 3000 万名员工的国家行政队伍何去何从？进入政府，进入企业，还是成为第三部门？改革方案待出。

（4）企业法人 NPO

企业法人 NPO 在国际上并不少见，甚至一些国家、地区，公益性组织注册为企业或公司法人是正常现象。目前在中国存在的企业法人 NPO 有两种基本情况。一种是界定不清，比如一些应属于 NPO 范畴的市场或社会中介组织，如政府机关办的会计师事务所、律师事务所等，应该是非营利机构，但也在工商局注册；另一种，由于中国政府对成立民间组织的种种限制，迫使本来应注册为社会团体或民办非企业单位的非营利组织到工商局去注册为企业法人，但这些机构却是按非营利组织的原则、方式运行的。比如，我们恩玖信息咨询中心即是一个由非法人地位的网络 NPO 注册为企业法人的新的网络 NPO。另外，如农家女文化发展中心、星星雨教育研究所等均为此类。

（5）非法人 NPO

国际上非法人 NPO 和未注册 NPO 大量存在，而且多是政府认可的。中国政府对法人民间组织实施许可制，而对中国实际上存在的大量基层 NPO，例如农村经济专业协会、城市社区组织等，采用备案制，这是值得认真研究和对待的一群。

4. 中国第三部门的特征

（1）中国官方 NPO 和民间 NPO 的官方色彩

中国 NPO 按其自治性可分为两大类，即官方 NPO 和民间 NPO。官方 NPO 在中国 NPO 中占有主导及优先发展的地位，而大多数民间 NPO 也都是从政府、事业单位中产生或剥离的，受到有关部门的“监督”“管理”。

官办和民办这两类 NPO 并存，构成中国 NPO 结构的两大支柱。可以说，官办 NPO 的产生、发展是中国现实条件下的必然产物。中国 NPO 的官方色彩及官办 NPO 的主导地位仍然是今后 10～20 年中国 NPO 发展的重要特征之一。

（2）中国 NPO 发展的法律制约

普遍认为，中国 NPO 建立和发展的法律环境较为严峻。近年来，中国政府提出的培育发展和监督管理并举方针，并未在现有行政法规得到全面落实；一手软（培育发展）、一手硬（监督管理）的管理体系是中国 NPO 发展面临的主要困难之一。中国民间组织立法一直受到海内外的普遍关注，中国 NPO 组织立法研究与实践，一直是人们关注的焦点之一。以《基金会管理条例》的出台为标志，中国民间组织的立法进入一个新的阶段。

（3）中国 NPO 普遍发育不良

①从机构的建制和运行、管理体制来看，存在行政化、官僚化倾向，机构自我发展能力严重不足。

②从中国 NPO 从业人员（包括领导人员）来看，其知识结构、专业水平、管理能力严重缺乏。

因而产生社会发展对 NPO 日益增长的需求同我们 NPO 现有能力不足之间的尖锐矛盾。

（4）中国社会缺少慈善和公益理念

四　中国第三部门的发展动力和前景

对某媒体称“中国公益时代的到来”，学界、实务界及政府官员都有不同的看法。如何估计中国社会发展状况，要从社会整体去评估。

1. NPO 发展的动力因素

（1）税收——以美国为例

在美国，NPO 又称免税组织。当然并不是所有 NPO 都享受免税待遇，要向有关部门提出申请，满足条件，接受监督和评估才能成为政府认可下的免税组织。

不同 NPO 类型，不同的税收优惠。

20 世纪是美国 NPO 部门飞速发展的时代，其数量由 1950 年大约 5 万个，增加到 20 世纪末的 100 多万个（这里所说的数量是指成为免税组织的非政府、非营利组织。据专家估计，美国有 600 万～700 万个非营利组织）。

究其原因，美国政府对慈善组织有利的法律架构是其最重要的因素，而这个有利于 NPO 发展的法律架构的核心是对 NPO 优惠的税收政策和宽松的政府治理环境。

（2）传统、信仰

西方宗教观念，特别是基督教关于慈善的观念，至少在教徒中深入人心。

据统计，全世界有 35 亿名基督徒，约占人口的一半。美国 120 万个公益性免税组织中，宗教团体占 30%，而教会和与教会有关的慈善团体控制了捐赠款的 2/3，美国从事慈善工作的 1000 多万名志愿者中，85% 是宗教教徒。

西方 Charity（慈善）即是“基督之爱”的含义，可见，在西方，宗教传统是慈善事业的精神支柱和理论献身的基石。

（3）社会变革的推动

NPO 面临来自社会各方面的需求，这些需求既是 NPO 发展的推动力，又是 NPO 面临的战略选择。

2. 中国 NPO 发展的动力因素——需求

著名管理大师德鲁克先生对机构进行咨询分析时，经常概括 5 个主题，即——

➢我们的使命是什么？

➢我们的客户是谁？

➢他们的价值观是什么？

➢我们的追求结果是什么？

➢我们的计划是什么？

3. **中国第三部门面临的挑战**

从国际上讲，第三部门普遍面临以下五大挑战。

➢财政资源

➢竞争

➢组织能力

➢组织信誉（品牌、能力）

➢体制认同

中国 NPO 面临的主要困难有以下几方面。

➢政策法规，双重管理体制、税收优惠等

➢人才，缺少专业人才，缺少卓越的领导人才，缺少人才发展战略

➢资金不足

➢组织机构的能力不足，管理水平低，缺少可持续发展和战略规划能力

➢诚信、公信力不足

➢社会认同感、公益意识不足

➢缺少支持型组织

其中，中国第三部门发展的最大制衡因素之一是机构的能力。这是要回答，在社会和公民需求面前，我们的 NGO/NPO 有没有足够能力承担此重任。因而，我们的目标是构建一批中国一流水平的 NPO。

优秀 NPO 应该是什么样呢？

➢处理好同政府的关系

➢善于利用现行法规给予的有利条件，开拓工作局面

➢好的领导力

➢好的理念和专业化的管理制度、清晰的使命以及强的战略规划和项目设计能力

➢对客户负责任的、透明的财务制度

一句话，优秀 NPO 是具有公信力的 NPO，所以，公信力建设是 NPO 的根本。

4. 前景和发展机遇

中国第三部门将有不可逆转的发展趋势，但是建立真正的公益社会，建立三大部门合作伙伴关系的路还十分漫长、曲折。中国第三部门的发展必然具有强烈的中国特色，我们必须深入研究探索并总结这些特点并运用于第三部门发展之中。

（1）中国 NPO 急需有效的治理和专业化管理

我这里所说的“管理”同某些人理解的管理不同，这里急需的管理，首先是管理者自己。

大家几乎一致认为，中国 NPO 发展需要有良好的外部环境的改善，需要政府部门、企业及大众的理解和支持。大家也几乎一致认为，NPO 缺少资金，集资困难。

但是，作为在社会中三大部门之一的 NPO 机构，要在社会领域发挥作用，要能在同政府、企业部门发展协作伙伴关系中得到应有的地位，最重要的是 NPO 本身组织的科学管理和高效的工作业绩，最重要的是 NPO 需要有自己的管理理念、方法和管理体系。

从某种意义上讲，中国某些 NPO 的行政化、官僚化的管理体制，组织机构的原始化状态、低效率的工作方法，没有明确目标、缺少竞争意识和使命感，以及大批业余化的管理队伍，是制约中国 NPO 完成自己使命、进一步发展的最大瓶颈。

NPO 需要科学地管理。我们对 NPO 机构自身能力建设需倍加关注，是因为它关系到 NPO 的生存、发展的大问题；我们对 NPO 机构领导者的领导力的关注，是因为在现代的 NPO 中，需要有魄力、有能力、有远见并有极高人品的 NPO 领导者（秘书长、首席执行官）；我们对 NPO 从业人员的专业化、职业化训练的关切，是因为正是这些 NPO 的管理者才是 NPO 发展的主力军，他们既是现在 NPO 的创新和能力的源泉，又是我们 NPO 的未来的领导者。

（2）中国 NPO 需要扶持、培育

中国社会发展需要 NPO，中国深化改革需要 NPO，但是，中国 NPO 的确太弱小。

政府提出的培育发展和监督管理并举的方针无疑是正确的。但从 1998 年陆续公布的有关法规及相应的规定等，以及清理整顿的情况看，政府显然在严格登记和管理制度上下了大功夫，而对培育发展却力度很小。难怪有人说，这是一部一手软（培育发展）一手硬（严格管理）的法规。2004 年发布的《基金会管理条例》在扶持培育上有个好的开头，仍需进一步正确全面执行中央和政府关于民间组织发展的方针，把培育发展中国 NPO 的各项措施落到实处。

中国 NPO 发展处在初级阶段，同时，也处在改革大潮深入发展中，处在同其他社会组织之间相互竞争、相互渗透，以至相互转化、演变之中。在这种情况下，中国 NPO 发展既需要规则、准绳，同时，又需要有宽松的发展空间，需要有在改革时代进行创新的空间。这是培育、发展的关键因素。

培育发展 NPO 的另一个有效措施是开展多层次的 NPO 培训工作。

（3）中国 NPO 需要发展支持组织（NPOSO）

中国 NPO 发展需要大批的 NPO 支持、服务组织，来推动中国 NPO 的发展。培育发展 NPO 不只是政府的事，也是某些 NPO 组织的任务。我们应该发展 NPO 支援组织。NPO 组织从功能上，也许可以分为两大类（见图 4）。一类是操作型或实施型的 NPO 组织，直接从事社会公益事业，直接执行公益项目；另一类是可称为 NPO 的支援和服务性组织，它本身不直接从事项目的执行，而是在资金、人员、知识、技术等方面对上述 NPO 组织给以支援、提供各种服务。

当然，有些 NPO 同时具备这两种功能。实施社会公益事业当然要靠第一类机构的项目设计及实施，但也少不了第二机构的支持。从一定意义上讲，第二类支援组织对 NPO 发展起更为重要的作用。我国这类 NPO 组织发展目前跟不上 NPO 发展的需要，因而，我们呼吁要发展 NPO 的支援组织。

NPO 的支援组织有多种类型。如，有资金支持组织，如公共筹款机构、资助型基金会等；有人力支援组织，如志愿者协会、人才交流中心等；有信息网络组织，如 NPO 资料中心、NPO 网站；有 NPO 的研究组织和培训组织，如 NPO 研究中心和培训中心等；有 NPO 联合性组织，如行业联合会、行业协会，组织交流、制定行业规范和自律条款、互相监督；有技术支援组织，如 NPO 基金管理机构，评估、审计机构，会计和财务服务机构，咨询、顾问、策划服务机构等；有 NPO 自律、互律的监督组织，其本身是 NPO，但以监督某些 NPO 为使命，促进 NPO 公正、健康发展，如美国就有称为 Watch-dog（看家狗）的组织，以及专门去对某些 NPO 找缺点、挑毛病的组织。

当然，这些支持、服务、中介的 NPO 组织，也需要得到政府政策上的支持。目前，我国这种组织还太少，未被重视。其实，这些所谓支援组织是从不同角度、从不同层面上对 NPO 发展起着支援、服务，甚至支撑作用，同时，也起着加强和促进 NPO 能力建设，加强 NPO 自律、自我监督、自我完善的作用。对 NPO 的管理，不仅靠政府，更要靠 NPO 自己。

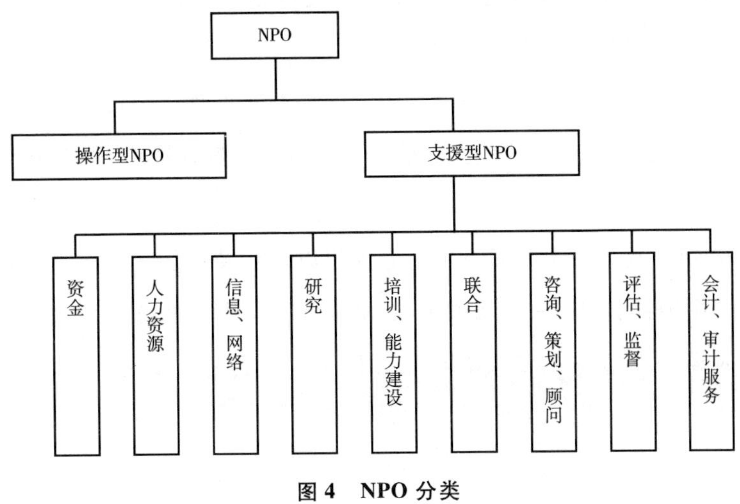

图 4　NPO 分类

中国民间基金会二十年发展回顾（2004）*

2004 年 3 月 19 日国务院 399 号令公布了《基金会管理条例》（下称《条例》），并于 6 月 1 日起实施，历经 4 年之久的基金会法规修订工作画上了句号，实施 15 年之久的《基金会管理办法》（下称《办法》）正式退役。在这期间的相应与《条例》相悖的有关规定也随之失效。尽管《条例》仍有不如人意和一些遗留问题，但这部《条例》仍是中国民间基金会发展历史上新的里程碑，将开创中国民间基金会新的发展时期。

在中国基金会新时期到来之际，我们回顾一下中国基金会所走过的历程是有益的。

1949 年以后我国所实施的是社会主义计划经济体制和建立强势、社会一切方面皆由政府包揽的全能政府，1949 年前并不发达的中国基金会事业失去生存的必要条件。因而，1949 年至实施改革开放政策的 30 年中，中国内地的基金会事业几乎处于空白状态，是中国基金会的沉寂期。

1978 年中共中央十一届三中全会提出以经济建设为中心，实施改革开放政策，中国社会进入一个新的历史发展阶段，中国基金会也进入一个新的发展时期。在过去的 20 多年间，中国基金会的发展划分为两个基本阶段。

---

* 本文原载于《NPO 探索》（恩玖信息咨询中心非正式出版物），2004，第 38～43 页。

第一阶段　中国基金会的初创期

从1981年第一家民间基金会——中国儿童少年基金会成立，到1988年《基金会管理办法》及相应管理举措出台，是中国基金会的初创时期，并曾在80年代出现一段时期的“基金热”。据1989年9月不完全统计，经过《办法》公布后的基金会整顿，全国已有214家基金会，其中33家全国性基金会。

1981～1989年设立的基金会情况如表1所示。

表1　中国基金会发展20年回顾（1978～1989年）

<table>
<tr><th>年份</th><th>基金会设立</th><th>大事、法规</th></tr>
<tr><td rowspan="2">1981</td><td>中国儿童少年基金会</td><td rowspan="2">中国科学院自然科学基金设立（国务院批准，财政部拨款）</td></tr>
<tr><td>华侨茶叶发展研究基金会</td></tr>
<tr><td rowspan="2">1982</td><td>宋庆龄基金会</td><td rowspan="2"></td></tr>
<tr><td>中国煤矿文化宣传基金会</td></tr>
<tr><td rowspan="2">1984</td><td>中国残疾人福利基金会</td><td rowspan="2"></td></tr>
<tr><td>中国癌症研究基金会</td></tr>
<tr><td rowspan="3">1985</td><td>中国国际文化交流基金会</td><td rowspan="3"></td></tr>
<tr><td>中国绿化基金会</td></tr>
<tr><td>中国老年基金会</td></tr>
<tr><td rowspan="5">1986</td><td>中国法学交流基金会</td><td rowspan="5">国家自然科学基金委员会成立
国家社会科学基金委员会成立</td></tr>
<tr><td>中华文学基金会</td></tr>
<tr><td>中国少年儿童文化艺术基金会</td></tr>
<tr><td>中国麋鹿基金会</td></tr>
<tr><td>中国医学基金会</td></tr>
<tr><td rowspan="3">1987</td><td>援助西藏发展基金会</td><td rowspan="3"></td></tr>
<tr><td>中国人口福利基金会</td></tr>
<tr><td>企业管理科学基金会</td></tr>
<tr><td rowspan="4">1988</td><td>中国少数民族文化艺术基金会</td><td rowspan="4">《基金会管理办法》发布于1988年9月，国务院第18号令
《关于对基金会进行清查的通知》，中国人民银行（银发〔1988〕388号）</td></tr>
<tr><td>中国科学技术发展基金会</td></tr>
<tr><td>华侨文化福利基金会</td></tr>
<tr><td>中华国际医学交流基金会</td></tr>
</table>

续表

年份	基金会设立	大事、法规
1988	中国艺术节基金会 中国妇女发展基金会 中国新闻学研究基金会	《基金会管理办法》发布于 1988 年 9 月，国务院第 18 号令 《关于对基金会进行清查的通知》，中国人民银行（银发〔1988〕388 号）
1989	中国扶贫基金会 欧美同学基金会 中国预防性病艾滋病基金会 中国青少年发展基金会 中国博士后科学基金会 吴作人国际美术基金会 马海德基金会 中国国际战略研究基金会 振兴中华教育科学基金会 中国之友研究基金会 中国电影基金会 中国保护消费者基金会	《社会团体登记管理条例》发布于 1989 年 10 月，国务院第 43 号令 《外国商会管理暂行规定》发布于 1989 年 6 月，国务院第 36 号令 《关于进一步清理整顿基金会的通知》，中国人民银行（银发〔1989〕367 号） 民政部关于《社会团体登记管理条例》有关问题的通知（民社发〔1989〕59 号）

第二阶段　中国基金会发展的起伏期

标志性事件：1998 年《社会团体登记管理条例》（国务院）以及 1995 年《关于进一步加强基金会管理的通知》（中国人民银行）和 1996 年《关于加强社会团体和民办非企业单位管理工作的通知》等陆续发布（见表 2）。

这一时期，基金会发展受到比较大的限制，出现起伏波动的发展态势，以致停顿。

表 2　中国基金会发展 20 年回顾（1990～1999 年）

年份	基金会设立	大事、法规
1990	中国文物保护基金会 纪念路易·艾黎合作事业基金会	由民间发起有政府官员参加的第一次全国性民间基金会工作讨论会（承德）

续表

年份	基金会设立	大事、法规
1991	纪念苏天横河仪器仪表人才发展基金会	中共中央办公厅、国务院办公厅《关于严格审批和整顿基金会的通知》(中办发〔1991〕3号) 民政部《关于社会团体复查登记有关问题的通知》(民社函〔1991〕71号) 自1991年始,民政部同国家科委、中宣部、全国总工会等发布一系列关于委托部门管理社会团体的通知
1992	中国马克思主义研究基金会 中国金融教育发展基金会 中国京剧艺术基金会 中国高级检察官教育基金会	民政部《关于严禁擅自扩大不登记社团范围的通知》(民社发〔1992〕4号) 民政部《关于非法人社会团体改为法人社会团体登记问题的复函》(民社函〔1992〕220号) 民政部《关于按部门设置的社会团体复查登记问题的通知》(民社函〔1992〕92号)
1993	中华环境保护基金会 周培源基金会 中华见义勇为基金会 中国益民文化建设基金会 光华科技基金会 中国红十字基金会 中国文学艺术基金会 中华全国体育基金会 中国孔子基金会	由民间发起有政府官员参加的第二次全国性基金会工作讨论会(北京香山)
1994	清华大学教育基金会 中国交响乐发展基金会 中国敦煌石窟保护研究基金会 中国职工发展基金会 中国牙病防治基金会 人权研究基金会	中华慈善总会成立 民政部《关于做好社会团体监督管理工作有关问题的通知》(民社函〔1994〕74号) 民政部《关于全国性社会团体委托管理有关问题的通知》(民社发〔1994〕29号)

续表

年份	基金会设立	大事、法规
1995	北京大学教育基金会 中国友好和平发展基金会 中国航天基金会 中国听力医学发展基金会 中国孙冶方经济科学基金会 中国器官移植发展基金会 吴阶平泌尿外科医学基金会 中华农业科教基金会 中国田汉基金会 中国经济改革研究基金会	《关于进一步加强基金会管理的通知》,中国人民银行(银发〔1995〕97 号) 《关于对全国性基金会进行调查的通知》,中国人民银行(银发〔1995〕90 号) 民政部、国家工商总局《关于社会团体开展经营活动有关问题的通知》(民社发〔1995〕14 号)
1996	中国国际问题研究和学术交流基金会	民政部《关于印发〈社会团体年度检查暂行办法〉的通知》(民社发〔1996〕10 号) 中共中央办公厅、国务院办公厅《关于加强社会团体和民办非企业单位管理工作的通知》(中办发〔1996〕22 号)
1997	李可染艺术基金会	《关于转发〈关于清理整顿基金会的通知〉的通知》(非银基〔1997〕3 号) 《关于清理整顿基金会的通知》,中国人民银行(银发〔1997〕204 号) 《国务院办公厅转发民政部关于清理整顿社会团体意见的通知》(国办发〔1997〕11 号)
1998		《社会团体登记管理条例》发布于 1998 年 9 月(国务院第 250 号令) 《民办非企业单位登记管理暂行条例》发布于 1998 年 10 月(国务院第 251 号令) 《国务院办公厅转发中国人民银行整顿乱集资乱批设金融机构和乱办金融业务实施方案的通知》(国办发〔1998〕126 号) 《中共中央组织部、民政部关于在社会团体中建立党组织有关问题的通知》(组通字〔1998〕6 号) 《关于清理整顿社会团体审定和换发证书工作的通知》(民社发〔1998〕13 号) 国务院召开加强民间组织管理维护稳定工作会议,1998 年 11 月

续表

年份	基金会设立	大事、法规
1999	中华国际科学交流基金会 中华禁毒基金会	民政部《关于社会团体清理整顿审定工作有关问题的通知》(民社函〔1999〕97号) 《中华人民共和国公益事业捐赠法》由全国人大常委会通过公布 民政部《关于印发〈社会团体设立专项基金管理机构暂行规定〉的通知》(民发〔1999〕50号) 《关于定期上报社团基金会工作情况报告的通知》,中国人民银行(非银基〔1999〕17号) 中国人民银行退出作为审批基金会业务主管部门地位
2000～2004		民政部《关于重新确认社会团体业务主管单位的通知》(民发字〔2000〕41号) 修改《基金会管理办法》 2004年3月18日《基金会管理条例》出台

图1是1981～2000年中国民间基金会发展情况,其驼峰式的发展曲线,同相关事件的关系一目了然。

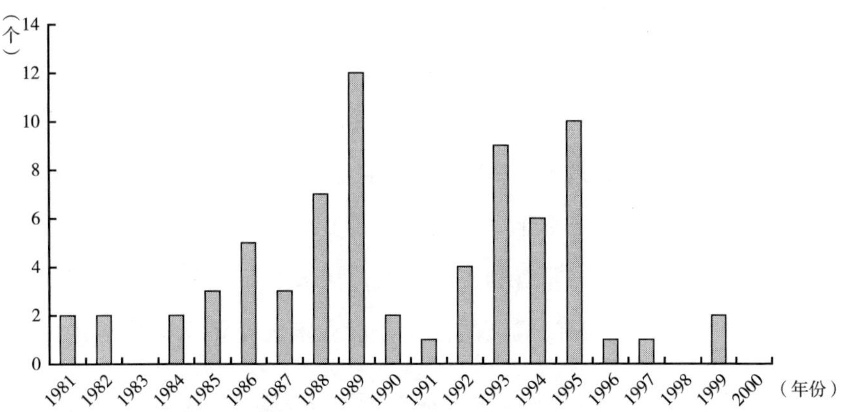

图1　1981～2000年全国性基金会设立年代分布

与中国NPO同行

——致社会各界朋友（2004）*

2004年3月18日，中国《基金会管理条例》正式出台，标志着中国基金会将进入一个新的发展时期。《基金会管理条例》从修订到出台始终伴随着民主参与。

基金会的发展势头是中国NPO发展态势的一个缩影。到2003年，分布在中央和地方经民政部门批准注册的非营利组织已超过26万个，另外还有数以百万计的各类草根型非营利组织，构成了中国非营利部门的基础。

作为一家NPO支持性机构，NPO信息咨询中心多年来和中国NPO并肩同行，融入并见证了中国NPO的成长历程。它的诞生和成长充满了曲折和艰辛，也充满了希望。

最初于1994年成立的"中华基金会联合会筹委会"在运作几年后因无法注册而夭折；1998年成立的"基金会和非营利组织信息网"因非法人地位而举步维艰但没有放弃，2001年以企业法人注册，更名为NPO信息咨询中心，得以延续。十多年来，虽然几易其名，不断变换身份，但我们作为中国第一家联合性的非营利支持组织，从未放弃为中国NPO提供一流的服务，推动中国第三部门成长的使命，也从未放弃将机构建成中国一流的NPO的追求。

还记得第一次董事会是在一间20平方米的房间里召开的。会场只有一

* 本文可考的写作时间为2004年。

张旧式的画案和临时借来的几把椅子，然而到会的都是 NPO 信息咨询中心的创始者。他们是中国 NPO 界卓有远见和魅力的领导者，带着真诚的关心和期待，使简陋得不能再简陋的房间充满了人气和活力。他们的支持陪伴着我们度过了最初那些孤独和艰难的时刻。

还记得成立之初，我们只有一位专职工作人员，面对各方挑战，重负之压至今难忘。随着内、外环境的改善，工作领域的拓展和壮大，以及在业内树起的良好的口碑，我们现已有专职人员 9 位，曾经和正在机构工作的兼职人员和志愿者更多达 60 余人。我们的人力资源还包括一流的国内外著名专家学者、优秀的 NPO 领导者、关注 NPO 的媒体和有公益信念的企业界人士。

回顾多年苦心经营的“NPO 平台”，其产品如数家珍，历历在目。

从早期的专题报告会到 2001 年创立的 NPO 论坛，我们先后推出了几十个专题，参加者累计 3000 多人次，并开始向 NPO 国际论坛、NPO 高层圆桌会议和地区 NPO 论坛多层面延伸，其主旨是营造一个 NPO 之间的合作、分享的氛围，建立 NPO 与社会各界的对话机制。

1999 年，我们创建了首家中国 NPO 公共网站。作为中国 NPO 的交流平台，网站在海内外享有良好的声誉，历经多次改组再造后，于 2003 年 11 月正式以“中国 NPO 服务网”命名推出。现该网已有 100 多家机构加盟，38 家网站链接，22 家机构参与了自助信息发布，网上信息达 450 万字。“中国 NPO 服务网”提出的目标是锻造一支专业的网络管理团队，致力于提升中国 NPO 在互联网时代的综合竞争力。

从率先实施全国范围的 NPO 初级培训，到启动“中国 NPO 培训与能力建设项目”，截至 2004 年，我们已开发、引进 16 个课件和 1 个组织评估系统，编写了近 50 万字的讲义，累计培训人数达 900 人次，覆盖全国 28 个省、市、自治区。我们不变的策略是动态地把握不同时期、不同层次、不同地区的 NPO 能力建设的需求，引入专业、一流的 NPO 培训项目，培养一批为中国 NPO 能力建设服务的培训员和咨询顾问。

在主打品牌的基础上，我们适时地倡导和推动中国 NPO 的自律与诚信；努力不懈地辅助相关立法的完善和出台；关注和参与中国 NPO 与国际间的交流，积极培育中国 NPO 地区性支持网络；为草根组织的发展筹划专项基金；全新打造《NPO 探索》季刊；拓展对外咨询业务；建立 NPO 书库和信息中心……

常言道，有梦想才有现实。NPO 信息咨询中心的梦想就是通过自身的实践，探索 NPO 组织化的运作模式，加速中国第三部门的发展进程。我们的使命和行动正在把梦想向现实一步步推进。未来，我们将一如既往地从中国国情出发，强调本土化、前瞻性、实用性及可操作性，与社会各界建立良好的互动，推进中国 NPO 的良性竞争与发展。

在此，NPO 信息咨询中心向社会各界朋友表示诚挚的谢意，希望在得到大家关怀与支持的同时，得到认真而严肃的监督与指导，以帮助我们进一步提高服务水平。

最后，我愿意和大家一起分享 NPO 信息咨询中心（CNPON）的核心价值观“诚信、一流、进取”——讲究诚信，是我们在业内积极倡导的理念，是推动中国 NPO 能力建设的核心内容，也是我们努力塑造的组织文化；追求一流，是我们存在和发展的动力，也是员工恪守的工作原则；不断进取，是我们面对越来越多的社会需求和竞争的唯一选择。

加强公信力建设，构建中国一流 NPO（2005）*

一　新世纪 新挑战

近年来，各国日益感受到一股非常重要的社会力量的生长，那就是在国家机构和市场部门之外兴起的非营利或非政府部门。人们又称为社会的第三部门、民间公益组织、志愿者组织等，以至著名的管理大师彼得·德鲁克先生预言，“21 世纪将是社会部门的世纪”。

在中国改革开放大潮中兴起的中国社会公益组织在过去 20 多年中国社会经济飞速发展中，在推动社会变革、解决大量涌现的社会问题等方面发挥了巨大的、不可替代的作用，已成为推动中国社会全面发展和深化改革的生力军、构建中国非营利部门的基础。

但是，由于中国社会还缺少现代公益的“基因”，以及受中国公益组织发展环境和基础的制约，中国的非营利部门相对其他两大部门还十分稚嫩和弱小，在中国社会巨大的需求面前，显得十分脆弱和不适应。其中，中国公益组织自身的能力，尤其是公信力建设，已成为制约中国第三部门发展的关键因素之一。

---

* 本文原载于《学会》2005 年 1 月刊。

二　公信力——非营利组织的生命

这里讲的公信力，顾名思义是指获得公众（或利益相关者）信任的能力，英文是 Accountability，表示“为某一种事进行报告、解释和辩护的责任，以及要为自己的行为负责任并接受质询”。所以，也有人用“问责制”“诚信”表达同样的意思。

综观世界各国非营利组织发展的历史，就是公信力建设的历史。

无论在国外还是国内，非营利组织由于失去公信力而失去捐方和社会的信任，不但使组织本身深受其害，而且使整个公益事业发展蒙受巨大损失的例子屡见不鲜。如，许多人都熟知的美国联合劝募会首席执行官和财务官挪用善款为私利而受到判刑处罚的丑闻；美国红十字会“9·11”善款被移作他用，首席执行官被迫辞职的事件；以及中国某福利院院长贪污善款被判 15 年徒刑和被称为“中国母亲”的胡 XX 事件等。这种借公众的善心而行个人私利或违背捐赠意愿的行为等现象，一直困惑着非营利组织和捐赠者的良好愿望。人们在呼唤社会良知和社会慈善观念的同时，必须强化非营利机构的自身能力建设。建立公益机构的自律和诚信机制，乃是中国公益事业生存和健康发展的生命线。

三　公信力的标准

非营利组织同其利益相关者关系的基础是信任，因而决定公信力标准的是利益相关者的要求和期待。可见，NPO 公信力标准是个包含内容很广的体系，但其中，首要的还是捐款如何使用的财务公信力问题，以及遵守章程、及时报告、合法运行的法律公信力等。各国不少非营利组织制定各自的公信力标准。

美国福音教派财务管理协会（ECFA）制定有 7 条诚信标准和 12 条筹

资原则，受到1000多家慈善性、宗教性、公益性社会团体会员单位的遵守或共识。

中国NPO制定自己公信力标准的过程，最初是在讨论NPO自律中逐渐形成的。

2001年12月，由NPO信息咨询中心举办的NPO自律论坛中，自觉地把行业自律条款（当时是8条，后来是9条）提到议程。2002年，中华慈善总会前会长阎明复提出“中国NPO诚信”项目，从而把公信力建设同NPO能力建设、能力培训结合起来；在由NPO信息咨询中心连续举办“NPO诚信国际会议”和“NPO诚信培训工作会议”基础上，于2003年正式实施了“NPO公信力培训”计划。

作为推动中国NPO公信力建设和公信力价值培训重要内容之一，产生了中国版的NPO公信力标准（讨论稿），并于2003年11月在北京召开的“跨国公司与社会公益高级论坛”上得到各界的广泛关注。在由NPO信息咨询中心举办的“公信力价值”培训中，该标准亦得到反响。

中国NPO公信力的10条标准24款如下。

第一条　组织的合法性和公信力

1.1 中国非营利组织必须遵守中华人民共和国相关法律、法规；

1.2 中国非营利组织必须在理（董）事会所通过的组织章程框架内进行运作；

1.3 中国非营利组织应坚持组织的非宗教性和非政治性原则，不谋求组织或个人的政治利益。

第二条　组织的使命

2.1 中国非营利组织应以服务公众利益作为机构的使命和目标，并在组织的章程中予以明确；

2.2 中国非营利组织应当用组织的使命和目标来评估组织的表现。

第三条　组织的资源利用和利益冲突

3.1 中国非营利组织坚持不分配盈余的非营利性原则；

3.2 不谋求任何个体组织、任何个人和利益相关者的私利。

第四条　组织的内部治理

4.1 中国非营利组织应建立健全适合本机构特点的理（董）事会的决策机制及机构管理体制；

4.2 理（董）事会应在组织的政策制定、组织管理及财务预算方面发挥指导作用。

第五条　组织的协作和伙伴关系

5.1 中国非营利组织建立组织之间的信息沟通、合作互助、相互支持、资源共享和协商机制；

5.2 尊重和维护同行的名誉、知识产权等；

5.3 避免任何形式的恶性竞争和侵犯及损害同行利益的行为；

5.4 和社会其他组织建立良好伙伴关系。

第六条　筹资

6.1 中国非营利组织在筹资活动中所提供的相关信息和资料应真实、可靠、不误导他人，并与机构使命保持一致；

6.2 应将筹资成本保持在较低比例范围内；

6.3 筹资行为应保护捐赠者的合法利益。

第七条　项目评估

7.1 中国非营利组织遵循公开透明、公正合理的项目评审和资助原则；

7.2 在项目实施中应遵守组织的目标和使命，以高标准实现良好的社会效应。

第八条　财务透明

8.1 中国非营利组织应尊重捐赠者意愿，专款专用；

8.2 资金使用应与机构的使命和目标保持一致；

8.3 建立相应的财务管理制度，接受独立专业机构的审计；

8.4 每年公布年度报告，提供真实、准确和及时的财务报告，接受社会监督和质询。

第九条　信息公开

9.1 中国非营利组织坦诚、真实地向社会公开机构的使命、价值观、机构功能、组织任务，以及机构的其他相关信息；

9.2 中国非营利组织须向社会公众提供易于获取的信息资料，提供参与途径，提供公开渠道回应公众询疑。

第十条　道德诚信

中国非营利组织确立和制定廉洁奉公、全心全意为公共利益服务的道德标准，保持专业人员、志愿人员应有的敬业精神和专业水平。

四　公信力标准的监督机制

同标准制定要反映非营利组织利益相关者的需求一样，标准的监督机制也是由利益相关者需求决定构建的内外结合、多层次的监督体系。对非营利组织监督的理论根据是：慈善性的公益机构之所以享受慈善身份（具有很高荣誉和公众的信任）及某些特权（主要是税收优惠特权），是因为它们致力于慈善事业的承诺。因而，普通公众有权知道慈善机构如何使用其拥有的慈善资源，以及它们如何实现其慈善目的。

当然，非营利组织也从自身能力建设需要出发，越来越把建立和完善内外部监督机制作为机构治理和组织建设的重要内容。

图 1 所示是按监督力度概括的公信力标准的监督层级。

第一个层级，也就是最里层的是 NPO 自我管理机制，是最重要的一种内部监督形式，通常称为自律。任何 NPO 建立和运行时，都在章程、董事会制度、财务和行政管理、员工行为规范及利益冲突原则等中体现机构的

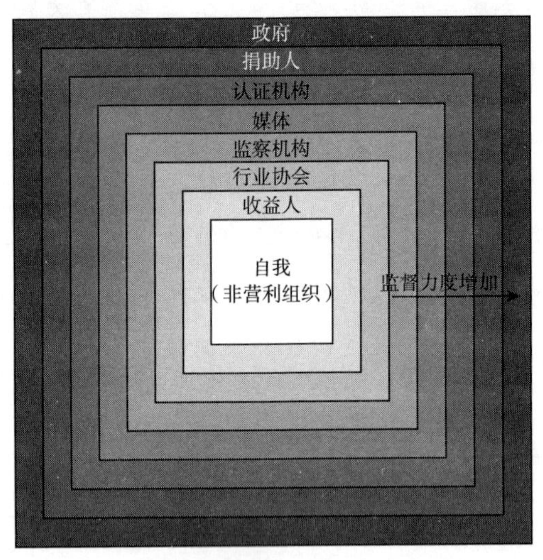

图1　非营利组织的监督层级

宗旨、价值观、自律原则。这是最基本的运行要求。自我监督，自律，是一切监督的基础，而且一个机构自律机制的完善是机构成熟的标志。

第二个层级是受益人，是NPO为之服务、首先面对的受众群体。但受益人的监督常常是客气的、软性的、缺乏力度的。

第三个层级是行业协会。NPO行业的一个特点是非常关注组织和行业的信誉。因为公众对NPO的期待远高于对企业的期待。而且一旦NPO被认为表现不够专业、不负责任，或在道德上出现问题时，公众会反应迅速，产生背叛感，从而破坏了信任。对一个NPO的不信任，对该组织本身发展是致命的，而且可能产生一种对整个NPO行业都另眼相看的感觉。即所谓"一粒老鼠屎坏了一锅汤"。正因为如此，NPO会自动结成行业联盟，制定行业共同遵守的行为规范和行业自律守则，以促进行业的健康发展。

第四个层级是专业监察机构的监督。海外和国内都有诸如会计师和审计师事务所对NPO的财务状况及机构运行进行审计。这种专业化的监察机构起社会监督和政府监督的前哨兵作用。

第五个层级是媒体的监督。媒体的监督作用已越来越得到提升。媒体的正面宣传、鼓动作用对 NPO 是巨大的。但媒体对不好的消息甚至丑闻更感兴趣。一旦被媒体抓住，并加以放大、宣传，对 NPO 打击非常大。当然，我们也期望媒体是抱公正而实事求是的科学态度。

第六个层级是认证机构，海外有一种认证机构，如英国慈善委员会、菲律宾非政府组织理事会等。

第七个层级是捐助人。捐助方的监督是有力度的，如果失去捐助方的信任，NPO 将得不到资助。

第八个层级是政府，最后也是最高等级的监督来自政府，它可以实施直至让你“出局”的惩罚措施。

如图 1 所示，从里往外，监督级别越高，监督力度越大。

从图 1 中，可以看到，一流 NPO 建设和公信力建设所处的内外环境和需求。处在 8 个层级监督之中的 NPO 领导者，尤其要谨慎地工作，抓住公信力建设这个关键环节，统管全局，才能建成中国一流的 NPO。

五　建立中国 NPO 行业监督机制的构想

在上述监督层级结构中，在中国目前情况下，有两个层级是薄弱环节，即行业协会和认证机构。这正是中国 NPO 信息咨询中心（CNPON）目前在极力推动公信力建设及相关项目的出发点。

CNPON 对建立中国民间监督机构有三步设想。

第一步是培训，即从理念上、方法上为建立具公信力的中国一流 NPO 打下思想基础。目前，我们设计两个培训项目，分别针对高层领导者和中层管理者各设立 4 个课件。即针对高层领导者开设：公信力的价值、领导力、内部治理和筹款 4 个课件；针对中层管理者及管理人员开设：公信力的价值、管理、系统和程序，以及筹款 4 个课件。建立中国公信力标准也是第一阶段的任务。

第二步，建立行业自律联盟，制定实施细则，制定行业自律守则。

第三步，建立行业评估体系和民间认证评估机制，实现民间独立监督机制的建立。

当然，实现上述设想需要多方条件的具备，需要各方的共同努力，创造合适的环境。

致美国麦克利兰基金会董事

——关于诚信培训项目（2005）[*]

麦克利兰基金会各位董事：

我怀着激动的心情期待着各位的到来，这样的时刻终于来临。我很高兴你们能亲眼看见四年前麦克利兰基金会的远见卓识正见成效。这四年，是我生命中最重要的历程，也是最令人难忘的历程。因为，你们带着热诚、带着希望与我们一同投入建设世界一流非营利组织的事业中。中国的非营利组织正发生着令世界震惊的变化，你们是这一发展进程的见证人，更是这一变化的重要推动者。

在这里，我很高兴能与你们分享一个故事。在6月9～11日北京的诚信系列之“资金发展的价值”培训中，参加了我们全部系列课件的长春心语心秘书长于海波女士告诉我们：“我从事NPO工作九年了，但是，只有最近三年我才真正理解了NPO的理念。是麦克利兰基金会与NPO信息咨询中心真正改变了我们，是你们树立了我们追求世界一流非营利组织的希望与信心。”

是的，类似的例子还很多。今天中国的非营利组织前所未有地开始把“公信力”置于非营利组织生命中的核心。中国的非营利组织作为社会重要的一部分正发生着历史性的转变。政府、公众、企业不仅更关注非营利

* 这封信转录于商玉生先生手稿，手稿并未标注日期；但根据信中内容提到的“首届‘中华慈善大会’”，可以推测这封信写于2005年。

组织，而且支持、推动它发挥更大的作用。这一切，与你们的支持、我们共同的努力难以分开。

最后，作为首届“中华慈善大会”的秘书处负责人之一，请允许我提前向你们发出诚挚的邀请，邀请你们参加中华慈善大会，目睹中国政府与民间组织携手共创中国的未来。中国是一个美丽富饶的国度，真诚地希望你们在明媚的六月天的短短中国之旅中，收获丰硕的成果。

祝一切顺利，旅途愉快！

《NPO 纵横》创刊词（2005）*

《NPO 纵横》双月刊终于跟大家见面了！我们怀着一种忐忑不安的心情把它奉献给大家，期待着大家的批评指正！

以往 NPO 信息咨询中心曾创办过多种刊物，承蒙大家的鼓励，取得了一定的成绩。《NPO 纵横》是以往刊物的延伸与发展。之所以创办这本综合性的刊物，是希望它成为大家互动的一座“平台”，通过它回报业内人士对我们的厚爱与期待，通过它提供更多的交流与探讨的机会，提供更多的信息与服务，更好地体现我们为 NPO 事业服务的理念。同时，我们也期待着大家把关于 NPO 的“事”“话”“喜怒哀乐”“所见所闻”传递给我们，使这本小小的刊物成为展示 NPO 发展、抒发业内人士的情怀、联结 NPO 同人共同事业之窗、之声、之桥、之友……

套用一句“流行语”，目前中国的 NPO 事业真可谓是“挑战与机遇并存”。

说到机遇，不能不说到 2005 年 11 月即将由民政部召开的中华慈善大会。这是中国公益事业发展和 NPO 事业发展中的一件盛事，一件喜事。这次会议将作为中国公益事业和 NPO 事业发展的一个里程碑而载入史册，因为它将向社会发出强烈的信号，从中我们会解读到这样一些信息：其一，正在经历转型和构建健康和谐的中国社会需要 NPO，因为只有调动起越来越多的人民群众参与社会的管理，发动他们关注社会福

* 本文原载于《NPO 纵横》（恩玖信息咨询中心非正式出版物）2005 年 9 月第 1 期。

利，关注社区，关注科技教育，关注环保，关注弱势群体，一个民主、法制、公平、健康、和谐的社会才会离我们越来越近；其二，人民群众，尤其是弱势群体需要 NPO，因为 NPO 能为他们雪中送炭，分忧解难，扶贫济困。说到底，NPO 事业的发展与一个国家的民主、科学、和谐与文明程度息息相关。目前中国发展 NPO 受到党和政府的重视，真可谓“海阔凭鱼跃，天高任鸟飞”，正逢其时，方兴未艾，大有作为，前景美好。

说到挑战，也令人担忧。在中国，虽然 NPO 事业取得了公认的成就，涌现出了一批又一批响当当的、如“希望工程”这样的名牌项目，但是，总的来说，NPO 作为一支新生的社会力量，它的生存与发展环境还不尽如人意。其表现在：相应的法律环境与免税政策还有待积极争取；与政府和企业良好的合作与沟通关系还有待逐步建立；资金不足始终是制约 NPO 发展的瓶颈；以项目为主的单一运作模式和松散的管理有待改善；缺乏国际化眼光和战略思考；缺少具有专业素质的复合型领导人才；各自独立运作而缺乏联合行动；等等。这些都不同程度地影响了 NPO 的发展。但是，真正的挑战源自 NPO 自身能力建设的水平，即社会公信力、自治和自律能力以及业务拓展能力，这才是关系到中国 NPO 事业发展兴衰成败的“命根子”。

总之，围绕 NPO 的话题是如此之多，说不完也道不尽，应该有个地方供大家发表见解、探讨问题、传播信息、交流和切磋经验教训、分享和展示各自的成果……需求就是动力，我们的使命就是为大家服务。正是在这样的背景下，这本综合性的《NPO 纵横》应运而生。

我们将努力围绕 NPO 发展中的难点、焦点和热点问题，开辟专栏，让大家“公说公有理，婆说婆有理”。我们将围绕一个个鲜活的组织、人物、项目、活动、成果、案例，围绕筹款、培训、评估等专题组织文章，让读者从快乐的阅读中获得启迪。我们将贴近 NPO 的方方面面，全方位、多角度地满足大家的需求。

NPO信息咨询中心的使命是：为中国的非营利组织服务，促进中国非营利事业的发展。我们愿与中国的NPO事业共同成长。相信刚刚诞生的《NPO纵横》在大家的关爱下，一定会健康幸福地长大！

让我们共同期待吧！

自律，NPO生存之本

——在中华慈善大会NPO论坛第六主题开幕式上致辞（2005）*

诚信、自律，是我们从内心发出的呼声，在我们业内就有这样一帮人为此奋斗、呼唤了许多年。

记得2002年，CNPON组织的一次NPO论坛就以自律为主题。参加者四五十人。在那次论坛中，（徐）永光说出“他律因自律更有效”的经典语句，道出政府管制同民间自律的辩证关系。也是在那次论坛上，（何）道峰先生道出“NPO自律是在中国建立市场经济大框架下非营利组织生存发展的必然选择”。

我们的台湾地区同行和朋友们，提出了加大行业自律强度从而减小“他律”的管理力度这样一个立法指导原则。

中国政府官员在回应社会对双重管理体制质疑时把中国非营利组织的不成熟、运作不规范作为其原因之一。

记得2002年初我们首先提出NPO要自律时，一些实务业的朋友对我说，我们现在已经活得太辛苦太艰难了，我们何以能再自找苦吃自投罗网，岂不作茧自缚？学界的朋友也告诫，我们现在是鼓舞斗志发展非营利组织，提出非营利部门失灵、提出自律会打击非营利部门发展。应该说，

---

* 本文是商玉生先生2005年11月21日在第一届中华慈善总会NPO论坛第六主题“加强能力建设，促进行业自律”开幕式上的致辞。

这些观点、看法、担心都是正确的。从现在的 NPO 状况来看，这些看法也都有道理。因为，中国 NPO 是一个庞大的、复杂的社会部门。

非营利组织的“称呼”五花八门，非营利组织定义也各有不同，而对这一部门的分类各异。不同类型的 NPO 面临不同处境、不同的客户和不同的发展途径。因而，在对自律认识上的差别就可想而知了。

尽管如此，我们可以说，无论从世界视角，还是从中国 NPO 发展状况来看，NPO 治理、自律，是发展的潮流，是人们关注的重要焦点之一。

我们今天的课题，我们这次论坛所涉及的主题，不但具有完全适合中国国情的现实意义，而且，具有国际视角，也是世界上所有 NPO 和政府所面临的共同问题之一。

一些国家的 NPO 是在经历一些事件乃至丑闻后才开始组织自律同盟，设立自律标准并加以评估。如今年（2005 年）9 月我率领的一个中国 NPO 之旅代表团访问的美国马里兰 NPO 协会和福音派财务管理委员会的成立就是经过一些事件之后，痛定思痛才成立的；经过 20 多年运作，它们已经成为政府、民间、社会公认的民间自律、评估、咨询服务机构。

中国《基金会管理条例》的最大贡献之一是把“治理”机制放在法律框架之中，并引发 2005 年中国 NPO 对治理的关注。

我们本次论坛把诚信、公信力标准以及建立民间评估机制作为中华慈善大会 NPO 论坛六大主题之一，就是要探索民间 NPO 组织的自律机制和操作运行程序以推动中国民间组织的健康发展，这也是我们以积极、务实态度回应政府法律、回应政府对民间组织的监督管理和培育发展的最好方式。

我非常欣赏下面一句话：我们非政府组织其实是“很政府的”，我们所做的一切，我们所思考的一切，难道不是为政府分忧、解愁，难道不是为社会稳定和可持续发展，难道不是为构建和谐社会的伟大目标正在发挥积极的、不可替代的作用吗？

信号 方向 希望

——首届中华慈善大会点评（2006）*

《NPO纵横》编辑部让我写一篇关于“中华慈善大会”的评论。从积极的意义上讲，我用了6个字概括这次大会，即“信号”“方向”“希望”。

信号

正如主张召开中华慈善大会的（时任）民政部李学举部长所说，这次大会传达了政府支持和发展中国慈善事业的强烈信号。中共中央和中国政府对中国社会的中介组织和公益事业的发展的关注，及其确立的建立和谐社会的战略决策，正是本次大会召开的理论和思想基础。此次会议由中国政府主持召开，国务院副总理回良玉亲临会议并讲话，会上发表了《中国慈善事业发展纲要》，举办了NGO论坛、设立了“中华慈善奖”。这一系列活动都是党和政府重视发展慈善事业的信号和实际行动。

这个信号是正面发展慈善事业的信号，是推动中华慈善事业发展的信号。因而，这一信号引起海内外各界的关注和高度评价。

方向

大会确定了“携手慈善，共创和谐”的主题口号。它不但强调大力发

* 本文为《NPO纵横》2006年1月第1期总第3期卷首语。

展社会慈善事业、建立和谐社会这一目标，而且提出要“携手”和“共建”这一带有方向性、战略性的口号。慈善事业是全民的事业，建立和谐社会是全民的期盼。大会正是从这一高度上理解或者说坚持了以人为本、人民当家做主、人民共同参与的思想。不仅如此，大会的“携手”又指官、民之间的携手，大会的“共创”是政府、企业和民间组织间的协同合作。政府作为此次会议的主办单位，邀请了一些著名的民间组织作为协办单位；而在民间组织中，除了中华慈善总会、中国社会工作协会等官办社团外，还有中国青少年发展基金会、中国扶贫基金会、爱德基金会、中国国际民间组织合作促进会及 NPO 信息咨询中心等 NPO 和 NGO 参加。从某种意义上讲，这是中国建设社会主义“两个文明”的进程中带有方向性的重大问题，也是中国非营利组织和第三部门发展过程中的重大问题。

希望

中华慈善大会的召开，燃起了人们对中国公益事业发展的新的希望，以及对中国社会发展的新的希望。参加大会的政府部门及一些政府部门官员、海内外学者和研究人员，都从不同角度对新时期中国慈善事业的发展提出了真知灼见，展望了其美好的发展前景。政府部门相继提出了改善民间组织注册和管理的一系列新举措、推进慈善事业发展的政策改革意见，表示会以政府搭台、民间组织“唱戏”的方式将政府的公益资源下放；企业家提出并签署了“企业社会责任倡议书”；而民间组织则推出了自己起草的《NPO 自律标准》和《慈善组织自律宣言》。

目前，也有一部分人对 NPO/NGO 抱有不同程度的戒心，并且以东欧出现的“橙色革命”说事，来暗示 NPO/NGO 可能会存在一定的危险性和危害性。从中国 NPO/NGO 的发展现状来看，整体上不存在这个问题。中国的 NPO/NGO 在本质上是很“GO”（政府）的。它们是政府的合作伙伴，是政府良治的合作者，是政府工作的监督者，是社会文明的倡导者。

它们在中国现阶段的深化改革、进一步开放和建立和谐社会的过程中，是一股任何其他力量都不可替代的积极力量。中国的NPO/NGO是中国政府的伙伴、朋友，也是中国人民的朋友。中华慈善大会推行的“政府推动，社会参与，政府、企业、民间组织协同合作的原则”是国家的大幸，是中国走向全民小康、构建和谐社会的大计。全党全民族去认真落实它、实践它是新时期的当务之急。我们从中华慈善大会倡导的三大部门“携手”和“共创”的良好开端中，获得了新的希望。

国外和国内社会各界对首届中华慈善大会召开及其对中国公益事业的影响的评价是各种各样、仁者见仁、智者见智的，这正说明了大家对这次大会的关切。正面的评价、负面的批评都不可怕，关键是在推动中国社会公益文化发展中大家都做一点实事。

致美国麦克利兰基金会时任 COO 托马斯先生

——关于恩玖面临的考验与机遇（2007）*

Thomas 先生，近安！

自前年（2005 年）中国 NPO 美国之旅后，一年多未见面，甚为想念，愿您及家人一切均好。这一年多，我家里发生重大变化，即我 95 岁的岳母和 84 岁的父亲相继去世，均葬在北京近郊的陵园之中。

我们虽然没见面，我相信您已从 CNPON 的报告及相关信件中，了解了 CNPON 的工作情况。总体来说，这一年多，是 CNPON 发展的新时期，面临新的考验，当然也是新的机遇。

CNPON 曾提出，CNPON 同中国 NPO 同行。我们工作是放在中国社会发展的大环境之中，CNPON 是放在中国 NPO 发展的大环境之中。我们可以非常自豪地说，中国 NPO 诚信建设的构想，已经得到广泛的认同，诚信建设已经成为中国 NPO 发展中最热门话题，比如连政府也推出诚信年活动。

麦克利兰基金会、团队资源咨询顾问公司以及 CNPON 在过去 3 年多开展的系列活动已经在中国大地生根。很多类似 CNPON 工作性质的机构，包括相当一些草根型 NPO，加入发展中国 NPO 的支持性机构的行列，一些同我们结成同盟和合作伙伴关系。令人高兴的是，它们中一些是在中国的

---

* 这封信写于 2007 年 3 月 7 日。

边远地区，如青海、贵州、内蒙古等。这种局面，正是我们大家所期待的。春节期间，我去看望阎会长，他身体恢复得不错，而且非常关心中国 NPO 的发展和 CNPON 的工作，他还特意让我转达他对您及您夫人的祝福。

中国社会正面临新的发展时期，同时，也为中国 NPO 发展提供了新的发展机遇。如果说，2005 年 11 月中华慈善大会是中国 NPO 新阶段的“信号”的话，那么“十一五”规划和十六届六中全会关于构建和谐社会的若干重大政策，则预示中国 NPO 发展新时期的到来。

在这一重要时刻，我们看到两个重要的结论。

其一，中国 NPO 将成为全民共同关注的焦点之一，中国第三部门的崛起应始于今日，我非常有信心而坚持这一信念。

其二，中国 NPO 的诚信建设是中国 NPO 发展的基础，这一点得到越来越广泛的共识。从事 NPO 能力建设的大军（包括 CNPON）将对中国第三部门建立发挥更大的作用。

基于第一点，我是中国 NPO 发展的乐观派——尽管我在中国 NPO 行业从业 20 多年中，所见所闻所为所经历的艰难、困惑、打击在业内是少见的。当然，并不是说，中国 NPO 发展会一帆风顺，或者一往无前。困难会有，曲折也会有，但构建和谐社会的伟大理想和目标，也为中国 NPO 发展带来了无限生机和发展空间。这是一个大好时机。

基于第二点，在中国 NPO 诚信建设大军中，CNPON 该发挥何种作用？或者说，CNPON 能否在今后仍处于领先和领军地位？要回答这个问题是困难的。但 CNPON 一直以此为目标建设自己、挑战自己。

Thomas 先生，我们正在进行的是一场“长征”。当初，我们同阎会长一起勾画中国 NPO 诚信建设蓝图时，我们曾想到困难，也想到成功。也许，我们仍对困难估计不足。但我们第一阶段工作已经完成，我们的课件，我们的培训，我们的倡导工作，在中国 NPO 历史上写下浓浓的一笔，永载史册。

正如我们最初设计的那样，从去年（2006 年），我们已经把这一工作推进到一个新的阶段——里程碑标志即是中国 NPO 自律行动的启动。我们将通过 3 年时间，初步建立起中国 NPO 自律联盟。

在过去一年中，我们在更广泛吸取各界意见基础上，也得到麦肯锡公司的帮助，修订了由三级指标组成的自律准则，建立了自律联盟成员的评估程序。今年（2007 年）将对若干机构进行“试评估”，并决定于本年度 6 月份正式启动自律行动联盟认证工作，举行邀请海内外相关人士参加的中国 NPO 自律行动国际论坛。预计本年度有 20～30 个机构加入，2008 年达到 50 个左右。

CNPON 作为该工作的执行机构面临重大的抉择和挑战。中国 NPO 自律行动联盟也面临一定的风险。首先是政府的态度。我们一直在争取政府的理解，甚至支持，这一点已同政府有关领导沟通。其次是我们建立的标准及程序能否顺利实施，得到一流 NPO 的加入。最后是 CNPON 本身的组织运作能力。我们相信，这些都是预料之中可以克服的。

我们的工作一直得到您及您的基金会的鼓励和支持。我不知道您或者贵基金会能否参加 6 月（日期还没有定）的会议，评价和指导我们的工作。另外，我正式邀请您担任中国 NPO 自律联盟的海外顾问。我期待您的答复，以及对我们工作的指导。当然，我们也期待贵基金会对这一工作的兴趣和支持。

再次感谢您对 CNPON 及中国 NPO 的一贯支持和关注，感谢贵会对中国 NPO 发展做出的巨大贡献！

商玉生

2007 年 3 月 7 日

做事做人的哲学

——写在德鲁克《非营利组织的管理》中国内地版出版之际（2007）[*]

我第一次听到德鲁克先生大名，拜读德鲁克先生的著作正是这本《非营利组织的管理》。那是在10多年前，一位台湾地区同行向我们介绍并带来了刚刚在台湾地区翻译、出版的德鲁克先生晚年的新作《非营利组织的经营之道》（这是台湾地区朋友对该书的中文译名）。我当时正服务于中国国家自然科学基金委员会，又在几家非营利组织任职。德鲁克先生的这本书，令我如获至宝，爱不释手。我几乎一口气读完，享受不尽的愉快和满足。我虽然已在非营利组织工作多年，但仍站在门外，是德鲁克先生的书令我茅塞顿开，豁然开朗。我的最大感受是：原来我所从事的工作竟是这样的事业。

10年后，当我看到由机械工业出版社出版的德鲁克这本书，我仍然抑制不住激动的心情倍感亲切。“如果说20世纪最伟大的发明是管理的话，那么，毫无疑问彼得·德鲁克就是最伟大的发明家”（美国管理协会）。我本人不是管理学家，也不敢妄加评论20世纪的众多管理大师们的贡献，但是我敢说，德鲁克先生在他将近一个世纪的生命历程中所留给我们的遗产却是跨世纪和永恒的，而且随着时间的推移和社会的飞速发展，德鲁克管理思想越来越散发出耀眼的光芒。正是德鲁克先生的管理思想，一直伴

---

* 本文原载于《NPO纵横》（恩玖信息咨询中心非正式出版物）2007年总第14期。

随、指导我走过从事非营利组织工作的不平坦历程。德鲁克先生是引领我们学会非营利组织管理，学会做事做人的恩师。

德鲁克先生在本书前言中，曾经以开宗明义的一段话，引起我长时间的思考："40多年前，当我刚开始与非营利组织打交道时，在美国社会中，政府机构和大型企业占据着主导地位，而非营利组织通常被认为处于边缘地带。事实上，非营利组织自身也普遍认同这种观点。当时我们都相信政府理应有能力承担所有的社会责任，而非营利组织的角色只是弥补政府计划的不足或使其锦上添花。"这是德鲁克先生从历史发展角度，分析美国社会的变化中非营利组织的发展状况。而德鲁克先生描述美国非营利组织在社会中的角色时，正是20世纪50年代，距今已半个世纪。令我非常惊奇的是，他所描述的50年前美国社会非营利组织的状况与中国现今非营利部门状况是如此相似。处于困惑中的我读到这段话时，颇感有些醒悟和"安慰"！我相信我的中国同人们也会深有同感！原来，非营利组织在美国，50年前也同我们现在状况一样。我们意识到，我们的"事业"不会是"一帆风顺"和"风光无限"。NPO发展是一个长期过程，需要一代人一代人的前赴后继，需要每一代人的艰苦努力，这是NPO事业的艰巨性。50年后，美国的非营利组织已处在美国社会的中心地位，成为社会不可缺少、不可替代的第三部门。非营利部门已成为美国蓬勃发展的"朝阳行业"。这又令我感到兴奋，对我们的事业更加充满信心和憧憬。

这是我第一次从社会发展的角度来审视我自己所从事的工作，这一具有光明前景的"朝阳"事业。那时，我经常用德鲁克先生这段话来鼓舞我们的同道，来教育、激励我自己。我们必须着眼于我国的现状和国情，从实际出发，确定和发展我们的战略。我们更加明确把发展和推动中国非营利事业、发展中国第三部门作为我们组织的使命，也作为我个人的奋斗方向。

另一个使我念念不忘感受极深的是，德鲁克先生对非营利组织与其他社会组织不同的定位。他说"非营利组织是人类改造的机构"。我记得台湾地区版本中译为“非营利组织是塑造人类灵魂的机构”。读到这里的时候，我卡住了，似懂非懂。依我当时的经历和对非营利部门的认识，我还不能理解。当时，我除了在国家自然科学基金委员会（国务院下属的事业单位）工作外，还主持一家全国性社会组织的工作。我以极大的热情和心智投入设计项目、组织活动、开展服务等工作中去，但我从来没有想过，非营利组织会有这种功能，会对社会产生如此的作用。我感到震撼，感到不解，但我相信德鲁克先生一定是对的。这个问题多年来我一直在思考，而且随着我在这个领域的事业发展和实践，我可以从另一个角度来认识我们的事业和我自己。非营利组织的存在是为了改善社会和我们每个人的生活。这是非营利组织同其他社会组织不同的使命。我思考这句箴言的分量，非营利组织志在改造世界、改造人类的灵魂。这是一项多么伟大而崇高的追求和历史责任！

记得2000年在北京见到弗朗西斯·赫赛尔本女士[①]，并聆听她的一番演讲。那次演讲中，她对德鲁克先生关于非营利组织管理所做的精辟注释，至今使我难以忘怀。其要点之一是做事首先是做人。正如德鲁克在本书中所讲，非营利组织的成员“不是为了生存而是为了理想而工作”，“从来没有见过一个组织的成员缺乏奉献精神还能做好事情”；另外一个要点是做事首先要做正确的事，然后才是正确地做事。做正确的事，讲起来容易，但做起来却并非那么通畅。我们正是在不断地寻找“正确的”事情中，来完成我们对组织、对社会的承诺。衡量哪些是“正确的”事的唯一标准是“使命”。

我自10多年前喜遇德鲁克先生这本书后，一直在努力从其丰富而深邃的著述中吸收营养，思索意义。德鲁克先生独特而富于想象力的启发式提

① 弗朗西斯·赫赛尔本（Frances Hesselbein，1915～），美国管理学家，德鲁克基金会创始人、首任CEO兼总裁，美国最佳公益机构经理人，她在1976～2000年担任美国女童子军CEO期间，让这个摇摇欲坠的组织变成了美国最成功的组织之一。她的翻译为中文的著作有《同心圆领导力：个人魅力如何感召众人》。

问和分析问题的方法，使我想起“洋葱理论”，通过一层层地“剥皮”而深入问题的实质和核心，一步步走向解决问题之路。德鲁克《非营利组织的管理》一书在中国内地的出版，是我们非营利部门的一件大事，是推动我国非营利组织发展的一件大事，借此机会，我感谢德鲁克管理学院和该书的翻译、编辑，及出版机构。我真诚地希望借此机会，我们非营利部门的同人们能努力学习、研读德鲁克的书，活学活用，推动我们组织的能力建设，推动中国第三部门健康发展。

文化与传承：中国基金会百年（2009）*

现代基金会诞生于欧洲，在美国得到空前的发展。20 世纪以来，虽经历世界性的经济危机、大衰退以及两次世界大战的打击，经历基金会治理、运作中的种种恶行、丑闻的打击，但基金会的发展势头仍长盛不衰。不分国界和社会制度，不分民族、信仰，基金会越来越发展、越来越普及。难怪有人说“基金会事业是万岁事业”。著名学者王云五先生曾指出：“个人生命有时而尽，但基金会的功能却与时俱进；个人的理想可能一生不能实现，但是基金会制度可以使理想在未来的年月中变成事实。”

通常认为，现代基金会制度在中国是舶来品。在中国悠久的历史长河中，中华民族虽有乐善好施的传统美德，也不乏民间办学、修路建桥、散财济贫等慈善行为，但这些社会公益行为，常常表现为个人行为、家庭行为或乡里行为。我们研究的初步结论是，在我国数千年漫长的历史中没有形成如西方基金会这种制度形式。中国出现基金会这种社会组织，可追溯至 20 世纪初，至今已有百年历史。

中国内地基金会百年大致可以划分为两个大的时期，其中的分界线是中国改革开放政策的实施，它不但带来中国持续的经济发展，而且也为第三部门发展提供了契机。为行文需要，下面从新中国成立前的基金会制度、新中国成立至 2004 年以前的基金会发展和 2004 年《基金会管理条例》实施以后基金会的新局面几个阶段分别论述。

---

* 本文原载于《中国基金会发展解析》，社会科学文献出版社，2009，第 17 ~ 28 页。

第一节　新中国成立前的基金会制度

中国出现“基金会”这种组织形式，可追溯到20世纪初。当时中国的一些有识之士借鉴西方基金会这种组织形式，试图解决中国面临的社会问题。其中，首推以振兴教育、培育人才为宗旨所设立的基金会。

一　汉卿奖学基金

20世纪20年代，我国著名爱国将领张学良将军，在掌管东北地区军政大权的同时，亲自担任东北大学校长，力图走以教育复兴中华民族的革新道路。他花费巨资、投入很大的精力创办东北大学，吸收西方尤其是德国的教育、科研体系。他还建立了“汉卿奖学基金”，并制定了基金宗旨，成立了基金管理委员会。该基金用于资助东北大学优秀毕业生出国深造和教师出国考察、进修等。东北大学各系各专业应届毕业生中成绩第一名者，均在毕业典礼上当场宣布资助其出国深造。1929年，东北大学应届毕业生中成绩第一名者十数人全部由该基金资助送英、美、德等国留学。该基金会由于日本侵略东北而中断，但这一基金的设立对研究张学良将军的政治立场、治国方略以及旧中国教育体系、中国基金会发展史都有重要的参考价值。

二　叔蘋奖学金

在我国民族资产阶级中，不乏具有公益理念和社会责任者，他们捐资办学、救济贫寒也不少见，1939年在上海设立的“叔蘋奖学金”即为一例。

香港怡和有限公司原董事长顾乾麟先生年轻时，继承父业在上海经营怡和公司。由于经营有方，产业发达，业务兴旺，他以“得诸社会，还诸社会”的理念，出资建立了以他父亲名字命名的奖学金“叔蘋奖学金”。

奖学金宗旨中写道：“为纪念顾公叔蘋生前乐善好施，提倡教育不遗余力之遗志，特设纪念奖学金，以造就本埠贫寒男女中学生或高小毕业生之无力负担学费以继续升学者，由本处给予奖学金以培植之。”得奖学生必须是学期总平均成绩在 85 分以上，品行端正，家境贫寒，经过奖学金管理处的考试和家庭经济状况核查，确实符合条件的。奖学金起初规定资助学生上中学的学、杂、书费，以后待遇越来越优厚。例如，生病治疗可资助医疗费；成绩特别好的可资助膳宿费；高中毕业后升私立大学的继续资助学费，上国立大学的继续资助膳宿费；大学毕业后出国留学的资助出国费用等。

“叔蘋奖学金”从 1939 年设立，到 1949 年，共办了 20 期（以一学期为一期），得奖学生累计达 1000 多名。以个人的财力，资助这么多学生上学，在当时的上海是首屈一指的。

三　庚子赔款“退”款设立的若干基金

1900 年，英、美等帝国主义国家组成的“八国联军”入侵中国，迫使清政府签订了丧权辱国的《辛丑条约》。条约共十二款，其中第六款规定中国向十四国（除参加联军的八国之外，还有荷兰、比利时、西班牙、葡萄牙、瑞典、挪威）“赔偿”海关银本息总数 98223 万余两，加上地方赔款，总数超过 10 亿两。[①]

1904 年，中国驻美公使梁诚先生会见美国国务卿就庚子赔款事交涉中，美国国务卿承认“庚子赔款”原属过多，经与美国政府交涉，美国政府有条件地同意将过多的赔款“返还”中国。其条件是用这笔钱设立基金必须用于“兴学育才”，而且美国政府还直接参与基金的管理。

① 商玉生先生注：当时清政府全年财政收入仅为 9000 万两。

按《辛丑条约》，美国获得“赔款”本息总数 5335 万美元[①]，而退回应为 2793 万美元。美国政府同意从 1909 年起，32 年退完。

初期美国“退款”由清政府外务部经管，资金用于留美学务及清华学堂的办学经费。为了监管这个基金，1917 年成立了“清华基本金管理委员会”（后又改为“清华学校暨留美学务基金保管委员会”），由美国驻华公使、中国外交部总长、次长三人组成。

1924 年，美国两院会议决议，继续“退还”庚款，用于发展中国教育文化事业。为此，中国政府成立了“中华教育文化基金董事会”，代替了此前的“清华基本金管理委员会”。其董事 15 人，中国籍 10 人，美国籍 5 人，首任董事长为顾惠庆先生，副董事长为张伯苓、孟禄先生。中华教育文化基金董事会一直工作到中华人民共和国成立后自行解散为止。

该项基金 1909～1949 年共 40 年，主要从事的事业是：①用于留美学务和清华学堂的办学经费。1911 年将在清华园内的留美肄业馆，改名“清华学堂”，即为今清华大学的前身。②设置科学教席，为一些国立大学出资聘请教授。③设置科学研究教授席，以实施及指导科学研究。④设置科学研究补助金，资助中国科学家在国内和国外的研究工作。⑤组织调查研究工作，如 1930 年组织的全国土壤调查。⑥对成绩优良的大学、研究机关、文化学术团体给予补助款项，以充实图书、仪器设备及其他事业费用。⑦参与合办北京图书馆和静生生物调查所。

在美国率先采取“退还”庚子赔款设立文教基金的带动和影响下，又经过中国政府和国外留学人员、华侨的积极争取，英国、德国、苏联、荷兰、比利时、意大利等国亦相继实施所谓的“退款”计划。

中英文教基金于 1925 年设立，1931 年成立管理中英庚款基金董事会，1933 年改为“中英文教基金董事会”，该基金主要用于补助教育文化事业，保存文化史迹古物，补助高等教育及研究机构，选送留英公费生，奖励中

---

① 商玉生先生注：当时每两官银折合 0.743 美元。

小学教科书及专门著作，补助中小学校、职业学校及农村教育等。抗战期间，又兴办以下事项：保存文物，补助由内地到西南的研究人员以及建立一些研究教育机构，如中国地理研究所、中国蚕丝研究所、中国美术学院、甘肃科学教育馆等。

1920 年，中国各界组成“退款兴学请愿团”向法国政府递上有 4.3 万人签名的请愿书，要求“退款”。1925 年法国政府承诺将法国部分庚子赔款余款退还中国，作为中法两国有益事业之用，成立了“中法教育基金委员会”。另外，比利时、意大利、荷兰等国也相继同意“退款”，用于支持各种文教事业。

中美教育基金会则是于“二战”后，按美国国会相关法案，将“二战”后剩余物资之货款建立的美国在华教育基金，用于若干教育活动，扩大知识与专门人才的交换，促进两国人民相互了解。1947 年，司徒雷登曾出任中美教育基金会董事会主席。按中美签订的协定，中国政府每年要提供一定的运营费用。原计划该基金运营 20 年，但只运营了 2 年，国民党政府即败退台湾。

第二节　新中国基金会的发展

一　基本历程

1949 年新中国成立后，由于实行社会主义计划经济体制、社会的一切方面皆由政府包揽的政策，新中国成立前并不发达的基金会几乎失去继续生存的必要条件。因而 1949 ~ 1980 年的 30 年中，中国内地的基金会事业几乎处于空白状态。

中国实施经济体制改革和对外开放政策的近 30 年间，为中国基金会发展带来新的契机和巨大的发展潜力。

1981 年，是中国基金会发展历史中应该值得记忆的年份。非常凑巧但并非偶然的是，1981 年在中国内地同时诞生了两个具有重要意义的公益基金会。

1981 年 7 月 28 日，由全国妇联、全国总工会、共青团等 17 个全国性社会团体和单位发起并建立了中国儿童少年基金会。这是我国改革开放以来建立的第一个民间性质的公益基金会。

与此同时，1981 年 5 月在中国科学院第 4 次学部委员大会期间，由 89 位中国科学院学部委员提议，由国家拨专款设立面向全国的“自然科学基金”，得到邓小平等（时任）党和国家领导人的支持，并于 1982 年成立了中国科学院科学基金委员会，开始进行科研项目的资助工作。1986 年这一工作全部并入新成立的国家自然科学基金委员会。这其实是国家财政预算拨款设立的国家自然科学基金会，它开创了中国科学基金制的先河。

过去的 25 年间，在中国大地崛起的这两类基金会都得到很大的发展。其中，民间公益基金会有全国性和地方性两大类，至 2006 年，正式批准在民政部门注册的基金会有 1000 多家，其中全国性公募基金会 80 多家，非公募基金会已有 300 多家。

用国家财政年度拨款设立的各类科学与技术基金会，是同前者完全不同类型的基金会。1985 年中国政府关于科技体制改革决定中，肯定了国家科学基金制度及其他科技基金会的建立，1986 年国务院决定设立国家自然科学基金委员会，各省（市、区）及政府各部门也相继设立了地方科学基金会和行业科技发展基金会，形成了一个科技发展的基金支持体系，也逐步建立和完善了适合中国国情的基金管理体系。这是一个成功的模式、创新的管理模式，已产生了巨大的推动和辐射作用。

二　民间公益基金会的发展

中国民间公益基金会在过去 20 多年的发展中，以政府两部有关基金会管理的法规，即 1988 年《基金会管理办法》和 2004 年《基金会管理条例》的相继出台为界划分为三个发展阶段。

1981 ~ 1988 年，民间基金会起步与国家科学基金会（当时是中国科学院自然科学基金会）的组织健全、运作有序、逐步试点、发育良好的状况不同，呈现一种无序、混乱的发展态势，直至 1988 年《基金会管理办法》的出台才有所转变。1988 ~ 2004 年，是按《基金会管理办法》规制控制基金会发展的“三重管理体制”时期，这是中国民间基金会创造辉煌也遭遇重大限制和挫折的时期。可以说，这个《基金会管理办法》决定了 20 世纪整个 90 年代中国民间基金会的发展态势。

（一） 民间公益基金会的初创期 （1981 ~ 1989 年）

从 1981 年中国儿童少年基金会成立到 1988 年和 1989 年两部国务院行政法规——《基金会管理办法》和《社会团体登记管理条例》出台，是中国民间公益基金会的初创时期。一些很有创意和影响力的民间基金会是在这个时期建立的。但这个时期民间公益基金会发展的总体态势用“鱼龙混杂，发展无序”来形容也是确切的。当时成立的基金会名目繁多，五花八门。根据 1987 年的不完全统计，当时全国已经建立各种规模的基金会 214 个，其中全国性基金会 33 个，地方性的 181 个。各地还利用救灾扶贫款建立了一大批称为基金会的救灾扶贫基金组织。据 1986 年 8 月民政部的一项统计，仅此类基金会已经达到 6275 个，其中乡镇政府设立的就有 5888 个。产生这种“乱”的根本原因是“无章”。这是国务院出台《基金会管理办法》的根本原因。

经《基金会管理办法》和《社会团体登记管理条例》之后的清理，中国民间公益基金会走上法治轨道，大多数不符合条例的基金会被取消。

（二）《基金会管理办法》 规制中国民间公益基金会发展时期

1988 年国务院发布的《基金会管理办法》（以下简称《办法》），结束了改革开放后基金会的无章可循、无序发展的状况，使基金会管理纳入法治轨道。这是《办法》的积极作用。《办法》出台的第二年，另一部行政法规《社会团体登记管理条例》出台。《办法》定义基金会为社会团体法人，所以，基金会成为民间组织中唯一同时接受两部国务院行政法规“管制”的社会组织。

1988 年《办法》出台后，中国人民银行发布对基金会进行清查的通知；1989 年《社会团体登记管理条例》公布后，中国人民银行又下发了按《社会团体登记管理条例》清理整顿基金会的通知。1995 年中国人民银行又下发了《关于进一步加强基金会管理的通知》，确立了对基金会严审批和严格管理的政策；1996 年以“两办”（中共中央办公厅和国务院办公厅）名义下发的对社会团体和民办非企业单位进行管理的通知，则拉开了 1997 ~2000 年对民间组织进行清理整顿和重新登记的工作。大多数基金会几乎处于停顿状况。

1988 年《办法》制定的“三重管理体制”“三步批准登记制度”以及一系列管理政策表明，当时政府对基金会性质及发展认识有偏差。基金会的“三重管理体制”是指在归口业务主管部门和民政部门登记之外，还有一个政府部门即中国人民银行的审批和管理权限。这个管理体制一直到 1999 年中国人民银行退出对基金会的管理为止。

三　国家基金会的发展

国家基金会和民间公益基金会是两类不同性质、不同运作方式的公益机构。国家基金会是由政府设立、由政府财政支持的，而民间公益基金会设立的主体主要来自社会、来自民间。由此决定了国家基金会与民间基金会在发展模式上的差异。

从基金会的领导和管理体制上看，国家基金会的领导和管理层是由政府官员担任或由政府任命的，而民间基金会按照《基金会管理条例》规定，理事会是基金会的权力机构，理事会是按民主程序选举产生的。

从基金会的功能和任务上看，国家基金会全部或部分承担政府管理功能（职能），具有相当程度的行政色彩。

从基金会的机构性质上看，前者是国家机关或事业单位，而后者是社会组织、民间团体，是公益法人组织（见图1）。

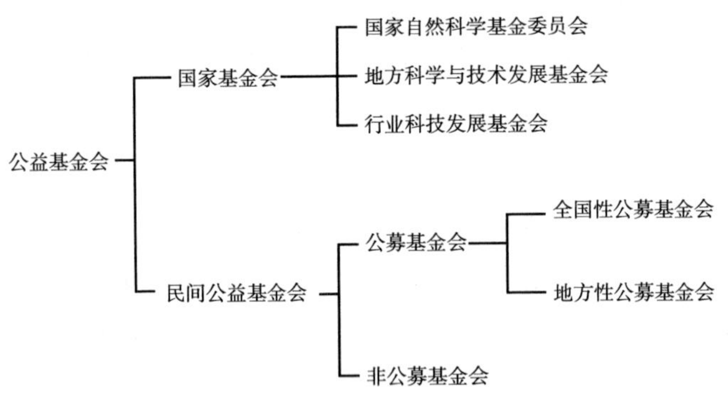

图1　中国公益基金会的基本类型

资料来源：商玉生先生绘制。

案例：　国家自然科学基金

国家自然科学基金委员会以国务院通知的形式于1986年成立，为国务院下属副部级事业单位。2007年，温家宝总理签署了《国家自然科学基金条例》，并于2007年4月1日起实施，这标志着中国国家自然科学基金进入一个新的发展阶段。

国家自然科学基金的发展可分为以下三个阶段。

1981～1986年，设立中国科学院自然科学基金委员会，此阶段为国家实施科学基金制度的预备期、实验期。

1986～2007年，国家自然科学基金委员会的设立和运行期，以1985年中共中央发布的《关于科技体制改革的决定》和1986年国务院《关于设立国家自然科学基金委员会的通知》为指导。

2007 年，国务院发布《国家自然科学基金条例》，旨在“进一步完善科学基金制，提高自然科学基金的使用效益”。国家科学基金开始新的历程。

1981 年，中国科学院自然科学基金以每年 3000 万～5000 万元资助金起步，1986 年，国家自然科学基金也仅仅 800 万元。由于政府的重视和基金会运作的成功，国家自然科学基金的年度国家财政拨款已远远高于国家经济增长和对科技投入增长的比例增长。到 2006 年，国家年度投入经费已达 20 多亿元。而且，在“十一五”期间，每年投入保持增长。20 多年来，国家自然科学基金累计发放科研经费 200 亿元，资助了 10 万个科研项目，取得了一批在国内外具有领先水平的研究成果，成为中国科技体制改革成功的典型之一。

第三节　2004 年以后基金会的新局面

2004 年 3 月 9 日国务院 399 号令公布了《基金会管理条例》，并于同年 6 月 1 日起实施，结束了长达 4 年之久的基金会法规的制定修改工作，也结束了长达 16 年之久的《基金会管理办法》的“管理”时期，迎来了中国民间公益基金会新的历史阶段。

一　《基金会管理条例》的贡献

虽然《基金会管理条例》（以下简称《条例》）还不完善，还有很多问题，面临很大的挑战，但是《条例》的确回答了一些问题，其主要贡献在于以下几方面。

第一，把培育发展和监督管理并举方针落实到行政法规。中国政府对基金会多年来主要实施“培育发展”和“监督管理”并举方针。尽管《条例》在培育发展基金会举措中只走了不算大的一步，却留下了不小的发展空间和弹性。

第二，《条例》清晰地确定了基金会的法人性质，基金会不再是社团法人的一种类型，而是成为中国民间组织三大类别之一，即与社会团体、民办非企业单位并列的第三类民间组织。

第三，《条例》的另一大亮点是对非公募基金会的界定和所持的鼓励态度。所谓非公募基金会实质上是私募基金会类型。正如徐永光先生所指出的，非公募基金会背负中国第三部门的希望；杨团研究员称之为“开放个人空间”。虽然这一分类基本上是借鉴国外的基金会分类，但它仍有一定程度的创新，是中国基金会发展现状和中国社会发展趋势的一种可能的选择。

第四，中国政府对基金会管理从“三重管理体制”到“双重管理体制”的转变，是源于 1999 年的一项通知，但从行政法规上解决这个问题的还是《条例》。取消中国人民银行对公益基金会的审批权限，是把本不该由金融机构管理的业务剥离出去的正确举措，这集中反映了对民间公益基金会性质的认识。

第五，《条例》从良好的愿望出发，试图解决国际基金会在中国内地的合法身份以及生存、发展问题。但由于管理细则及某些问题的阻碍，这一令海外基金会高兴的条款的落实，并不十分通畅。

第六，《条例》最难实现的数字是 10% 和 8% 。[①]《条例》规定基金会运行成本不得超过当年总支出的 10% ，尽管立法者有十足的理由，但 10% 作为政府法律文件中的刚性指标提出，略显不够严肃。这一规定在国际上亦无先例，而对中国基金会来说，也难以实现。对非公募基金会规定公益支出 8% 的比例，也有同样的问题。

第七，《条例》对不同类型的基金会规定了设立门槛，即人们通称的

① 《基金会管理条例》第二十九条规定：“公募基金会每年用于从事章程规定的公益事业支出，不得低于上一年总收入的 70% ；非公募基金会每年用于从事章程规定的公益事业支出，不得低于上一年基金余额的 8% 。基金会工作人员工资福利和行政办公支出不得超过当年总支出的 10% 。”

二、四、八（百万元）三级门槛。[①] 从设立门槛可以看出，立法者对公募基金会和非公募基金会的态度略有不同。从中国现存的大多数公募基金会，特别是地方公募基金会的现状来说，能达到 800 万元、400 万元的基金会所占比例非常低。照理说，非公募基金会主要是由社会资本设立，不靠在社会公开招募基金的组织；为了成立后的有效工作，其起始基金应远不止 200 万元。立法者却选择 200 万元这个低起点，当然是表明支持其发展的态度。

第八，《条例》产生过程的启示。《条例》的产生同《基金会管理办法》诞生有明显的不同。2000 年启动的中国基金会立法过程，受到海内外各界人士的关注，中国政府在立法调研和讨论中，也走“群众路线”，吸收海内外各界人士的意见。《条例》产生过程的参与程度是历史上少有的。应该说，这为中国立法的民众参与提供了不少经验和可供借鉴之处。

第九，《条例》的出台，无疑是中国新一轮民间组织立法的起点，中国第三部门立法的前奏。《条例》反复修改、讨论，过程前后达四年之久，其中国际、国内讨论会达数十次之多，所涉及的问题绝不仅是基金会。所以，《条例》的出台无疑为一系列民间组织立法的共性问题提供了一份有用的参考。《条例》出台之后，社会团体和民办非企业单位的立法修改工作亦立即启动，更高层次上即全国人大层面的一些立法举动也会出现令人瞩目的状况。

二　后《条例》时代公募基金会的发展态势

公募基金会是我国民间基金会的主要形式。但《条例》大大提高了公募基金会的入门条件，体现政府利用经济杠杆控制和限制公募基金会的发展规模的意图；同时，又通过双重管理体制强化政府部门的监管权以及通

① 《基金会管理条例》第八条第 2 款规定：“全国性公募基金会的原始基金不低于 800 万元人民币，地方性公募基金会的原始基金不低于 400 万元人民币，非公募基金会的原始基金不低于 200 万元人民币；原始基金必须为到账货币资金。”

过《条例》中的一系列规定等来规范公募基金会的行为。中国公募基金会的性质是具有官方背景的官方或半官方基金会。此前在中央及地方注册的1000多家基金会中，多数也将重新登记为公募基金会。但高的资金“门槛”会使一定比例的基金会无法继续运营下去，这既是对《条例》执行的考验，也是对这些基金会的考验。如果认真执行条例，公募基金会显然将大大地“瘦身”。

但是，社区公募基金会、行业发展基金会等官办性质的公募基金会将成为中国公募基金会发展新的支撑点。

以社区公益服务和慈善救助等为目的的社区基金会是公募基金会的一种形式。国内这种以社区为对象的社区基金会已有苗头，如许多地区的慈善会、慈善基金会，虽然不直接称为社区基金会，但都具有社区基金会的性质和功能。20世纪90年代中期，在我国公益基金会发展受阻的情况下，具有社区基金会功能的各地慈善会、慈善基金会破土而出。至2009年，全国已有各类慈善会300多家，2004年以后慈善会的发展更是迅猛。对此应该进一步总结经验，发展具有中国特色的社区基金会。

建立行业发展基金会，支持行业科技进步、行业规划、可持续发展等行业共性问题，以及其他社会公益事业，是值得关注的另一个发展点。20世纪80年代以后，我国一些行业科技基金会曾有过很好的经验。目前，在政府重点扶持行业协会发展和改革公益型事业单位的形势下，这种具官方背景、有政府支持的行业基金会，既有发展的需求，又有发展的条件。中国公募基金会的发展前景主要看政府的政策和支持力度；其发展方向不在数量，而在规模和运作模式的创新；主要挑战不是资金，而是人才和机构的能力建设。

三　后《条例》时代非公募基金会的发展

非公募基金会类型是《条例》的新设，政府对之持扶植、支持发展的态度，使非公募基金会成为民间公益基金会发展的重点。

国外民间公益基金会主要形式之一是类似我国非公募基金会的私立基金会。笔者认为，民间非公募基金会将成为我国基金会的主要发展趋势。《条例》公布执行刚刚两三年，我国民间公益基金会的结构已经发生了重大变化。新批准设立的基金会中，非公募基金会是主力。江苏省级100家民间公益基金会中，非公募基金会占1/3；上海市级76家民间公益基金会中，非公募基金会有31家，占41%；而广东省2005年仅有1家非公募基金会，2007年已有34家。

2005年末全国实有基金会975家，其中非公募基金会253家，占25.9%；2006年末非公募基金会达到349家，占全国实有基金会1144家的30.5%。[①] 这种变化趋势将持续下去，并有加快的可能。

由于民间非公募基金会在我国刚刚起步，其各类形态亦在发展之中。《条例》颁布以前成立、《条例》颁布后注册为非公募基金会的主要是名人基金会，而《条例》颁布后新成立的非公募基金会则以企业家或企业基金会为主体。目前，我们还难以严格区分企业家个人（家族）设立的私立基金会和企业独立设立的企业基金会。民间非公募基金会的过快发展状况，将为其治理带来新的挑战。

在长达30年的改革开放大潮中，企业基金会一直处于被忽视的地位。当时的政府政策是不鼓励企业基金会的设立。因而，在过去的二三十年中，中国内地没有几个像样的企业基金会。2004年《条例》中设立了非公募基金会的独立类型，以及设立200万元的较低的入门条件，为这一私立基金会在中国内地的兴起奠定了初步基础。加上中国连续20多年的高速增长的经济实力和产生了一批富裕的企业界人士，为企业基金会发展创造了雄厚的物质条件。

---

① 商玉生先生注：基金会发展统计资料，参见中国民间组织网，http://www.chinanpo.gov.cn/web/listTitle.do?dictionid=2203，2008年1月23日。

20 世纪 60 ~ 80 年代日本经济的持续发展，随后亚洲四小龙经济腾飞，都为当地企业基金会的发展提供了物质基础。台湾地区的企业基金会在数千家公益基金会中，约占 1/4，台湾地区排名 500 名的企业中，80% 以上都设立了企业基金会。一般来说，企业基金会资金比较雄厚，使其功能发挥得更加完善。据美国 4 类民间公益基金会统计，企业基金会数量虽然仅占基金会总数的 4% ~6% ，但其资产和年度资助金额却占所有基金会总资产和年度总资助金额的 10% ~14% 。当然，如果企业经营不好，自然会影响企业基金会年度预算。

《条例》公布后，企业基金会非常活跃，而且资金规模宏大，出发点高，成为非公募基金会的主力军。

四　资助型基金会的发展

中国民间公益基金会主要是运作型或操作型基金会，但近年来也在发生变化。一些基金会领导人已意识到要从完全操作型基金会逐步向具有一定资助功能的资助基金会转变；也有些有识之士倡导并推进中国大型资助型基金会的诞生。

建立资助型基金会的条件之一是具有一定的资金规模和稳定的经费来源，或要有非常强的筹资能力。中国国家自然科学基金会是国家财政拨款的国家级官办基金会，是政府所属的事业单位，它是典型的资助型基金会。上海慈善基金会是一个官办的民间基金会，资金全部靠社会筹资，但其具有很强的吸引基金和基金运作能力，因而具有开展资助活动的条件。很高兴地看到，上海慈善基金会正在向建立资助型社区基金会的方向前进。中国青少年发展基金会也在利用本身的品牌和筹资渠道，开展更多的资助工作，向资助型基金会一步一步地走去。我们也看到，一些新成立的大型非公募基金会也将自己定位为资助型基金会，如新成立的南都公益基金会、友成社会企业家扶贫基金会等，而且他们也正在这方面进行有益的探索和实践。发展中国自己的资助型基金会应该成为中国政府对公益基金会的重点扶持政策之一。

除上述模式外，政府有关部门还可以鼓励建立官民合资、官助民办或官办民助的资助型公益基金会，我国大型的民间资助型基金会的建立和发展之际，才可以算作中国民间公益基金会发展的新阶段。

五　公益信托——未被开发的处女地

2001 年公布的《中华人民共和国信托法》中，专设有公益信托一节，为公益基金会提供一种方便的治理模式。美国、日本及欧洲等国都有信托基金会的存在。可惜的是，《条例》最终未把“基金会作为公益信托的受托人”放进条款中。这在一定程度上，让这块未开发的处女地仍在荒废之中。但在 2002 年发布的《信托投资公司管理办法》中规定，信托公司是公益信托的受托者之一，为企业基金会增添了一种可行的运作模式。期待公益信托或公益信托基金会成为推动中国公益基金会事业发展的新动力。

六　中国公益基金会发展的多元化时代

境外境内、公募非公募、官办民办等多种形态的基金会共同构建了中国公益基金会体系。《条例》也试图解决境外基金会在国内活动的合法身份问题，以及境外人士、企业、团体、机构在国内设立民间公益基金会的相关法律问题。

中国政府基金会管理政策的这一重要突破——开放国内私立基金会和境外基金会这两个“市场”，将对中国公益事业产生深远的影响。

而境外基金会进入中国内地及境外人士、机构在中国内地设立基金会将对中国基金会发展产生结构性影响；境外基金会的中国“本土化”趋势和中国本土基金会的“国际化”趋势，将是中国公益基金会发展的新特点。

境外境内、公募非公募、官办民办等多种基金会形态，构建了中国公益基金会的体系框架。这种发展态势将随中国第三部门的发展和国际化得到进一步的推动。

【附录1】中国非营利组织（NPO）公信力标准

一 NPO信息咨询中心的标准是如何建立的

1988年《基金会管理办法》：由国务院公布。

1989年《社会团体登记管理条例》和《外国商会管理暂行规定》：国务院出台行政法规。

1990年 第一次中国民间基金会会议：14家全国性基金会在承德市（河北省）召开经验交流与研讨会。

1993年 第二次中国民间基金会会议：在北京市召开，有30余家全国性基金会及学术、研究机构参加。这被认为是中国NPO行业的首次交流与协同。

1994年 “中华基金会联合会筹备委员会”：由10余家全国性基金会联合倡议成立，旨在开展与公信力系统、自律和社会监督相联系的学术报告、工作交流、研究和信息交流活动。由于注册问题，筹委会停止活动。

1995～1996年 公开/透明：中华慈善总会（CCF）邀请国际审计机构毕马威华振会计师事务所进行财务审计，体现了公开性和对捐款人负责的意愿。

1997年 非营利组织建立内部管理原则：中国青少年发展基金会（CYDF）建立了机构内部的“五透明五不准”自律守则。爱德基金会也制定了“员工守则”。

1998 年 中国基金会与 NPO 信息网（即 NPO 信息咨询中心的前身）诞生：18 家非营利组织联合成立了这个网络型机构以进一步推动非营利部门在中国的发展。中国 NPO 信息咨询中心致力于发展非营利信息网络、公信力和组织建设。

1999 年 中国 NPO 信息咨询中心网站（http：//www. npo. org. cn）正式开通。

2000 年 《基金会管理办法》修改工作正式启边：关注 NPO 治理中的他律与行业自律的关系。

中华慈善总会代表团访美：（时任）中华慈善总会会长阎明复率 CCF 7 人代表团访问美国，此访由麦克利兰基金会接待，代表团就 NPO 诚信问题进行调研并与美国同行进行了交流。

2001 年 “中国 NGO 扶贫国际会议”：集中讨论了有关社会公信力、公众信任、透明度、自律和自我管理等主题。

NPO 信息咨询中心组织“非营利组织的自律”论坛：NPO 信息咨询中心提出的“中国 NPO 自律的九条守则”收到积极回应。

2002 年 NPO 信息咨询中心组织召开“中国 NPO 诚信国际讨论会”：包括国际非营利组织领导人和研究人员的与会者就 NPO 诚信的国际经验、理念、标准、认定及实施等进行了讨论和交流。

“中国民间组织发展与管理上海国际会议”：会议重点讨论了关于建立和完善民间组织的法律法规体系、行政管理体系、社会监督体系和民间组织自律机制等问题，（时任）民政部副部长姜力、民间组织管理局局长李本公在主题发言中强调了上述主题。

中国 NPO 诚信项目启动：NPO 信息咨询中心联合部分 NPO 领导人设计了 NPO 诚信建设的基本框架。

2003 年 “NPO 诚信培训工作会议”：中国非营利组织的代表和专家与由托马斯·麦考利先生率领的美国麦克利兰基金会专家组讨论了 NPO 公信

力培训大纲。双方同意进行试培训以启动这个项目。

“公信力的价值”试培训：20 名 NPO 领导人（来自北京、上海、云南、陕西、四川和香港地区）及政府官员和研究人员参加。对培训教材进行了试用。NPO 信息咨询中心提出的标准收到反馈意见。

《基金会管理办法》2003 年草案：2003 年草案中增加了“国家鼓励基金会自愿成立行业自律性组织，开展基金会的自律和业绩、效率评估活动”的条款。

NPO 信息咨询中心修改非营利组织公信力标准：NPO 信息咨询中心提出中国非营利组织（NPO）公信力标准修改稿供非营利组织领导人审阅和修改。

NPO 信息咨询中心发起“公信力的价值”培训：为非营利组织领导人组织的公信力培训在北京举办。这将是四个系列培训的第一个（领导能力、内部治理和筹款三个系列将以 6 个月的间隔随后陆续举办）。

二　中国非营利组织（NPO）公信力标准（2003 年 10 月）

每个非营利组织都应该依据那些公认的非营利组织指导原则、实践经验以及真理，积极承诺并在运作中不断提升自身的公信力。

第一条　组织的合法性和公信力

1.1 中国非营利组织必须遵守中华人民共和国相关法律、法规。

1.2 中国非营利组织必须在理（董）事会所通过的组织章程框架内进行运作。

1.3 中国非营利组织应坚持组织的非宗教性和非政治性原则，不谋求组织或个人的政治利益。

第二条　组织的使命

2.1 中国非营利组织应以服务公众利益作为机构的使命和目标，并在组织的章程中予以明确。

2.2 中国非营利组织应当用组织的使命和目标来评估组织的表现。

第三条　组织的资源利用和利益冲突

3.1 中国非营利组织坚持不分配盈余的非营利性原则。

3.2 不谋求任何个体组织、任何个人和利益相关者的私利。

第四条　组织的内部治理

4.1 中国非营利组织应建立健全适合本机构特点的理（董）事会的决策机制及机构管理体制。

4.2 理（董）事会应在组织的政策制定、组织管理及财务预算方面发挥指导作用。

第五条　组织的协作和伙伴关系

5.1 中国非营利组织建立组织之间的信息沟通、合作互助、相互支持、资源共享和协商机制。

5.2 尊重和维护同行的名誉、知识产权等。

5.3 避免任何形式的恶性竞争和侵犯及损害同行利益的行为。

5.4 和社会其他组织建立良好伙伴关系。

第六条　筹资

6.1 中国非营利组织在筹资活动中所提供的相关信息和资料应真实、可靠、不误导他人，并与机构使命保持一致。

6.2 应将筹资成本保持在较低比例范围内。

6.3 筹资行为应保护捐赠者的合法利益。

第七条　项目评估

7.1 中国非营利组织遵循公开透明、公正合理的项目评审和资助原则。

7.2 在项目实施中应遵守组织的目标和使命，以高标准实现良好的社会效应。

第八条　财务透明

8.1 中国非营利组织应尊重捐赠者意愿，专款专用。

8.2 资金使用应与机构的使命和目标保持一致。

8.3 建立相应的财务管理制度，接受独立专业机构的审计。

8.4 每年公布年度报告，提供真实、准确和及时的财务报告，接受社会监督和质询。

第九条　信息公开

9.1 中国非营利组织坦诚、真实地向社会公开机构的使命、价值观、机构功能、组织任务，以及机构的其他相关信息。

9.2 中国非营利组织须向社会公众提供易于获取的信息资料，提供参与途径，提供公开渠道回应公众询疑。

第十条　道德诚信

中国非营利组织确立和制定廉洁奉公、全心全意为公共利益服务的道德标准，保持专业人员、志愿人员应有的敬业精神和专业水平。

三　中国非营利组织（NPO）诚信和行业自律呼吁书

诚信是中华民族优秀文化传统的核心理念之一，是治国安邦的法宝。“不诚无物”“信，国之宝也”“人而无信，不知其可也”等先人的精辟论述，不但是中国人的骄傲，而且在国际上也备受推崇。

2003 年 11 月发表的世界经济发展宣言《珠海宣言》是由 7 位诺贝尔奖得主和 6 位中国经济专家经过 2 年多时间反复酝酿讨论产生的。《珠海宣言》的基本原则共 8 个字，即“和平、诚信、合作、发展”。在 2003 年 11 月 3 日闭幕的博鳌论坛上，国家工商行政管理总局局长宣布，以诚信为标准的“全信工程”将正式启动。可见“诚信”在中国乃至世界经济发展中的地位。

公益性非营利组织担负着实现社会公正和平等、消除贫困等公益使命，发挥着在各类捐赠者和广大受益者之间传达信息、促进交流的重要作用。因而，公益项目运作的诚信、公益性民间组织的诚信建设成为政府部门、企业以及大众关注的焦点之一。

有志于中国非营利组织诚信建设的中国 NPO 领导人决心推动和发展 NPO 诚信和行业自律机制。

我们强烈呼吁：制定中国 NPO 诚信标准和行业自律公约。希望国内外非营利机构参与到中国非营利组织诚信建设中来。

倡议者（签名）：

阎明复　范宝俊　朱传一　徐永光　商玉生　何道峰

丘仲辉　丁元竹　黄浩明　杨　团　程淑琴　邓国胜　吴建荣

【附录2】中国公益性非营利组织自律准则（草案）

第一部分 《中国公益性非营利组织自律准则》制定的原则

《中国公益性非营利组织自律准则》（以下简称《自律准则》）贯彻全国人大通过的《国民经济和社会发展第十一个五年规划纲要》中关于完善民间自律机制的精神。

《自律准则》中的公益性非营利组织是指非政治、非宗教、非营利的（即它们主要不作为商业目的存在，不向理事会、资源提供者/发起人或者管理层分配利润）、以服务公共利益为中心的合法运行的组织。

《自律准则》适用于经过民政部门登记的公益性 NPO，也适用于以公司形式存在、遵循非营利组织资产分配原则的草根公益组织。

《自律准则》依据我国现有非营利组织的法律法规，借鉴了欧美、亚洲其他国家 NPO 的自律准则和公信力标准，指标条款超过 80 条，比较全面和严谨。

根据《自律准则》，公益性非营利组织自愿接受独立评估机构的评估，达到一定标准，加入自律行动（具体方式待探讨）。

第二部分 定义

公益性非营利组织

指在政府部门和以营利为目的的企业（即市场部门）之外的，以非营利为目的、从事公益事业的一切志愿团体、社会组织或民间协会。

使命

使命是一个组织的目的与存在的依据。组织的使命包括这个组织活动的职能和服务对象。

理事会

营利或非营利公司的管理机构，对组织、政府和公众负有具体的法律和道德上的责任。

利益冲突

指理事会成员或组织员工在获取自身利益时可能损害组织利益，包括两种情况：一是组织员工或志愿者因为与组织的关系而得到不应该得到的金钱利益，二是理事同时任职于组织的竞争对手。

内部治理

指由治理/监管层（如董事会、管理委员会、理事会等）进行的确保一个组织正常有效运行的活动。

志愿者

为组织的发展目标付出了一定的贡献，但没有获取任何报酬，或只得到比正常价格低得多的报酬的人员。

第三部分　条款

第一条　使命

1.1　应当以服务公众利益作为机构的使命和目标。

1.1.1 应当有明确、清晰的使命。

1.1.2 组织的使命由理事会讨论通过。

1.1.3 使命应当以适当方式为公众所获取。

1.1.4 应当定期评估其使命是否以服务公众利益为目的，是否需要修改。

1.1.5 员工应当理解和认同非营利组织的使命和价值观。

1.2　行为和使命应当保持一致。

1.2.1 应当按照使命和目标制定组织的战略规划以及开展工作。

1.2.2 应当用使命和目标来评估组织的表现。评估记录应当予以保持。

第二条　利益冲突

2.1 理事会成员的个人利益不应当与非营利组织利益有潜在冲突。

2.1.1 理事会吸纳新成员应当规定审查预备成员的个人利益是否与非营利组织利益有潜在冲突。

2.1.2 理事会成员清楚并承诺个人利益不应当与非营利组织利益产生重大冲突。

2.2 应当有利益回避制度。

2.2.1 在进行交易或者业务往来时，有利益关系的理事会成员、员工或者其他人员不能参与相关的决策。

2.2.2 相关的交易和业务往来应当符合非营利组织的最大利益。

第三条　内部治理

3.1 非营利组织章程应当规定理事会是非营利组织的决策机构，并明确阐述理事会的产生、成员任免、职责、运作程序。

3.2 理事会成员的构成制度应当保证理事会正常和有效的运作。

3.2.1 理事会成员不应当少于 3 人（基金会的理事会成员人数遵守相关法律法规的规定）。

3.2.2 应当在信息披露中公布理事会成员的报酬。

3.2.3 领薪的理事不应当超过1/3，而且领薪的理事必须在非营利组织担任工作。

3.3 理事会审核并通过战略规划，任命执行团队负责人并评估其业绩。

3.3.1 理事会通过和制定的战略规划，应当符合非营利组织的愿景和使命。

3.3.2 理事会应当明确界定理事会与执行团队之间的权限。

3.3.3 理事会应当具有独立任免执行团队负责人的权力，并定期评估执行团队负责人的表现，确保按照非营利组织的使命实现战略规划。

3.3.4 理事会应当审核并通过非营利组织的年度预算和决算。

3.4 应当定期召开有效的理事会会议。

3.4.1 每年至少举行两次理事会会议。

3.4.2 出席理事会议的理事人数每次不应当少于2/3。

3.4.3 理事会会议讨论的内容应当符合理事会的职责，并形成决议。

3.4.4 理事会会议应当有会议记录，并连同其他相关资料予以保持。

3.5 理事会应当定期进行自我评估。评估记录应当予以保持。

第四条　筹资

4.1 筹资来源和筹资方式必须与组织的使命和价值观保持一致。

4.1.1 理事会或者相关负责人应当审议筹资来源和筹资方式是否可能与组织的使命和价值观发生冲突。

4.2 筹资活动中所提供的相关信息和资料应当真实、可靠、不误导他人。

4.2.1 筹资活动应当真实反映非营利组织的名称、筹资的目的和使用方式。

4.2.2 筹资活动中不应使用可能引起歧义的文字或图片。

4.2.3 筹资活动只承诺非营利组织能力所及的目标，避免造成捐赠者不现实的期待。

4.2.4 公众筹资活动的相关信息以适当的方式向社会公示。

4.3 筹资成本应当公开透明。

4.3.1 应当在信息披露中公开筹资成本，并说明筹资成本如何计算。

4.4 筹资行为应当尊重捐赠者的合法利益，包括捐赠意愿、隐私权和知情权。

4.4.1 捐赠者的隐私权应当得到保护。除非得到捐赠者的同意，或者法律法规另有规定外，不得向第三方披露捐赠者的资料。

4.4.2 应当按照捐赠者的意愿使用资金，专款专用。

4.4.3 捐款的使用情况应当予以记录，并且定期向捐赠者知会。

4.4.4 应当为捐赠者开具捐赠收据。

4.5 筹资活动中应当有规范的捐赠合同，明确双方的权利义务。

第五条　财务

5.1 资金使用应当符合非营利组织的使命和目标。

5.1.1 应当根据理事会通过的年度预算开展工作。

5.2 应有健全的财务管理制度，包括会计核算及内部会计控制制度，并视情况进行内部审计，以改善组织内部的财务管理工作。

5.2.1 应当制定适合本单位业务活动的内部会计控制制度。

5.2.2 财务部门应当编制清晰的财务报表，能清楚地反映各项工作的财务信息。

5.3 应当接受独立的审计机构的审计。

5.3.1 审计机构的选择标准应当由理事会制定。

5.3.2 审计报告应当没有涉及原则性问题的保留意见。

5.4 应当每年公布经审计的年度财务会计报告，接受社会监督和质询。

5.4.1 年度财务报告至少应当于年度终了后 4 个月内对外公布。

第六条　项目

6.1 应当有系统的项目管理制度和程序。

6.1.1 项目设计和论证应当遵守非营利组织的使命和目标。

6.1.2 应当有完整的项目方案（或项目建议书），指出项目的目标、受众、计划、产出和预算。

6.1.3 项目人员和非营利组织负责人及资助方之间应当定期就项目进度和效果的情况进行沟通。

6.1.4 项目终结时，应当向捐赠人提供项目报告。

6.2 应当建立完整的项目监测和评估体系。

6.2.1 应当对项目进行自我监测和评估。

6.2.2 应当使用有效的评估和监测的方法。

6.2.3 项目评估应当以项目受益群体的意见和建议为主要依据，并反映其他利益相关方的意见和建议。

6.2.4 应当根据项目的需要，确定是否邀请外部人员评估，或进行第三方评估。

6.2.5 项目评估和监测的过程应当公开、透明、公正。

6.3 应当保存完整的项目记录，包括项目方案（或项目建议书）、执行记录和项目评估报告。

第七条　人员

7.1 应当建立规范的人事与人力资源管理制度，用以吸引、管理、培育和激励具有适当能力和技能的员工，使其在实现组织既定使命的过程中提供高质量和高效率的服务。

7.1.1 人员聘用过程应当遵循公开、机会均等、无利益冲突的原则。

7.1.2 应当与员工签订规范的聘用合同（包括聘用期限、试用期、清晰的岗位职责描述、辞职、停职和终止合同等内容），并对以上文件予以保存。

7.1.3 应当具有公开的、切合实际的员工绩效考核和激励机制，并予以执行。

7.1.4 人事制度不应当与非营利事业的基本价值观（如平等、互助、合作等）相冲突。

7.2 应当在相互尊重和互惠互利的基础上招募和管理志愿者。

7.2.1 应当使志愿者准确、清晰地了解非营利组织的使命和价值观，其工作内容、技能要求、时间投入、工作环境（包括硬件环境和软件环境）以及工作中可能涉及的风险，并清晰地表明该工作的义务性质以及非营利组织可能提供的补贴。

7.2.2 应当为志愿者提供适合他们任务和经验水平的培训和督导。

7.2.3 应当建立评估志愿者工作绩效、褒奖优秀志愿者的制度。

7.2.4 应当在志愿者工作结束或工作阶段结束后征求志愿者对组织及其人员、对志愿计划以及志愿工作的反馈意见，并予以保存。

第八条　非营利组织之间的协作关系

8.1 应当避免任何形式的恶性竞争和侵犯、损害同行利益的行为。

8.1.1 应当明确规定其任何活动不能造成与同行恶意竞争，侵犯、损害同行利益，并得到理事和员工的认可。

8.1.2 应当与其他非营利组织建立良好的伙伴关系，尤其是那些与其关注共同领域的非营利组织。

8.2 尊重和维护同行的名誉、知识产权等。

8.2.1 未得到允许，不得使用其他非营利组织的标识、商标和具有知识产权的成果。

8.2.2 应当坚决抵制可能导致同行的名誉、知识产权和商标权受损的行为。

8.2.3 没有过损害同行名誉或者侵犯其知识产权和商标权的行为。

第九条　信息公开

9.1 应当以适当的途径，及时向社会公开非营利组织的真实信息，其中应当包括：

9.1.1 使命、服务领域。

9.1.2 理事会的成员名单和背景。

9.1.3 财务信息。包括经审计的完整的年度财务报告以及承诺向社会公示的财务信息。

9.1.4 项目信息。除了出于尊重捐赠者意愿的考虑或者出于保护知识产权的考虑，应当保证项目信息（包括项目评估报告）的公开透明。

9.1.5 年度报告。应当包括该非营利组织的年度工作总结、财务收支情况、项目的实施情况、组织自身的发展成长情况。

9.2 应当建立信息公开渠道和回应公众质询的渠道。

9.2.1 应当具备完善的信息管理制度，明确对公众开放的信息范围和沟通途径。

9.2.2 应当建立回应公众质询的制度，并保证捐赠人和社会公众能够快捷、方便地查阅或者复制公布的信息资料。

【附录 3】《中国慈善家》杂志 2014 年访谈：探索公益慈善新思路*

站在公益慈善和社会发展的高度上进行改革

《中国慈善家》：中国的基金会算作一个行业，是从 1988 年国务院常务会议通过《基金会管理办法》开始的，至今已有 25 年的发展历史，但迅速成长也就是近几年时间。与 20 年前相比，近年来中国公益慈善领域发生的最大改变是什么？

商玉生：整个公益慈善环境变得更好了。民间非营利机构不断发展壮大，公民的公益慈善意识被唤醒，公益慈善的相关法律法规也在逐渐规范之中。

回顾中国基金会行业的发展历史，可以看到，这是一个漫长且复杂的摸索过程，这个过程可谓跌宕起伏。

1988 年，《基金会管理办法》出台，对基金会的性质、建立条件、筹款方式、基金的使用和管理等一系列事项做出规定。

此后直到 1999 年，我国对基金会的登记管理主要实行业务主管单位、中国人民银行和民政部门三方负责的管理体制，即业务主管单位同意、中国人民银行审查批准和民政部门登记注册。实际上是把基金会视为金融机

* 本文原载于《中国慈善家》杂志 2014 年第 2 期，作者为李睿奇。

构或准金融机构。《基金会管理办法》公布后，虽然基金会得到一定程度的发展，但国家对基金会的审批和管理非常严格，所以它的发展还是受到种种限制。

1996 年，民政部对全国社团清理整顿之后，基金会的发展基本停滞不前，甚至 1999 ~2004 年的 5 年间，国内没有出现一家新设立的基金会，整个基金会行业进入了低谷时期。

2000 年开始，《基金会管理办法》开始修订，经过大量的研究、论证，并借鉴其他国家的有益经验，历时 3 年多，完成了《基金会管理条例》。2004 年，《基金会管理条例》正式颁布实施，它正式结束了三重管理体制，转变为二重管理体制，并首次提出鼓励非公募基金会的发展。2004 年以后，越来越多的非公募基金会投入公益事业中，整个中国基金会行业步入了蓬勃的发展期。

需要注意的是，尽管法律制度在不断完善，但是中国公益慈善事业仍然存在很多问题。在这个过程中，政府起着最关键的作用。

所以我们应该积极地关注公益慈善行业的法制建设问题。我希望我们的政府部门、管理机构站在国家发展的角度，从公益慈善事业发展的角度制定法律法规，而不要站在一个部门的角度来看问题。

《中国慈善家》：三中全会《中共中央关于全面深化改革若干重大问题的决定》的公布，让整个社会看到中央深化改革的决心，尤其是对于公益慈善领域而言，普遍认为将启动一次广泛而深入的社会变革。你对此怎么看？

商玉生：对社会改革而言，现在是很好的机会。从十一届三中全会到十八届三中全会，我们走过了 35 年的历程。十一届三中全会把党和国家的工作中心转移到经济建设上来，实行改革开放的历史性决策。经过 30 多年的发展，我们进行了经济体制的改革，确立了市场机制在整个资源配置中的重要作用，市场经济逐渐走上正轨，经济发展也越来越好。

那么今天，再谈社会改革的时候，我们可以看到，实际上，十一届三中全会提出改革开放的时候，就应该包括社会改革，但当时我们把经济改革放在第一位，没有注意到这个问题，所以在这30多年的发展中，社会改革的力度还远远不够。

随着市场经济的发展，社会上也积累了大量的问题，如道德问题、教育问题等。所以说，当初忽略了社会的改革发展，就等于忽略了国家发展中最关键的因素。这次十八届三中全会中提到的一系列问题，都与社会问题息息相关。

十八届三中全会出台的《决定》，谈到公益慈善行业时提出："完善慈善捐助减免税制度，支持慈善事业发挥扶贫济困积极作用。"看似只有一句话讲公益慈善事业，但是在《决定》里的每一个段落之中，都有关于公益慈善发展的机会，以及对公益慈善机构的发展要求。

记得十几年前，在做"构建世界非营利机构培训"时，我提出一个问题："面对新的形势，你准备好了吗"，即使到今天，我们仍然面临着这个问题。

对于公益慈善而言，现在是一个很好的发展机会。我们正处于一个飞速变化和开放的时代，在新的时代下，我们可以进行一些项目的创新，突破一些旧的观念，但是由于自身的能力不足，我们又面临着很大的挑战。

如今的社会对公益慈善事业提出了非常多的要求，但我们的能力还比较薄弱。我们能够从思想理论上、思想道德上跟上时代的发展变化吗？我们有公益慈善发展方面的理论家吗？什么才是中国特色的非营利机构的发展？类似这样的问题，我们都需要回答。这就需要我们加强自身的修炼和学习，投入社会问题当中去，找到公益慈善发展的新思路。

《中国慈善家》：你对未来10年中国社会变革图景有何展望？

商玉生：我们不要在《决定》发表以后，就马上对未来的发展下结论。我们应该以一个时间段进行观察。比如说现在的公益慈善环境跟10年前相比，发生了很大的变化。所以，我对未来的社会发展以及公益慈善事业的发展抱有很大的期待。在公益慈善事业的发展方面，我希望在未来，我们可以发展出具有中国特色的公益慈善模式，我们自己的、优秀的公益慈善组织能够脱颖而出，走向世界。

打破公益圈子，与大众实现良好互动

《中国慈善家》：一直以来，你都提倡公益慈善行业的自律，但目前国内仍有许多官方背景的基金会不愿透明化，而在税收制度的制约下，一些草根 NGO 也不愿意透明。在此情况下，推动公益慈善的透明与公信力的关键是什么？

商玉生：我们建立基金会中心网，推出了中基透明指数 FTI，就是旨在推动和解决基金会行业的透明化问题，它将基金会行业的“生杀大权”交还给了公众。所以推动公益慈善的透明与公信力的关键是有一个能够让基金会敢于主动披露年报信息、审计信息等运作信息，并接受公众检查的公益慈善环境或者监督平台。

政府有权力检查基金会的运作信息，我们没有这个权力，但我们可以通过对行业透明度的倡导和引导，让更多的基金会意识到透明度和公信力的重要性。通过中基透明指数 FTI，以排行榜单的形式，掀起基金会行业内部关于透明度和公信力的竞争，从而逐步解决这类问题。

《中国慈善家》：公众对公益慈善的理解方式及态度，存在一些令专业人士担忧的问题，比如将公益与道德过度捆绑，一方面固然是一些公益组织未能有效地通过透明化赢得公众信任，另一方面，公众的理念及心态的确也有问题。那么公众心理问题的根源是什么？有无解决之道？

商玉生：公益慈善事业刚刚起步的时候，人们谈到公益慈善机构，都怀着一种敬意和期望，而现在，人们变得不再信任公益慈善机构。从这点上来说，公益人应该对自己有高要求，加强自律和诚信。要想得到全社会的关注和关怀，公益慈善机构一定要把自己的内功练好。在这个行业里，我们需要形成一种正确的力量。

在社会舆论方面，人人都可以监督公益慈善机构，但是抓住一点问题就打击它们，这不利于公益慈善事业的发展。在社会发展的过程中，政府会失灵，企业会失灵，非营利组织也会失灵，大家都在逐渐地摸索中，难免会犯错。所以对于出现问题的公益慈善机构，社会要给它一个改正错误的机会，让它去解决问题。

近年来，一些人对明星从事公益活动给予很多非难。事实上，我们应该理性看待明星涉足公益慈善的现象，要理性辨别他们做公益的性质。很多明星可能想做公益，但是又没有这方面的专业能力。我们应该帮助他们做好公益项目，当他们的公益项目出现问题时，我们要以一种善意的态度进行批评建议，这样才能团结更多的善意人士，投入公益慈善事业中来。

《中国慈善家》：虽然公益界人士都在呼吁要走出圈子，与大众实现良好互动，让大众更加理解公益慈善，但从去年（2013 年）年末公益界各个论坛活动来看，还是圈子内交流的痕迹明显。你怎么看这个现象，如何打破这个现象？

商玉生：这说明我们需要考虑如何造就公益圈子，让公益人不仅仅是在圈子内交流，而且让整个公益事业形成一种力量。

怎样把这种正确的力量给凝聚起来？我认为媒体的力量很重要，媒体应该与公益人形成沟通和合作，将正确的公益慈善理念和公益慈善项目传播给社会大众。

此外，如果我们把公益慈善工作做到社区，做到大众身边，让大众亲身参与公益慈善项目，和大众实现良好的互动，也有助于大众理解公益慈善。

公益慈善模式的创新与发展

《中国慈善家》：你如何看待企业家在公益慈善发展与创新方面所扮演的角色和发挥的作用？有人说，现代公益慈善需要的专业能力，宗教和企业最能提供，你看法如何？

商玉生：在我看来，公益机构的管理和企业的管理两者之间是相通的。一方面，公益机构的很多理念是从企业管理理念中学来的，另一方面，企业家也在吸收公益慈善机构的管理理念，比如自律、诚信。

实际上，企业也好，非营利机构也好，最关键的一点，它们都是社会的成员，都需要承担社会责任。每个成功的企业家都有自身的管理方法和经验，如果去掉那些不合法不正确的管理方法，那么公益慈善机构也可以从企业家那里吸收成功的管理方法，所以，企业家参与公益慈善事业有着先天的优势。

另外，国内的企业家们参与公益慈善事业时，需要一个独立的圈子。因为企业家在做公益慈善项目时，往往会遇到共性的问题，大家在一个独立的圈子里更容易讨论。所以我提倡成立企业家公益俱乐部、企业家基金会联盟，通过这样的方式，凝聚更大的力量，使企业家们达成共识，共同推动公益慈善事业的发展。

《中国慈善家》：中国公益慈善的现代化及进一步深化，从欧美、中国台湾地区可以吸收什么经验？从自身文化传统中又能汲取怎样的能量？

商玉生：我国的慈善事业才刚刚起步，与欧美相比还有一定的差距。在一些慈善事业发达的地方，如欧美以及我国的香港和台湾地区，公益慈善有着多年的发展经验，有相对透明和完善的管理制度，能够对善款进行严格监督，保证每一笔善款都被用在真正需要的地方。所以我们需要学习它们成熟的管理机制、公益慈善的先进模式和理念，同时在公益慈善领域里，发挥出我们中国公益慈善机构自身的特色和思想。

当我们深入挖掘中国的传统文化时，会发现，它也有慈善的一面，我们可以从传统文化中挖掘慈善的理念，汲取养分，在中国自身文化的基础之上，总结自己的想法，从事慈善工作。

《中国慈善家》：中国公益组织会在未来 10 年成长为社会、社区治理及社会变革的重要工具吗？

商玉生：在我看来，它们现在已经是社会变革的重要工具了。

公益机构和民间机构的最大特点是创新性，一旦它的这种创新性发挥出来，或者被政府所认识到，它可以成为社会机构或者政府项目的一种模式或标准，推动社会的改革。现在政府的很多项目都是由民间机构发展而来的，未来还会有更多做得更好的机构出现，发挥他们对社会的推动作用。

《中国慈善家》：未来中国的公益慈善需要有怎样的升级、创新和发展？

商玉生：首先是关于整个慈善系统的能力建设，在诚信建设、公信力建设以及透明度问题上，还需不断加强，这是公益慈善事业向前发展的基础。

其次，公益慈善的法律环境还需进一步改善。公益慈善的法律问题向前迈进一小步，就能够推动整个公益慈善行业向前发展一大步。所以我们还要向政府和有关部门宣传和倡导公益慈善理念。与此同时，公益机构既要保持跟政府的良好关系，又要保持自身的独立性。

我们国家有很多从事社会学、非营利机构研究的学者，在公益模式的创新上，我们需要动员这些学者进行研究和探索，甚至在适当的时候，可以召开全国性的公益慈善事业发展的工作会议。公益机构也要和学者们进行合作、探讨，在思想理论、思想道德以及实践等方面，跟上时代的发展变化。

中　辑

商玉生先生其行

2020年7月15日20时15分，商玉生先生因病在北京逝世，享年81岁。

此辑收录了众多公益同人闻听噩耗后，对商玉生先生的哀悼与缅怀。在这些深情回忆中，商玉生先生或是一位以诚待人、慈祥可亲的热忱前辈，或是一位知行合一、温润如玉的谦厚君子，或是一位勇于担当、不懈探索的睿智先驱，或是一位气魄浩然、境界高远的启蒙之师……所有这些形象，包括形象背后的言语、思想与精神，都以商玉生先生其行为光之源呈现出来。希望此辑的珍贵记录能够从不同侧面使更多后来者认识和了解商玉生先生。

在此，对授权本纪念文集收录其悼念文字的诸位公益同人谨致谢忱。他们分别是（以下名单按姓氏首字母排列）：陈达文、陈太勇、陈一梅、陈越光、程刚、邓国胜、冯燕、甘东宇、顾晓今、何道峰、黄浩明、黄英男、江明修、康晓光、李劲、廖晓义、凌春香、刘文华、刘佑平、卢德之、陆宛苹、吕朝、吕全斌、马伊里、缪力、牛彩霞、裴彬、丘仲辉、宋庆华、汤锡芳、陶泽、王香奕、王行最、王振耀、徐本亮、徐凡、徐永光、阎军楠、杨团、姚晓迅、章萍、张媛、章伟升、翟雁、翟云飞、朱卫国、庄爱玲。此外，曾任《公益时报》高级记者、现任《华夏时报》公益新闻部主任的文梅女士，在商玉生先生逝世后专访了何道峰和丘仲辉两位先生，并授权本纪念文集收录其专访文章，在此也真诚致谢。

杨团：纪念中国公益先驱商玉生先生*

在中国现代基金会和公益行业发展历程中，早期众多的第一，都归功于商玉生先生。

他最早组建全国上百家自然科学基金会的联合性社团——中国科学基金研究会；最早发起设立中国基金会行业发展的民间平台——中国基金会与 NPO 信息网；最早将美国基金会发展理念和管理方法引进中国消化吸收；最早开发中国基金会与非营利组织领导人公信力系列培训课堂；最早创建中国公益界第一家支持性组织——北京恩玖信息咨询中心，倡导行业自律；最早推动以透明公益为宗旨的基金会行业平台——基金会中心网的建立。

20 余年来，他在公益行业公信力建设上的开拓实践成为中国现代民间公益的一面旗帜，影响了几代中国基金会和公益人。中国公益先驱，他当之无愧。

改革开放，重燃希望之火

商玉生先生享年 81 岁，20 世纪 60 年代初毕业于北京大学物理系。那个时代的大学生大多思想纯正、热血报国，商玉生是他们之中的佼佼者。

* 本文是中国社会科学院社会学研究所研究员、社会政策研究中心顾问杨团女士在商玉生先生去世后写的纪念文章。

他当初报考北大物理系满怀科学救国的雄心壮志，毕业后入职中国科学院物理所，却在之后的10多年间大部分精力被接连不断的政治运动所占据。那个时代，科学研究不被重视，“白专道路”“知识分子臭老九”等帽子在科研人员头上挥舞。商玉生先生科学报国的理想难以实现，在不激不随的同时，他常常心有不甘，苦苦思索路在何方。

1978年3月，全国科学大会召开，“文化大革命”后终于迎来了“科学的春天”。拨乱反正之锚首先落在自然科学界。邓小平在科学大会上做重要讲话，指出“科学技术是生产力”，新中国的脑力劳动者、知识分子是工人阶级的一部分。这摘掉了长期加在知识分子头上的“资产阶级知识分子”帽子，从思想上为中国科技发展扫清了障碍。当年年底，党的十一届三中全会召开，重新确定了党的思想路线，高度评价了真理标准大讨论，全党工作重点转移到社会主义现代化建设上来。

至此，解放思想、实事求是和改革开放相互激荡，观念创新和实践探索相互促进，思想引领、敢试敢闯、开放自信、破除积弊成为那个时代的最强音。这志是伟大的历史转折。它重新点燃了商玉生先生心头的希望之火。

参与科技体制改革，最早学习消化国际基金会理念做法

1985年，中共中央发布《关于科学技术体制改革的决定》，全面展开科技体制改革。第二年，国务院从中国科学院、国家科委和教育部三个部门抽调干部，组成国家自然科学基金委员会。设立该委员会就是为了借鉴国际经验，试行科学基金制，对基础研究和部分应用研究工作，将科研经费自上而下地逐级拨款改为科研人员课题申报方式，以真正解放科研生产力。这成为党的十一届三中全会后，改革开放政策指引下中国科技体制改革的重大举措。

机遇属于有准备的人。1986年，深谙科技拨款方式和人事体制弊病的

商玉生先生接到国家自然科学基金委员会的调令，出任新组建的基金委办公室宣传调研处处长，后又任政策局宣传调研处处长，从科研一线转入科研管理与政策研究领域，这是他人生的重大转型，也是他人生的重要机遇。他在学习调研中逐渐成为向国际基金会理念和做法学习、借鉴和消化吸收最早的中国专家，也因此奠定了他后半生的事业——矢志不渝地倡导和实践以行业自律建立基金会公信力的事业。

他的努力得到国家自然科学基金委员会的赞许，认为他“效仿国际流行的‘基金制’方式，为推动科研经费拨款方式变革、改由科研人员申报课题等方式的改变、促进科学基金事业的发展做出了突出贡献”。

搭建最早基金会联合平台，领悟基金会公益本质和民间属性

改革开放后，当时的中国政要纷纷到海外考察。国外独立于政府之外、建立于社会之中的基金会，让所有考察者眼前一亮，精神为之一振。应该说，改革开放初期，最早最快奉行“拿来主义”的，就是模仿国外基金会。而走在思想解放前沿的中国自然科学界，自然成了基金会设立的主要场域。20 多个部委司局纷纷成立科学基金会，中央开头，各地闻风而动，一时间几十个地方科技基金会建立起来，并且迅速发展到上百家。

这就是 1988 年 9 月国务院颁布《基金会管理办法》的大背景。毫无疑义，政府兴办的科学基金会是中国现代公益的一个萌芽。

一个崭新的基金会行业异军突起，迫切需要指导、支持和管理。就在 1988 年，商玉生先生受命组建中国科学基金研究会，负责联系上百家科技科学领域基金会的加盟，名为研究会的这个组织其实就是中国科学基金会的行业联合会。1992 年，这个组织正式注册为全国一级社团，商玉生先生先后受命担任副秘书长、秘书长负责实际运营工作直至退休。他还为此辞去了国家自然科学基金委员会政策局政策处处长的职务，从国家事业单位身份转为社团身份。

当时，尽管这些依托行政部门和事业单位设立的科学基金会，都按照1988年《基金会管理办法》进行了正式注册，但是基金会到底是做什么的，还没有人能讲清楚。不少政府官员当时之所以对基金会感兴趣，其实一定程度上是把基金会当作国家财政之外的“钱袋子”。而商玉生先生通过阅读大量国外文献，结合境内外交流考察和实地调研，成为最早领悟基金会公益本质和民间属性的人之一。不过，他又十分清楚，中国众多科学基金会全部缘起于政府部门，即便进行体制和机制改革，仍与政府脱不了千丝万缕的联系，这和国际上的基金会很不同。

如何认识中国国情、中国体制下的基金会特性？如何增强中国基金会的民间属性，推动其内生动力的增长？如何认识、处理、协调基金会的民间自主性与政府指令性管控之间的冲突？如何推动基金会行业这个整体始终朝向正确方向？这种种难题，从此萦绕了商玉生先生的后半生。也正是不畏艰难、直面本质，在反复追问中不断行动，又在不断行动中反复追问，使商玉生先生成为推动中国公益行业自律制度建设第一人。

推动基金会行业建设屡屡受挫，但仍坚定坚韧不遗余力

踏上公益之路的商玉生先生经历了在自然科学界从未有过的风险和压力。1988年，他还参与创建了中国最早的文化艺术类基金会——吴作人国际美术基金会；申报期间，历经不可胜数的困难，他曾为此著文《永远的痛》。他离开事业单位，辞去国家自然科学基金委员会政策局政策处处长职务，出任中国科学基金研究会秘书长，满怀激情推动基金会行业成长，却屡屡受挫。

1990年和1993年，承德和北京香山两次由民间发起召开的中国基金会行业交流会后，行业同人筹备北京基金会联合组织，1994年又筹备中华基金会联合会，但是两次努力都以失败告终。还要不要继续呢？当很多人停下脚步转向其他时，商玉生先生却不气馁不张扬，继续在自己可为的范

围内，坚韧地进行基金会行业建设，默默积累经验和吸取教训。他将中国科学基金研究会视作实践行业管理的平台，不仅为上百家科学基金会的相互合作与共同发声做协调，还在研究会内特别设立了地区基金会专业委员会和民间组织工作委员会。

从计划体制走过来的商玉生先生深深懂得改革开放、思想解放的局面来之不易，也最能理解民间社会的需求，最为重视普通公民的自主意识和自立创新。他充分利用自己的两个身份——中国科学基金研究会秘书长和吴作人国际美术基金会秘书长，在体制内外穿梭，为民间基金会的空间拓展和发展壮大不遗余力。面对艰难曲折，他无比坚定："阳光照不到的地方，我们去照。"

他越来越清醒地认识到，中国这样一个大国要振兴，只有党和政府的奋力拉车是不够的，一定还需要民间社会的广泛响应和自主行动。而民间基金会，可以成为党和政府与民间社会广泛联系的重要平台。

倡办民间公益行业支持平台，完成从政府到非营利部门的转型

1998 年，深思熟虑的商玉生先生以中国科学基金研究会牵头，邀请海外基金会专家，举办了连续 4 天的基金会公信力专题讲座。4 个专题分别是"基金会、非营利机构与法律""基金会如何筹集基金""基金的保值与增值""面向 21 世纪的基金会"。这是中国公益界首次组织的大规模基金会系统讲座，出席者达 200 多人次，政府、企业、民间组织、社会名流都有参与。一石激起千层浪，基金会的理念、做法从此为一批人所知道和理解。

与此同时，商玉生先生也一直在思考如何能在政府背景下的中国科学基金研究会平台之外，创立一个能全面服务于全国基金会的民间平台。1998 年底，在他和徐永光的倡议下，13 家公益慈善机构共同发起"中国

基金会与 NPO 信息网”这个民间的公益行业虚拟平台。

1999 年，商玉生先生正式退休。2001 年，他推动中国基金会与 NPO 信息网正式注册为“北京恩玖信息咨询中心”（以下简称“恩玖中心”），并担任创始理事长。至此，他完成了从政府工作人员到非营利部门从业者的彻底转型。这也成为他全力以赴、矢志不渝地推动中国基金会和整个公益行业发展的新起点。

为了民间公益的发展，商玉生先生做了长达 10 多年的准备，以往的工作都为他追求的梦想奠定了基础。

在国家自然科学基金委员会和中国科学基金研究会的经历，造就了他严密的科学思维逻辑和实事求是、谨言慎行的工作作风；多年奔走于国内外基金会的调查研究，开阔了他的视野，启迪了他的远见；而在非营利部门半路出家、从头学起、直面种种难题与挑战，更是砥砺了他的志向，激发了他的勇气。他厚积薄发，提出并力推基金会乃至整个公益行业自律制度建设，这成为他留给中国公益界的一份沉甸甸的遗产。

引导民间公益向内看，把自律视作攸关行业生死存亡的顶层设计

自踏入公益界以来，商玉生先生接触了大量不同年龄、不同岗位、不同专业的非营利组织从业者，结交了很多有理想、有修养的朋友，感受到促人向上、催人奋进的力量。这让他更加理解社会为什么需要非营利部门，并对推动中国非营利部门的成长更增添了一份责任感和使命感。

他以恩玖中心为平台，在两条战线上同时作战：一是恩玖中心作为公益行业的支持性组织，以论坛、报告会、交流会、培训等方式向社会普及公益理念，以及非营利部门的宗旨、工作方法和在社会发展中的作用；二是他作为从政府部门走出来的公益人，运用自己对政府和公益的理解，以坦诚的态度、理性的思考，与各个政府部门广泛交流，推动他们矫正偏

见，加深对非营利组织的正面理解。恩玖中心在当时是民间公益组织和政府的桥梁，得到各界的广泛认可。

恩玖中心最先倡导的公益行业自律和公开透明的理念，其实也是来自商玉生先生在 1990 年承德会议、1993 年香山会议时产生的想法。在国内外非营利组织的实践中，他觉察到因非营利组织内部问题从而导致整个事业蒙受损失的诸多实例，并分析得出其问题产生的根源：一是非营利部门并非一片净土，其种种问题正是社会的反映，政府和企业部门会发生失灵，非营利部门也同样；二是非营利部门自身能力不强，工作效率不高，空有理想却没有实操能力，就会让社会失望，被各界诟病。

而非营利部门凭什么获得捐款人和社会的信任？商玉生先生认为，是因为有公信力，而这份公信力的支点是公益精神。公益崇尚奉献，是人们心中的净土，人们对它有远高于对政府和企业部门的道德期许。非营利部门之所以独特，有赖于此，公益事业的发展前途同样有赖于此。丢掉了公益精神，失掉了公信力，非营利组织可以说一无所有。

针对民间非营利组织在与政府互动中因处于被动地位而引发的牢骚满腹，商玉生先生引导大家眼睛向内，检视自己。他说："如果我们没有很强的能力，行业之间大家没有沟通，没有彼此强化能力，怎么能胜任工作，凭什么去要求你的一席之地呢？只有通过自律强化我们的能力，才能争取到你应有的权利。"

由此，商玉生先生将非营利组织的高度自律视作攸关非营利组织和公益行业生死存亡的顶层设计。他领导恩玖中心消化吸收国际经验，在中国率先制定了一整套行业自律标准，建立了一整套以公信力为核心的非营利部门能力建设方案，其中包括起草《中国非营利组织公信力标准》并辅之以系统培训。几年间，恩玖中心培育了上千名公益人，行业影响力显著；恩玖中心还联合多家机构建立行业自律联盟，发布行业自律公约，践行《公益性 NPO 自律准则》，倡导公益行业从业人员以诚信、自律、谦逊和不断学习进取为本，推动行业自律渐成为公益人的自觉要求和自我遵循。

民间公益行业自律的一系列行动获得了政府在内的社会各界的认可，提升了非营利组织的社会地位，也加深了社会各界对社会部门的认识。

2005 年，民政部召开中华慈善大会，恩玖中心进入 6 家协办单位名册，民间基金会的代表、希望工程创始人徐永光与时任民政部救灾救济司司长王振耀被同时任命为大会秘书长。

2006 年 1 月，受时任上海浦东新区社会发展局局长马伊里邀请，商玉生先生前往上海浦东新区注册成立上海浦东非营利组织发展中心。该中心即为如今上海恩派社会创新发展中心（以下简称“恩派”）的前身。

2010 年 7 月，基金会中心网正式启动，此事件被评为“中国社会建设十大新闻”之一。

一方面因为恩玖中心和其他众多非营利组织的倡导和实践，另一方面因为社会组织在 2008 年汶川抗震救灾中展示了不可小觑的能量和力量，而同时改革开放当中积累的大量社会问题也引发了党和政府的高度重视——要解决这些社会问题，不能不重视社会部门、非营利组织和社会建设，民间公益慈善行业正式被纳入党和国家的政策视野。2016 年，《中华人民共和国慈善法》出台，包括商玉生先生在内的几代公益人的努力终于见到一些实效。

晚年推动设立爱德传一基金，为民间公益行业建设做最后重要贡献

2016 年后，商玉生先生备受病痛折磨，从公益行业退隐。但是，面对疾病，他依然乐观豁达，并且始终对中国基金会、中国民间公益事业的发展念兹在兹；他坚持日常阅读公开发表的一些行业报道、评论、研究，每每有故交、后辈前去探访，所谈及和交流的话题也总是离不开对中国基金会、中国民间公益事业的思考与期望。

而且，他依然努力地做一些推动工作。2017 年，为纪念中国公益领路

人朱传一先生（1925～2015），搭建中国公益慈善思想文化平台，抱病在床的商玉生先生与陈越光、顾晓今、黄浩明、吕朝、丘仲辉、徐永光、杨团联合倡议发起设立“传一基金”；同年8月31日，传一基金以“爱德基金会传一慈善文化基金”之名正式宣布成立，在商玉生先生的推荐下，吴作人国际美术基金会也成为它的10家联合发起机构之一。这是商玉生先生为中国民间公益行业建设做出的最后一项重要贡献。

商玉生先生，安息吧

中国近代以来，一代又一代知识分子，为国家兴盛、为人民权益不畏艰险、不计得失、呕心沥血、鞠躬尽瘁、死而后已，“立德、立功、立言”，商玉生先生是他们之中的杰出代表。

商先生不激不随不失赤子之心，为中国民间公益事业倾尽半生心血，他的公益精神、创新探索将和他的德行、实践与成就一起，永远鼓舞和激励着后来人前赴后继、奋勇行进。

商玉生先生，安息吧。

何道峰：商玉生先生始终保持着一种沉静的力量*

探寻与求索

《公益时报》：你是否还记得最初跟商老相识的渊源？他给你留下了什么样的印象？

何道峰：我们第一次见面应该是在 2001 年前后，当时商老师发起了一个公益行业自律的倡议，大意是说我们应该怎样坚持行业自律，大概有十几家基金会参与了这次行业自律的倡议。

那时候大的时代背景是中国要加入 WTO，但当时 WTO 和一些欧美发达国家认为，中国还不具备成为一个市场经济国家的基本要素，因为很多领域民营企业不能进入，这样自然无法对国际市场开放，反之，国际市场也不能对我们开放。

因此，时任总理朱镕基在谈判时，承诺我们要转变成一个市场经济国家。这又带来一个问题，就是我们的社会也一定要跟国际接轨，由此带动了社会组织由社会创办而非政府创办的发展潮流。所以，当时商老师提出公益行业自律，也是建立在与国际接轨的角度，因为国际上大多数非政府

* 本文是中国扶贫基金会原执行会长、基金会中心网发起人之一何道峰先生在商玉生先生去世后接受《公益时报》原记者文梅女士访谈后，由文梅女士执笔的访谈稿。

组织都是靠行业自律运转和发展的。事实上，行业的自律是很重要的，但我认为当时国内对这件事有足够认识的人并不多。商老师是比较前卫的人，他切中了时代的要害，清楚地看到行业自律的必要性、重要性和迫切性，认为良好的行业自律可以消除政府对非政府组织的抗拒心理，促进公益行业自身健康发展。我觉得当时商老在这个问题上已经达到超前的思维高度，也很赞同他的观点。

《公益时报》：商老曾经与你们在一起做了很多在今天看来都是极具创新精神的事情。如果按照促进社会进步和行业价值等综合因素予以排列，你认为哪几件事可以排在前三位？

何道峰：要回答你这个问题，我觉得首先还是要讲一下历史——

商老师当年创办北京恩玖信息咨询中心，“恩玖”其实就是“NGO”的意思，但当时直接用NGO这个名字注册不下来，后来索性就用了谐音，叫“恩玖”。这个机构当年是工商注册的，自然会被视为企业单位，即使你从事的都是公益部门的事，但税收还是按照商业那套程序执行。在这种情况下，商老说：“那就无所谓什么名头了，咱们不重形式，只重视内容和行动，开干就是了。”——这也是我比较尊敬商老师的地方，他以实干为本。其后的一段时间，以商老师为首，包括徐永光、顾晓今、丘仲辉，以及我在内的几个人，一直以恩玖为平台，坚持探讨和开展行业自律方面的推动工作。

坦率地说，那时候国内基本上还没有什么非公募基金会，多数都是类似商老师注册的恩玖这种民非机构，以及政府开办的一些组织。基于这种发展背景，其实大家对公益组织究竟应该怎么办、应该具备什么样的治理结构、对社会和公众负有什么样的责任和义务、何事可为、何事不可为等问题，都没有形成一个完整的理论体系，而且认识上的差异也很大，基于此，要做一套行业自律规则，我觉得很难。所以在此过程中，我比较坚持的就是——行业自律这个理念没问题，但我并不赞同把所有的公益机构都拉进来一起做，硬要追求这种阵容，搞不好就会流于形式，还不如有几家就做几家。

尽管当时大家各持观点、想法不一，但商老师不急不躁，非常谦和，最终还是促成了统一意见，即由中国扶贫基金会、青基会和爱德基金会这三家组织先做，规则渐趋完善之后，再邀请更多的机构进入，由我担任中国首届 NPO 自律论坛的轮值主席。当然，此事的核心和灵魂人物还是商老师和徐永光，我们在基于理念和认识相同的前提下，共同完善相关规则。这个过程我们经历了有两三年时间，其间，我跟商老师有比较深的接触，对他的了解也是在那时开始逐渐加深的。最后，我们推出了两个自律准则，一个是公募基金会的，另一个是非公募基金会的。回首往事，我觉得我们这些人的意义就在于，像铺路石一样任由后人去踩，如果后人觉得这条路是平整的，那就顺着往前走，觉得不平，也可以拿着锄头把它敲平。

随着时间的推移，恩玖中心显得有些不伦不类，根本原因是注册属于商业机构，但我们做的事情却和商业完全无关，无形中增加了很多障碍，当时商老师就和徐永光商量把我推出来接这个棒。那时候，我面对的是扶贫基金会和自己公司的“双重夹击”，压力已经很大，再主抓恩玖，似乎有些勉为其难。但我觉得其实可以先做一件重要的事情，就是将“恩玖”这个品牌在民政部门注册，将其变成一个正规的公益组织，那就会随之解决很多挠头的问题。那时注册还是很难的，花了差不多一年工夫，费了不少劲，2009 年 1 月，“北京恩玖非营利组织发展研究中心”终于在北京市民政局注册成功，我担任法人代表和首任理事长。鉴于当时我面临的诸多困境和分身乏术，商老师、徐永光和我多次商讨，最终还是将理事长的职务交由徐永光担任，在此基础上，又诞生了后来的基金会中心网。所以，恩玖的法人代表，商老师当过，我当过，徐永光也当过，再后来就是程刚。梳理这段历史脉络，轨迹大概就是如此。

所以，你问我在这个过程中哪些事情是最重要的，我觉得首要的就是商老师当时搞的公益组织培训，这种启蒙对于行业来讲非常重要，不仅普及了公益组织的工作方法，也首次提出了行业自律，让行业同人懂得——唯有自我约束才能形成自我管理、自我净化的良性模式，继而达成行业共识，最终实现行业的提升和进步。这套逻辑和方法从国际视野来讲是常识，但对中国来说确实属于很重要的启蒙。最近我陆续看到一些悼念商老师的文章，其中有几位人士就参加过商老师组织的培训，他们见证和参与了这段历史。

第二件事是关于行业自律的社会倡导。这件事当然是商老师发起并牵头，我们几个跟着他一起推动。大约在 2008 年，我们制定推出了一套完整的非营利组织治理公约，即《公益性 NPO 自律准则》，条款超过百条，各类民间非营利组织可各取所需。这对公益行业来讲，也是意义非凡。

第三件事就是在此基础上发展创建的基金会中心网，该机构的主要牵头人是徐永光，但也都是在商老师以往培育的公益事业老根上生长出来的新芽。所以，历数当年商老师和我们一起做过的事情，我觉得没有必要做特别的分别，但上述三件事我认为对中国公益行业来说还是非常重要的。

《公益时报》：为什么在你看来这三件事的分量这么重？

何道峰：当你谈到一个行业的自律，其实有多少行业人士能够意识到这个问题是很重要的？目前行业里很多人并没有这种意识，但如果能形成一套行业自律的标准，不仅可以促进行业健康发展，对我们自身也是一种保护。

譬如，由 100 个企业家形成一个协会，有自己的入会标准，由政府公布一套结果标准，我们自己公布一套流程标准，且将其中每一个细节都向社会公开，这时候你的产品才能过关。但同时，这些流程和标准的适用性和优劣与否谁来检验？我们自己说了不算，应让行业里面产生第三方组织去培训专业人士，这些人完全独立，绝不依附于哪一家企业，他们投入这项工作的同时，也意味着要为自己的名誉而战，由此保证这种评价指标的真实性和纯粹性，如此一来，何愁行业不能得到很好的管理和约束。

而对消费者来说，时间可以证明一切，经过无数次实践的检验，他们自然可以分辨哪些协会是在真正做事，哪一个协会的标准更好，因此也不会产生过重的负担，否则只是一味让消费者自己去分辨和承担，太难为他们了。所以，我觉得对一个行业来讲，要有相当的人认识到其重要性，才可能形成这个行业的机会，而不是说靠政府去组织行业协会。这就是为什么去做一个行业自律的标准很重要，因为总要有人做示范，总要有人第一个“吃螃蟹”，总要有人去做铺路石，让后人在此基础上探索和发展。

信息披露，也同样有说道。比如信息披露时可以分为若干层，是法定信息披露，还是强制信息披露，或是自愿信息披露等，但你必须要先做到披露，大家才能说你的自律有依据，才能根据披露的信息来评判一个机构运行得到底如何。

忧虑与期待

《公益时报》：据您了解，时隔多年之后，商老对于目前中国公益组织的行业自律打几分，是不是满意？

何道峰：2018 年回北京后，我曾经去看望过商老师，这也是我们最后一次交谈，当时他倒没有谈到说打几分，但他对现在的行业发展现状充满了忧虑，核心关注在于——现在公益行业的生态还在不在？当然，商老师对《慈善法》的出台感觉还是很兴奋的，在他看来，《慈善法》固然尚需完善，但毕竟比之前的条例迈进了一步，很多内容都有所补充，且经过程序正义，颁布了法律。然而随着时间的推移，他由最初的高兴变成了忧虑，因为他觉得《慈善法》在实操层面并不理想。

不过，商老对于目前公益行业年轻一代的成长和追求颇为肯定，在此期间发生的许多创新故事也让他感到欣慰。但整体来讲，他对公益行业所处的大环境非常忧虑，这是最后一次见面时，我们俩谈得最多的一件事。

《公益时报》：以您对商老的了解，你觉得他对未来的“公益后浪”会有什么样的期待？

何道峰：商老师是经历了时代大变迁的人，比我经历的更多一些，走过这些沟沟坎坎，面对各种人生变故，他始终保持着一种沉静的力量。

他当然希望，无论碰到什么样的困难，年轻一代的公益人还是要坚守自己心中的信念，不要因为某种外在力量的磕绊和影响，就轻易放弃自己的理想，其实很多理想都是在时间的坚守中才有价值。每个人都会在当下遇到各种困难，每个人都不可能凡事顺遂如愿，你不可能让世界按自己想要的模样发展，但你还是要坚守初心，因为只有你对一件事坚守了足够长的时间，你才会知道它的意义所在。这样的话，在你生命走到最后的时候，你才能够看得起自己，才会觉得你的生命是有意义的，因为你终究是按照自己的理想、沿着一个逻辑往前走，走完一生，而不是根据别人的需求进行某种不甘又被动的调整。

缅怀与坚守

《公益时报》：今天我们怀念商老，除了对他所做的行业贡献表示感谢和致敬，更多的是否也是在缅怀一种精神？

何道峰：应该是这样的。两个方面，一方面商老师在他那个时代的人群中确实很出彩，他是一个具有超前思想的人，他超越了自己的时代以及时代下的语境和氛围，积极地思考和行动，做出许多超越那个时代的事。他从不是以那时候的社会认为正确的事情为正确，他身体力行超越了时代的局限，他心中始终有一种普世理念的光芒在闪耀。我们觉得，这种精神对今天是一样适用的。

商老经历过时代变迁下各种各样的跌宕，也曾与纷繁复杂和踯躅迷惘相遇，但他从不随波逐流，却以沉静的力量在我们心中树起了一座丰碑，告诉我们，人可以这样活着。当然，你也可以随波逐流地活着，可能还会因此带来很多荣耀。当波浪跃起的时候，你作为浪尖的浪花跟着喧嚣；当波浪跌下去的时候，你也跟着一起跌下去。但是，你也可以做一个沉静的波浪，不必这样跟着去喧嚣。尽管世事沧桑，但若能坚守那些正确而又有着高远理想的事，坚守那些当下不被人们所理解和认可，甚至会受到某种打压的事，但最后会在历史的实践中证明它是正确的，这种坚守弥足珍贵。所以，商老师就没有做那个在浪尖上跟着喧嚣的浪花，但他又在别人认为不应该喧嚣的地方"喧嚣"了——为了中国公益事业的发展，他从未放弃呐喊和奋斗，这就是他留给我们最宝贵的精神价值和思想遗产。

另一方面，在对他的纪念中，其实也体现了我们在这个时代面临着的很多困境，体现了很多让我们感到困扰和内心沉重的问题，同时也会让我们深感自身渺小，被巨大的无力感压迫。这两点可能是在当下大家对商老师的纪念当中体现出的一种时代交锋。

于我而言，商老的这种精神是一种鼓舞。我们每一个人都走在历史的进程中，我们无法选择自身所处的历史语境和氛围，但我们可以坚守和力争，我们可以在时间的定义中等待着我们坚守的成果。我们可以做沉静的波浪，而不做在浪尖上跟着喧嚣的浪花，这是可以做选择的。也正是因为这种坚守，不管面对什么，我们依然可以宁静，依然可以平和，我们要从纪念商老的过程中去吸取这种沉静的力量源泉。

《公益时报》： 回想商老和你们一起走过的那些年，你觉得喜乐更多还是伤感更多？

何道峰： 回想起来，那真是很值得让人向往的10年。在行业行动的方向上有可以展开的语境，并肩探索的这群人也拥有很多的追求，怀念那段时间所走过的路，挺有意义，也充满喜乐。现在我回忆起商老师的音容笑貌，还有当时大家讨论问题的时候，时而产生的交锋、妥协，以及前进过程中始终不变的坚守，都是在一种特别文明和友好的气氛中呈现。我们曾经所有的努力和奋斗，都是以我们心中追求真理的喜乐为喜乐，还是很值得怀念的。

悼商玉生老

惊闻先生驾鹤去
初闻啼泪满衣襟
执手长叙犹昨日
笑谈时局语尚温
公益一世总当先
推墙搭台聚同行
柔心柔情不柔骨
自强自律志后人
——何道峰 2020 年 7 月 16 日泣祭于马里兰

丘仲辉：在自律持守的基础上创新，是对商老最好的告慰*

《华夏时报》：相交30余载，商老给您留下了什么样的印象？

丘仲辉：可以这样说，商老在中国公益慈善事业发展的过程中，始终是一个核心人物，但他又从不张扬高调出头，一直都很内敛低调。他留给我很深刻的印象就是平时话不多。按理说，做行业推动和协调工作，你不爱说话、不爱表达能行吗？怎么跟人打交道沟通呢？但商老恰恰是这样一个人，他温文尔雅，宁静平和当中又充满韧性，尽管一路上困难挫折不断，但他从不轻言放弃，始终坚韧不拔地执着于他所热爱的公益事业，他是一位对行业发展具有高度前瞻性的前辈。

《华夏时报》：这么多年您跟他交往的过程中，有没有看到他跟谁着过急、红过脸，或者情绪比较激动的时候？

丘仲辉：商老好像很少会发脾气或者情绪不好，所以这方面我几乎没有什么印象。爱德基金会是我国改革开放之初1985年就成立的民间公益组织，因此商老对爱德总是十分关心、关注和尊重。每次我去北京开会，他只要一看到我，一定会上前亲切地询问："仲辉，最近怎么样？身体还好吗？爱德情况如何？"他总是关心别人，待人平等，和蔼可亲。在公众场合讲话，他的声音从来不高，语速也不快，而且开会的时候他从来不会第

* 本文是爱德基金会理事长丘仲辉先生在商玉生先生逝世一周年之际接受《华夏时报》公益新闻部主任文梅女士访谈后，由文梅女士执笔的访谈稿。

一个发言，总是靠后。实际上也正因如此，他才是最适合担任行业领导角色的那个人。要知道每个机构的负责人都有自己的想法和做法，能把这些机构的领导融在一起，共同推动一些事情，其实很不容易，商老在其中就起到这样一种黏合剂的作用。

《华夏时报》：在您看来，商老对于中国公益慈善事业的发展起到哪些推动作用，为此做出了哪些努力？

丘仲辉：我跟商老初识大概是在 20 世纪 90 年代末，是通过当时我们爱德基金会的董事朱传一先生介绍认识的。商老和朱老他俩很早就相熟，有一次我去北京开会，刚好他们两人也在现场，我们聊得很投机，很快就慢慢熟络起来。我知道早在 90 年代中期，商老还在国家科学基金研究会工作时，就力主推动基金会行业的合作发展，当时还发起召开了基金会承德会议。1998 年商玉生在多家非营利组织的支持下创立了中国非营利事业的第一家行业支持性组织“基金会与非营利机构信息网”，并创办了反映中国非营利事业发展情况的第一份行业内刊《通讯》；2001 年初信息网在工商部门注册为“恩玖信息咨询中心”，内刊名称也改为《NPO 探索》，后定名为《NPO 纵横》。我们可以想象，在当时这两个“第一”的厚礼，对于刚刚兴起的中国非营利事业这个稚嫩的行业是多么弥足珍贵！而这些工作，正是在商老的主持和努力下开展的。

当年恩玖中心成立时，商老已 60 开外，但他仍身体力行，前期一些具体琐碎的事情都是他在操办。由于恩玖中心最初是以公司注册运营，没有公益机构的身份，公益行业的很多工作开展起来有诸多不便。后来，在何道峰的帮助下，2009 年把恩玖中心从公司转成社会组织运营。而在整个这一时期恩玖中心的工作，特别是在行业自律和诚信建设工作的推进过程中，商老无疑是属于领袖人物，贡献巨大。为什么大家都对商老如此怀念？我想，首先源于他对公益行业的发展和建设的贡献具有独到性和前瞻性。

20 世纪 80 年代，商老加入国家自然科学基金委员会，是基金委员会成立时的第一批工作人员；之后他作为发起人之一，推动成立了中国科学基金研究会并先后担任副秘书长、秘书长，这是一个由政府举办的非营利机构。卸任之后，他便很快投身于民间非营利组织，力求推动和孵化更多民间公益机构。更为关键的是，他始终强调要把“诚信”作为公益行业的立身之本。我记得那还是在 2003 年 3 月，包括中日韩在内的三个国家的非营利组织专门召开了一次论坛，气氛非常活跃。我们当时就提出，要让我们的行业能够发展起来，要让政府放心，前提是我们自己要把行业管理好、把机构管理好，所以我们一定要搞好自律，否则，就很难有发展的可能性。因此，对于商老而言，他始终紧紧抓住这一关键点，从实务管理到行业推动，从政府机构到民间非营利组织，再到形成以中国青少年发展基金会、中国扶贫基金会、爱德基金会三家基金会加上恩玖中心的 3 +1 自律联盟工作小组，并成立了由商玉生、徐永光、何道峰、康晓光、顾晓今和我组成的“自律行动指导委员会”，这个过程是水到渠成的。不过，当时业内个别不太了解情况的人对这个自律联盟工作小组的作用不太明白，认为“就你们 4 家机构搞来搞去的，有什么用呢?”面对这种质疑，何道峰曾十分认真又半开玩笑地说：“别人搞不搞自律我们无权干涉，但我们可是自觉自愿、心甘情愿地‘从我做起’，先从自己身上开刀，先‘自残’。”商老对此非常认同，他觉得这件事总要有人先迈出一步，摸索经验，然后逐步推行，否则永远也无法前进。

2010 年，基金会中心网成立，这对于中国公益行业的发展来说无异于迈上了新台阶。如果说最初的自律联盟工作小组是我们在小圈子里的抛砖引玉，那么基金会中心网的成立则意味着是时候依靠整个行业共同推动诚信建设了。当时是 35 家机构联合发起，大家承诺将本机构所有的信息悉数提供给基金会中心网，通过其网络平台将这些信息向政府和社会公众予以公示，让全社会监督。可以说，从 1998 年恩玖中心成立，到 2010 年基金会中心网成立，我们公益行业诚信自律平台的搭建差不多走过了 12 年的历程。在此期间，恩玖中心还在商老的主要领导下，组织开展了多种业内甚至跨界的培训课程和研讨会及论坛，这对于初期的中国公益事业可谓久旱逢甘霖，所发挥的作用和意义至关重要。事实上，国内最初的公益界领导人以及后来成为许多新兴公益组织的领导人都受益其中，并且还包括在高校和科研机构从事公益研究的许多学者。

自2010年基金会中心网成立之后的那些年，商老因为健康状况不如从前，慢慢淡出，但他对公益行业的发展依然高度关注，充满牵挂。2012年"郭美美事件"的发生，对中国公益事业造成了很大的伤害，同时，行业内一些人的做法也让社会公众对公益产生了质疑。这种连锁反应让一些年轻人泯灭了他们曾经对公益事业的向往和热情，打消了进入公益组织工作的念头。当时整体的社会氛围对公益行业非常不利，社会舆论也近乎一边倒。那段时间我心里特别地着急和难过。

有一次我去北京，和徐永光等几位行业老友相聚。大家坐在一起探讨这些问题的时候，都觉得我们对于公益人当下的艰难处境必须有所行动。当时刚好也发生了几个极端的例子，某公益组织的员工突然生了重病，但得不到任何救助，其组织负责人和家人的心情都很沉重。因此，大家商量应该设立一个专门帮助和关爱公益人的基金，一旦有公益同人需要帮助，起码可以助力他们渡过难关，绝不能让平时以助人为主业的公益人在自身遇到难处的时候，身陷绝境。后来我们就成立了爱德恩玖关爱基金，这个基金收到的第一笔捐款就来自商老，充分体现了商老对公益同人一如既往的关爱和呵护。

商老在业内做的最后一件重要的事情，就是于2017年联合倡议成立了爱德基金会传一慈善文化基金，这是为纪念朱传一先生所设立。朱老是我国提出社会保障的第一人，也是该领域的著名学者，他是中国公益事业的重要倡导者和推动者。商老在90年代就和朱老有交集。一直到2010年前后，朱老都很活跃，相当于我们业内的智囊，他和商老的感情也很深。2015年朱老去世，为纪念朱老对中国公益事业的杰出贡献，2017年成立了传一基金。记得在当年8月31日的成立仪式上我曾这样表达："传一基金将秉承朱先生的遗愿，志在打造一个百年慈善文化基金，不汲汲于过眼辉煌，不戚戚于一时黯淡，所恒久追求者唯有使命，即共筑慈善文化平台，共享慈善文化价值，共推慈善事业发展，共促中华文化复兴。”从深层意义而言，我们不是为了纪念而纪念，就像此刻我们追忆商老，不是为了追思而追思，而是为了将他们未竟的事业更好地弘扬和传承下去。

我们之所以将传一基金的宗旨定位于促进慈善文化建设，就是因其是公益事业的发展基础。无论是最初的启蒙、培育，还是推动公益行业的发展和诚信建设，再到现在的文化建设，其实都是一个正向的过程。自 2003 年起，朱老的哥哥朱传榘先生为推动国内公益事业的发展曾数次回国讲演，业内组织过多场讨论，商老也积极参与其中，讨论的主题是“看不见的手”，我们将公益组织定位为政府和市场之外的“第三只手”，我们商议如何借助这只“无形的手”，助力社会更加美好。朱老去世前在病床上还曾两次打电话找我，希望深入探讨何为“公益的信仰”，他对中国公益事业的发展真正是心心念念、鞠躬尽瘁。无论朱老、商老还是永光、道峰这些人，我们都觉得中国公益事业要想长足发展，一定要有传统的内涵做积淀和支撑，再加上现代公益的融合，方有所得。我也一直强调，公益没有信仰是走不远、走不好的。

《华夏时报》：那您理解的这个传统是我们整个中华民族文化体系的传统，还是说其中哪一部分是重点？

丘仲辉：我认为公益文化是整体融合于整个中华文化传统当中的，所以你不可能把它分割开来。从中华民族乐善好施的文化传统，演进到今天互联网公益的现代化格局，都属于公益事业的宝贵财富，而不能偏废或只强调某一个点。

面对今日世界格局之巨变，国际关系也随之产生剧变，社会分层不断加剧，各种矛盾也接踵而至。在这种情况下，我们更要坚持中华民族的文化传统，弘扬我们文化的软实力，而在我看来公益更有其独到的价值。爱，是恒久，是包容。在当今激烈的国际社会冲突中，其力量似乎不足以与之直面和抗衡，但我始终坚信，爱的恒久和包容，对于当今地球村中居住的人类之冲突能够起到润滑剂乃至消融坚冰的作用。

时至今日，我们纪念商老，强调传一基金的使命，试图以爱去寻求和唤醒人类本性中最基本也是最共同的特质，就是要努力使得这个世界更美好，而在这注定艰难的道路上，尤其需要公益人的恒久建设。这种感觉也许可以用去年（2020 年）我在商老的追思会上所说的那句话来概括："真理是爱，让我们在爱中求索。商老已经离我们而去，愿他在天国安息，在爱里安息。"但我们活着的人依然有责任继续在爱中求索，这就是我们的传统、传承和担当。当然，有时候一个人安静地坐在那里回首往事，似乎也有些许莫名的滋味。

《华夏时报》：那一刻涌上心头的，对您来说是困惑还是伤感？

丘仲辉：作为一个人，难免被各种情绪侵扰，有时困惑，有时伤感，兼而有之吧。但于我而言，更多的还是两个字：持守。只要始终如一，坚持我们所信仰的东西，向前走，我坚信公益最终一定会体现出它的光辉所在。

为什么说我似乎有些许困惑，还有些许伤感，就是我发现人在利益面前是否能够持守其初心和信念，这个问题并不绝对。我们原来认为西方发达国家很好很稳定，现在再看呢？本质就在于他们的社会也出现了挑战，经济下行，疫情严重。2020 年国内疫情严重的时候，一方面我们感受到很多国家和人民的友好和关心、支持，另一方面，也出现了一些不和谐的声音，甚至还有的等着看我们的"好戏"。所有这些现象，让我意识到，任何人、任何组织，不能光听其言，更要观其行，要观察他们是否可以始终如一地持守自己的信念。在此过程中，你就不难发现，很多人在利益面前其实已经丧失了信仰，丢掉了价值观，丢弃了他们原有的文明和方向。

《华夏时报》：面对当前这种复杂多变的社会格局，您认为中国公益人该如何用扬弃的精神，去持守自己的道路？

丘仲辉：我是这样理解——如果拿中国改革开放的经济特区作为参照，我曾说爱德基金会属于中国的"公益特区"，因为我们始终坚持立足在本国国情和文化传统的基础上，学习借鉴发达国家公益慈善的一些理念和方法，绝不是照抄照搬，而是有取有舍的扬弃。比如我们结合我国国情，提出了爱德的社区发展参与理念，即强调政府、群众、公益组织和全社会的共同参与，才能够最大化地调动各方的积极性和协调各方资源，实现公益的最佳社会效应；又比如我们提出独立自主、开放合作的原则，坚持走我们中国社会组织的自我发展道路，从接受外援到依靠本国力量走向世界。正因如此，商老十分支持爱德的工作并一直呵护有加，跟我们的关系也非常亲近。其实平时我跟他私下交流并不是很频繁，见面的场合大多就是到北京参加会议的时候，但我们的友情就是在这样日积月累的相处中产生，彼此的信任和联结也基于对我们国家和对公益的热爱。

《华夏时报》：结合您个人对公益慈善事业的理解和体验，如何总结其意义和内涵？

丘仲辉：如果从个人生命层面来解释公益，那我的理解即“公益是爱”，因为爱让你的生命更加丰盛，感受到更多真善美。但你要是说自踏上公益之路，就一如既往，绝不回头，没有彷徨，没有犹豫，没有怀疑，一路到底……这显然不可能，是不真实的。因为人对公益的理解和体验是一个长期不断的过程，需要用整个生命去度量和体悟。面对这样一个大千世界，人会经受各种诱惑，也会遇到各种挫折，碰到各种变局。在这种情况下，我觉得当你真正走过再回望之时，最终你的持守是非常重要的。我们都是普通人，都会有犹豫软弱的时候，但只要你能持守自己的理想和方向，总能有所收获。

现在，公益行业受到社会大环境的一些影响，存在一些浮躁的东西，尤其当我们在强调变革创新之时，更要谨记“来时路不可忘”。公益创新需要“持守”，皮之不存，毛将焉附？而“持守”实际上正体现在不断地创新之中。假如公益不能努力创新，那公益就没有希望。

如果你用心观察，就会发现，相比当下中国企业创新，公益行业创新的动力远远不够。我们公益人不能仅把公益当作一种职业，一定要把它当作事业、当作志业去做，也就是要用心去做，才会有不竭的激情和内驱动力，进步的源泉也就在此。你当然可以讲各种新鲜花哨的理念，但最后还是要归于落实践行。现在很多企业都在倡导社会责任、强调社会价值，企业都如此注重这些元素，我们公益组织本身那就更要持守啊。只有持守，才能激发公益人的内驱动力，释放内心的激情去拥抱创新。在自律持守的基础上创新，不仅对当前公益行业的发展具有十分重要的现实意义，也是对商老在天之灵最好的告慰。

顾晓今：老商从不“指点江山”*

商先生是一位在慈善公益人里备受敬重的老人，昨晚（2020 年 7 月 15 日）他不幸离开了我们。虽早知商先生近年一直在与病魔抗争，但今天（2020 年 7 月 16 日）得知这个消息，仍难抑心中阵阵悲痛，难过至极！

与老商相识是在 20 世纪 90 年代初，他在中国科学基金研究会任职。那时一批基金会刚刚获准登记成立，基金会政策尚不清晰，因此大家经常聚在一起交流，汇集基金会遇到的各种各样的问题，探讨解决之道。老商是核心人物之一，他总能带来问题，引发思考，贡献独到见解。我眼中的这位兄长，温和儒雅、善解人意，像家人。其实，那时的基金会交流会和沙龙已经有了行业平台的雏形，以至于后来发展成立了中华基金会联合会（筹），举办民间基金会报告会，建设中国基金会与 NPO 信息网，开了行业联合的先河。此间，老商及其领导的吴作人国际美术基金会都是坚定的推动者。

2001 年承担 NPO 信息网注册实体责任的北京恩玖信息咨询中心成立，老商是创始人。他想着要为培养优秀的公益人才做些事。至今仍被许多人提及的公益入门之道，是当年恩玖中心和美国麦克利兰基金会合作开展的“公信力系列培训”，公信力、领导力、治理价值、资金发展的价值等这些组织文化和组织管理理念，成为一代人走上专业化道路的启蒙。

老商自 1997 年起先后担任中国青少年发展基金会第三届、第四届理

---

* 本文是中国青少年发展基金会前副理事长顾晓今女士在商玉生先生去世后写的纪念文章。

事，2005 年担任第五届监事。老商陪伴青基会整整 12 年。在这期间，老商不仅在理事会上尽一个理事监事的职责，对青基会建设提出切实的意见，而且将恩玖中心引入的组织能力自我评估工具率先在青基会试验，以调整适用于中国的非营利组织。这种参与式的组织能力评估过程，使青基会员工对机构的认知更深了，对使命责任和价值追求的共识度更高了。而在这一切过程中，老商从不“指点江山”，总是默默地、坚定地以一个推手的角色给我们以支持和力量。

老商以自己的毕生精力贡献于慈善公益事业，他在行业自律、政策倡导、人才培养等领域建设中称得上功勋卓著。他谦和的音容、无私的品格、豁达的情怀，永远留存在我们心中。

徐本亮：商玉生先生是中国社会组织公信力建设的先驱*

商玉生老师是中国民间公益界德高望重的前辈，也是我公益路上的恩师和贵人。我和他的相识是在 2003 年的诚信系列培训班。他为我打开了做有效公益的大门，也使我成为今天的我。商老的不幸逝世，使我深感悲痛，难过至极！

商老师高瞻远瞩，具有战略思维，他早在 20 世纪 90 年代就深知中国 NPO 的发展将面临来自内部和外部的多方面挑战，其中 NPO 能力建设和内部治理是 NPO 发展的关键。

2001 年，在商老师的努力下，以“推动中国 NPO 能力建设、提高中国 NPO 内部治理和可持续发展能力”为使命的北京恩玖信息咨询中心正式注册成立。在时任中华慈善总会会长阎明复和美国麦克利兰基金会董事长托马斯·麦考利的支持下，商老师带领团队设计了以推动中国 NPO 诚信建设为核心的“中国社会组织领导人诚信系列培训项目”（以下简称“诚信系列培训项目”），并于 2003 年 8 月正式启动。

我非常荣幸成为这个项目的第一批学员，和来自全国各地的 50 多位同人一起参加了培训。商老师亲自主抓的这个诚信系列培训项目，把中国 NPO 的能力建设建立在世界级标准之上，专门请美国 Team Resource 公司开发设计了诚信系列培训课程，并由该组织时任首席执行官 Pat MacMillan

---

* 本文是上海卓越公益组织发展中心理事长徐本亮先生在商玉生先生去世后写的纪念文章。

亲自主讲。

该系列课程共包括“公信力的价值”“领导力的价值”“治理的价值”“资金发展的价值”4门课，历时两年，每半年学一门，每期3天，由美方老师授课。每期3天培训后，还有为期两天旨在培养中方培训员的TOT培训。我是培训班为数不多参加了全部4门课程学习和4次TOT培训的学员。

在第一门课程“公信力的价值”的开班仪式上，商老师专门做了题为《任重道远——中国NPO诚信之路》的热情洋溢、满怀期待的致辞。他勉励参加培训的学员：“诚信是中国NPO的立身之本，确立中国NPO自身的诚信，迫在眉睫却又非一日之功。诸位都是中国NPO界的精英，希望我们今日的星星之火可以燎原，能形成日后的燎原之势。”他还希望各位中方培训员承担起课程发展以及逐步在中国推广诚信系列课程的责任。

培训期间，商老师每期培训班都亲临现场，听老师的讲课，参加学员的讨论，了解学员的情况和对课程的反馈。他也会结合中国社会组织的情况和大家做分享，让我们更好地理解和掌握培训的内容。每期培训结束后，他还会和时任麦克利兰基金会董事长托马斯·麦考利一起向每位学员颁发他俩亲自签名的培训证书。

这个诚信系列培训项目是我从事公益25年里参加过的规格最高、质量最佳、效果最好的终生难忘的一次培训。这次培训班开了中国社会组织能力建设培训的先河，其水准和意义堪称里程碑。它把使命、公信力、治理、问责等事关社会组织健康发展的关键性概念和知识带给了中国民间公益界。这次培训班也堪称中国民间公益界的“抗日军政大学”，培养了一批当今中国民间公益界的领军人物。徐永光、丘仲辉、李劲、顾晓今、翟雁、陈太勇、谭建光、庄爱玲、吕朝、姚晓迅、谢丽华、高小贤、田惠萍、陆晓娅、刘佑平、陈志强等都是这个诚信系列培训项目的学员，他们后来都在各自领域里为中国民间公益事业做出了积极贡献。

在商老师的关心和支持下，2005年我在上海举办了第一期由中方培训员主讲的"公信力的价值"培训班。商老师在百忙之中来上海全程参加，并指导我们开展培训。后来，我们又先后在上海举办了"领导力的价值"和"资金发展的价值"两期培训班，每次商老师都亲临现场进行观摩和指导。

2005 年 9 月 15 ~ 29 日，受麦克利兰基金会邀请，我有幸参加了由商老师带队的中国 NPO 访美考察团，先后到旧金山、华盛顿和纽约，访问了美国的政府部门、大学、基金会、非营利组织、学术团体，进行了广泛的交流。我们也在美国为商老师过了 66 岁的生日。

商老师的一个心愿就是希望把诚信系列培训项目的讲义编成教材正式出版，使这个培训能在全国逐步推广。他曾经在上海和北京找我谈过好几次，想请我牵头组织几位培训员一起编写教材。但是，后来由于种种因素，这事就搁置下来了。

诚信系列培训项目是我人生的一件大事，也是一个重要转折。这次培训使我看到中国社会组织发展在能力建设培训和人才培养方面的巨大需求。我觉得自己有责任将商老师等中国民间公益元老们开创的事业继续下去。于是我确立了要成为一个以"推动有效公益"为使命的公益培训 & 咨询师的人生下半场目标。

诚信系列培训项目也使我知道和了解了著名管理大师彼得·德鲁克的非营利组织管理思想，认识到德鲁克思想可以成为促进中国社会组织健康发展的思想资源。所以，我决心通过能力建设的培训传播德鲁克的非营利组织管理思想。当商老师知道我的想法后，非常高兴，鼓励我一定要把这件事情做好。于是，我从 2005 年起，根据德鲁克非营利组织管理思想，结合中国社会组织的问题和痛点，先后开发了十几门课程，在全国各地为大家服务。

2009 年，我看了商老师发表在《德鲁克实践在中国》一书中的文章《我们的事业是什么——学习德鲁克思想点滴》，才知道他也是德鲁克的"粉丝"，是德鲁克思想一直伴随、指导他走过了从事非营利部门工作的坎坷历程。他在文章中写道："正是德鲁克先生这本书（《非营利组织的管理》）把我真正引进了非营利部门的大门。这本书令我如获至宝、爱不释手，我几乎一口气读完，享受着不尽的喜悦和满足。之后，我又读过数遍，而且常常带着工作中遇到的问题去寻找答案。我到处寻找德鲁克先生的其他著作，那是一个浩大的知识宝库，也可以说是一本指导管理的百科全书。"我和商老师心有灵犀，我们都是德鲁克思想的信奉者、实践者和传播者。

2018 年 7 月，我根据自己讲过的十几门课程出版了《社会组织管理精要十五讲》一书。这是中国内地第一本理论联系实际、系统介绍社会组织管理知识的著作，至 2020 年已发行 14000 册，受到广大读者和社会组织的认可和好评。"学习强国"学习平台的"公益中国"从 2019 年 10 月起对这本书进行了连载。没有诚信系列培训项目，没有商老师的殷切期望和关心、指导，就不会有这部著作的出版。

我最后一次见到商老师是 2019 年 9 月 22 日。那天上午，我陪同麦克利兰基金会原董事长托马斯·麦考利到商老师家看望他。那天，商老师精神很好，脸上挂着幸福的微笑。

商老师的不幸逝世是中国民间公益界的一个巨大损失。商老师的强烈使命感，无私正直的品格，为中国慈善公益事业坚韧不拔、呕心沥血、贡献半生精力的精神，为推动行业自律、能力建设、人才培养做出的杰出贡献，将永载中国慈善公益史册，并激励我们为推动中国社会组织的诚信建设和慈善公益事业的健康发展继续努力。

程刚：基金会中心网是商玉生先生公益思想的实践*

基金会中心网是中国公益事业的传承，是商玉生先生倡导的公益行业自律理念的传承。在不是很清晰的记忆中，我可能是1997年夏天第一次见到商玉生先生。那时我还在国内一个著名的基金会工作，负责信息技术相关管理工作，不是很懂得商先生所倡导的行业自律以及非营利组织理念，主要是听（徐）永光、（顾）晓今以及几个同事在讲公益行业的事情。

在1998年时，我第一次听说了“基金会中心”这个名词，是商先生提到的，因为要建立中国非营利组织信息网，这正是我的专长。早在1996年底时，在永光的推动下，我负责组建了希望工程网站，那时候建立一个网站还是件很前卫的事情，在国内基金会中也是领先的。在商先生和晓今的指导下，我注册了chinanpo. org及chinango. org，npo. org. cn，ngo. org. cn等与非营利组织相关域名，随后在商先生的教导下，我开发了第一版中国非营利组织信息网。由于是技术出身的原因吧，对商先生讲到的“基金会中心”很感兴趣，于是便注册了foundationcenter. org. cn等相关域名，开启了我的“基金会中心”启蒙历程。

基金会中心网的法人依托是在北京市民政局登记注册的“北京恩玖非营利组织发展研究中心”，这个恩玖中心正是商先生在2001年领导的“恩玖信息咨询中心”的历史沿革，是商先生公益理念的历史传承。在2010

* 本文是基金会中心网总裁程刚先生在商玉生先生去世后写的纪念文章。

年基金会中心网发起成立的时候，永光提出了将基金会中心网与恩玖中心合并运作的设想，使得基金会中心网既能合规运作又实现了商先生一贯倡导的行业自律的价值理念，理事会合二为一，由著名基金会领导人和学者构成，实现了有效行业治理，是非常巧妙的制度设计。商先生作为恩玖中心的推动者，以及基金会中心网思想的奠基人，先后担任了第一届、第二届理事，自第三届起被理事会授予“终身名誉理事长”，表达了基金会中心网及恩玖中心理事会对商先生卓越贡献的崇敬和感激之情。

商先生是我接受基金会行业自律理念的启蒙者。对我来说，在基金会中心由一个名词概念到其成为社会实践的过程中，商先生始终以他那特有的温和、儒雅、坚毅的大家之气教育我，感染我，使我从一个工程师向基金会中心网核心参与者转变，激励着我在基金会中心网的坚守；即便是在商先生患病期间我去探望他老人家时，商先生忍着病痛，慈祥地鼓励我，给我讲述基金会行业自律的理念，传授如何做好信息公开工作的经验。

商先生也是引领我关注全球慈善发展的启蒙者。正是商先生将美国基金会中心理念引入中国，才使得我对基金会中心的使命目标有所了解，为后来的基金会中心网工作打开了思路，才有了今天的基金会中心网。10 年间，基金会中心网同美国基金会中心建立了伙伴关系，让我们更多地了解美国基金会行业自律、信息公开发展的历史，对美国基金会近百年的发展有所认识；这也才有了加入全球资助者协会 Wings 的机会，参与了《全球慈善数据宪章》的起草以及一系列全球慈善治理活动；同欧洲基金会中心、英国慈善委员会等慈善组织建立合作关系，不断拓宽视野，逐步形成了一定的国际知名度。参与全球慈善活动对基金会中心网及中国的基金会融入世界大有裨益，也是商先生的夙愿。

基金会中心网在老恩玖及恩玖中心间实现传承和升华。在基金会中心网成立 10 周年之际，我们怀念商先生，感恩商先生，怀着崇敬的心情完成了《中国基金会公信力之路——基金会中心网创新探索》一书，回顾了商先生及老恩玖的 10 年，也记载了基金会中心网 10 年发展历程，以铭记商先生对中国公益事业做出的历史贡献，向商先生致敬，也向所有老一代公益人致敬，向历史致敬。

基金会中心网是商先生公益思想的实践，现在正处于向成长期过渡转型的关键时期，即使前行之路荆棘密布，吾辈仍当继续努力前行，方不辜负商先生的嘱托和希望。

呜呼，痛逝现代慈善自律透明开路人、恸悼民间公益支持培育开拓者！商先生千古，精神不死，泽被永远。

朱卫国：怀念商玉生先生*

入伏这天（2020 年 7 月 16 日），《雪原神骏图》到京，这是苏德塞罕独居内蒙古森林时的作品，写尽了蒙古马的坚韧苍凉，背景则是林海雪原寥廓高洁无限。

傍晚时分，我正要着手准备酒肴稀释疫情带来的精神逼仄，突然看到商玉生先生离世的消息，一下子没有忍住，潸然泪下。

我跟商先生见面，一共不过几次。

第一次是在 2000 年初夏。那时候我正在负责承办《基金会管理条例（草案）》的审查修改工作。一天傍晚，先生不知通过什么途径知道了我的电话，约我出来聊聊。

我们在文津街附近一个餐馆见了面。先生其貌不扬，穿着朴素，头发已经花白。整个饭局，先生没怎么动筷子，一直在说基金会的发展和公益制度的需求——先生不是善于表达的人，但眼睛里的执着坚定，罕有人匹。

多少年后，我到阿里巴巴做政策研究，从制度供给侧转身来到制度需求侧，从甲方变成乙方，才意识到，商先生是中国民间 Lobbyist 第一人。

那次见面，让我开始相信"民间有高手"。先生送我的他组织翻译的《美国基金会管理指南》，成为我理解第三部门的启蒙读本。这本书的作者

---

* 本文是北京沃启公益基金会理事长朱卫国先生在商玉生先生去世后写的纪念文章。

Betsy Adler 女士之所以答应该书的第二版中文本先于英文本在中国出版，也是先生积极促成的结果。

自见到先生后，我开始对中国民间组织的法治建设充满激情，对中国社会公益力量的发展充满期待。2002 年，我所以有勇气主持“重塑中国民间组织法律框架”的研究项目，也是受了先生“舍我其谁，时不我待”的鼓舞。

先生是我的公益启蒙者。他让我认识到——有益谓之公，无益谓之私；只有真正相信，才能同人通志；只有真正信任，才能同频共振；只有笃定坚持，才能开花结果。

2004 年国务院出台的《基金会管理条例》，凝聚了先生的心血、智慧与苦口婆心。这部被公益界誉为“虽然不是最好，显然就是答案”的行政法规，其井洌寒泉的清新涌力，为社会力量参与公益事业，开窗破篱。

在社团登记管理立法的过程中，我曾经委托先生组织召开一次由外国人参加的座谈会，那天中午，先生按照每人 5 元的标准准备了盒饭，让我感到“国务院很没面子”。但在先生做的会议预算中，却为组织会议服务的工作人员做了比较高的补助。我当时很生气，并当即表达了对先生的不满。我现在仍然记得先生看我生气时的样子，不解、无奈同时又充满爱怜。他最后做出决定，所有组织会议的人员都作为志愿者参与，不拿国务院一分钱。事后过了很久，我才知道，他从吴作人国际美术基金会走了这笔预算。

每当我想起这件事情，我都会像现在一样愧疚——我不该那样对市场和人的价值如此无知，不该以官员身份自居，藐视民间组织“没有觉悟”，尤其不该的，是不该冒犯先生的尊严！尽管我知道，先生没有怪我，我现在再回忆他当时看我的眼神，就知道他的宽恕。

我与先生最后一次见面，是我决心离开体制之前。那时候，我正在井冈山的党校学习，对于是否离开，心有忐忑。4 月初的一天夜里，茨坪雷雨大作，我在梦中见到先生，看到他特有的眼神，一笑就露出的牙齿，我向先生讨答案，先生不言，转身离去……

我知道，先生一定是支持我的决定，他不会对我说些“礼失而求诸野”之类的话，但他一切的亲力亲为，让我坚信“变熵为墒”的努力。

行笔至此，我又转眼去看苏德塞罕的《雪原神骏图》，突然想起来先生是画家吴作人的乘龙快婿，对艺术有很高的品鉴力，难道这画，是先生临行前的嘱托？

我明白先生的意思。

徐凡：商老师是一位“非常好非常好的老头”*

想起前两年，一位合作伙伴有次忽然跟我说，他去看望商老师时，商老师竟然有提起我！我再三确认，真的是有提到我吗？我心里非常惊讶：这么多年了，我何德何能，商老师会记得我这个无名之辈？

那时，我刚刚毕业进入公益行业，对公益充满无知，因此也不可能懂支持性社会组织是什么意思，又有什么意义。我那时对公益行业的所有理想就是，可以经常去农村出差，天天和老乡聊大天。因此，当我在恩玖中心待了短短3个月、觉得那里没机会下乡后，就跑去了一个名字冠有“扶贫”的基金会——听名字似乎可以下乡的公益慈善机构——当然我后来也如愿以偿，甚至因此去非洲的农村和非洲的“老乡”聊天。

可是，在短短三个月和恩玖中心的缘分里，几乎有一个月的时间，我都是在和商老师出差。我不知道那时无知的我说了一些什么狂妄之语，让商老师十几年后还记得我。其实再细想，这有什么奇怪的呢？

前几天得知他身体不好，我翻到那时写的博客，直接写到商老师的只有一句话，“我们的董事长是一位非常好非常好的老头”。其他的，我没有直接写商老师，而是记录了我们去西宁、万州、重庆访问的一些机构。当时的项目是亚洲基金会资助的，商老师非常看重这个项目，哪怕已经年近七旬，仍然坚持亲自去项目相关的每一个草根机构办公所在的简陋筒子楼

* 本文是恩玖信息咨询中心前员工徐凡女士在商玉生先生去世后写的纪念文章。

里拜访；后来一些草根机构的伙伴来到北京，跟我说想见商老师，商老师也一定会亲自来见。他对草根机构的每一个人都如此热忱和殷殷期待，因此也记得我，又有什么奇怪呢？

用今天的话来说，商老师可以称得上是公益界的“大佬”无疑，然而一路出差同行下来，在我眼里他只是一位“非常好非常好的老头”。遗憾的是，我当时并没有记下来他是如何“非常好非常好”的细节，大概是他对晚辈的提携、对弱势群体真切的关怀、在宾馆大堂等待合作伙伴时对我讲到当时我并不懂的非营利部门理念时眼里的熠熠光芒……我都忘了，但我知道，所有的细节都不会提示我、不曾让我意识到，他是一个“大牛”，是一个“大佬”，是一个对中国公益行业有着怎样巨大影响力和推动力的人。

听闻商老师逝世，我不敢说我多么地悲恸，这会有些虚伪，毕竟我和商老师没有更长久的交集。但是当发现身边的所有人都开始纪念他，想起自己曾经也是多么尊重他——离开恩玖中心之后的好几年，每年的春节我都会给商老师发短信、打电话拜年，就会感觉到一份当你身边曾经有一个非常美好的人，本来你可以更珍惜他/她，可是你却没有的遗憾。

前几年，已经知道商老师身体不好，又听朋友说商老师曾经提到我，我就曾一再和朋友说，你们下次什么时候去看商老师，叫上我一起啊！然而这个“探望”终究是没有成行。直到昨天（2020 年 7 月 15 日），听闻商老师去世，我看到自己手机里还保存着商老师的手机号，而我此前都没有想到过给他打一个电话或者发一个短信——让人最难过的，就是这种无法挽回的遗憾吧。

商老师，您有没有看过一部叫作《寻梦环游记》的电影呢？这部电影告诉我，当一个人逝世，只要还有在世的人记得他/她，他/她就不算是真的离去。所以，商老师，对我来说，对于很多人来说，您不算真的离去了。

陆宛苹：商老师，中国大陆 NPO 有你真好[*]

与中国大陆 NPO（Non-profit Organization）结缘于朱传一老师，能进一步参加会议、培训、交流等活动，则是商玉生老师的牵引，其中杨团老师也是推进者，以致 20 多年来在海峡两岸的 NPO 发展过程中没有缺席。

记不得认识商老师的正确日子，印象中是在 2000 年前后，一晃也过去 20 年了。骤闻商老师逝世的消息，心里实在无法相信，回想 2001 年到北京参加 NPO 培训会议，参加者有不少 NPO 发展先进国家的代表，提出了许多优良的建议，但是商老师特别在意我国台湾地区的经验，因此 2002 年我与冯燕、刘淑琼两位老师分别在恩玖中心的安排下，在北京上了三天的 NPO 培训课程。接着展开一连串的交流合作，开启了商老师、我与中国大陆 NPO 能力建设之路。

初见商老师，眼中的他是位谦谦君子，说话总是轻声客气，但是话里可是气势十足，立刻就能感受到他对中国大陆 NPO 的使命感。渐渐地看到他从 NPO 能力建设，一路推动构建 NPO 平台、草拟公信力指标，倡议公益行业透明，倡导公益行业从业人员以诚信、自律、谦逊和不断学习进取为本，推动行业自律渐成为公益人的自觉要求和自我遵循。商老师则是示范了公益人诚信、自律、谦逊和不断学习进取的典范。

他推动任何促进中国大陆 NPO 发展的事情，总能得到众多的公益组织

---

* 本文是中国台湾地区公益人陆宛苹女士在商玉生先生去世一周年之际写的纪念文章。

领导人的鼎力支持。我常常在想商老师是怎么做到的？也因此20年来看到中国大陆公益组织与部门的发展如此迅速，除了民间力量的结合、一起提升，还影响政府的政策，尤其是对2016年《慈善法》的出台，真是了不起的影响力。

老师一路推动着中国大陆的公益组织往前进，并培训了无数的公益人才挹注到公益组织成为主要的支柱，还参与创建了恩派以支持辅导公益组织；另外从外部推动行业自律，参与倡议发起爱德基金会传一慈善文化基金平台等。

知道他身体不是太好时，也知道他仍心心念念中国大陆NPO发展，无奈因两岸的隔离无法常常问候老师。我从2008年投身到汶川地震的重建工作，并于2012年开始在成都做社会工作督导，至2020年因新冠肺炎疫情不再前往大陆，没想到竟听闻商老师逝世的消息。

最近受邀要写这篇文章之时，一时不知从何处落笔，翻翻照片发现都是会议的合照，但我更在意与老师相处的日常，他的言行与态度只能深深地怀念了。感谢能与商老师结缘，感谢商老师提携，感谢商老师的典范，最后跟老师报告，在中国大陆NPO的发展上，我仍没有缺席，有机会还会努力的。

谢谢您！愿您安息！

中国大陆NPO有您真好。永远怀念您，商老师。

汤锡芳：老商走了，对他最好的纪念是学习他的精神*

我和商玉生先生既是同事又是朋友。我们俩都是1986年调入新成立的国家自然科学基金委员会工作的，我来自国家科委（现在的科技部），他来自中国科学院物理研究所。一认识我就称呼他为“老商”，他称呼我为“小汤”，这一互称34年没有改变。

老商是我的良师益友。

2020年6月12日上午，我到老商家看望他，一进门，见到我，他就说：“小汤来啦。”当时，他已经病得很重了，说话费力且含糊，但他坚持坐在沙发上与我交流，老商的老伴萧慧老师给我们拍了合影。没想到那次成了我们最后一次见面。

同年7月15日老商与世长辞。7月18日上午，我到八宝山告别老商。瞻仰老商的遗容，我悲从中来，34年的往事历历在目。

老商是一位厚道善良的人，是一位品格高尚大写的人！

他作为“文革”前的北大毕业生，展现了那个年代知识分子的家国情怀、忧国忧民的意识和使命责任担当。

他作为一位科研工作者践行和展现了科学精神。他从1964年到1986年在中国科学院物理所做科研工作，一干就是22年。科研工作就是要不断

---

* 本文是商玉生先生生前好友、在国家自然科学基金委员会工作时期的同事、当时兼职任中国科学基金研究会副秘书长的汤锡芳先生在商玉生先生去世后写的纪念文章。

地发现问题、探索未知、解决难题，在他身上充分体现了一位科研工作者实事求是、尊重科学、尊重规律、尊重事实、严谨细致的科学精神。

他作为中国科学基金委员会的第一代工作人员，展现了一位国家层面科技管理者的战略视野、前瞻性的眼光和全局性的胸怀。

1985 年中共中央发布了《关于科学技术体制改革的决定》，其中提出要在基础科学和部分应用基础科学领域试行科学基金制，成立国家自然科学基金委员会。这一决定发布后，国内除了成立了国家自然科学基金委员会外，各个地方和行业的基金会像雨后春笋般涌现。科学基金制是新生事物，如何管好用好科学基金，把有限的经费做到择优资助，成为摆在各个基金会管理者面前的重大课题。老商当时是国家自然科学基金委员会政策调研处的处长，他作为发起人之一，筹建成立了中国科学基金会的共同体——中国科学基金研究会。作为该科学基金研究会的创会专职秘书长，他殚精竭虑，尽职尽责，抓了 4 件大事：一是各个基金会信息的分享和共享，二是各个基金会之间的经验切磋交流，三是共性问题研讨和提出解决问题方案并呈报给上级主管单位，四是科学基金管理工作者的能力培训。他奋力开拓了中国科学基金研究会工作的局面，有力地促进了国内科学基金会联合体的成长进步。

在中国科学基金研究会期间的工作实践，为他在 1999 年退休后从事公益慈善事业积累了宝贵和丰富的经验。

退休后的老商，积极献身公益慈善事业，成为中国公益慈善事业的开拓者和领军人物。

老商走了。他留下了丰富和宝贵的精神遗产。

我们对他最好的缅怀和纪念就是要学习他的精神，把他未竟的公益慈善事业继续往前推进，以告慰他的在天之灵。

老商千古！

【附录4】 商玉生先生2020年线上追思会全纪录*

导读

2020年8月1日，商玉生先生追思会在线上举办。追思会由基金会中心网、吴作人国际美术基金会、爱德基金会传一慈善文化基金主办，商玉生先生家属代表、国家自然科学基金委员会代表、公益慈善界代表等近70人在云端致哀，形式朴素、气氛庄重。

追思会一开始，全体追思者面向屏幕上商玉生先生的遗像，默哀3分钟；其后，一起观看了《公益元老商玉生》纪念短片。

随后，在中国社会科学院社会学所研究员、《慈善蓝皮书》主编杨团的主持下，20余位师友分别发言，深情缅怀商玉生先生。杨团如此总结这次追思会——

“今天，我们中国公益界老中青三代人，在线上隆重地召开追思会，悼念商玉生先生。这不仅因为他是中国公益先驱、公益元老，不仅因为他笃行大道，天下为公，首倡诚信、自律、透明、公信力是中国公益行业立身之本，并将这个战略思想付诸实践、长期坚守，还因为他的人格，我们几乎所有的发言人都谈到，他在提携后辈、携手同济的过程中，让所有的

---

* 本文由爱德基金会传一慈善文化基金在2020年8月1日商玉生先生追思会后整理。

同行者都感到如沐春风。大家说，他温润如玉、坚不可摧，他迎风走浪、无怨无悔，他谦厚包容、兼收并蓄、宁静致远，他是困难时候温暖我们的一股暖流，是激励我们不断前行的动力。

“追思商先生，我们更想到的是中国近代以来一代又一代的知识分子为国家兴盛、人民权益不畏艰险，不计得失，呕心沥血，鞠躬尽瘁，死而后已，立德立功立言。商先生就是这样的一位杰出的代表。

“阳光照不到的地方，我们去照。这是商先生的名言，现在成了他的遗言。愿我们所有的人都以商先生为镜，检点自己，激励自己，继承商先生的遗志，为传承中国公益精神，为中国公益行业的持续开拓而奋力前行。”

以下为商玉生先生追思会全记录，由爱德基金会传一慈善文化基金（以下简称“爱德传一基金”）整理。它既是一份对商玉生生平、做事、为人的珍贵记录，也是一份对中国现代民间公益发展的特别回顾。

商玉生先生追思会发言人名单（按实际发言顺序）

一、 主持人

杨　团　中国社会科学院社会学研究所

二、 机构代表

翟云飞　国家自然科学基金委员会离退休工作办公室

徐永光　南都公益基金会、NPO 信息网、恩玖中心、基金会中心网

卢德之　基金会中心网

吕　朝　恩派（NPI）公益组织发展中心

丘仲辉　爱德基金会、爱德基金会传一慈善文化基金

三、 师友个人

汤锡芳　国家自然科学基金委员会（退休干部）

姚晓迅　恩玖中心（原同事）

章　萍　恩玖中心（原同事）

阎军楠　恩玖中心（原同事）

庄爱玲　恩玖中心（原同事）

陈太勇　恩玖中心（原同事）

程　刚　基金会中心网

刘文华　中国慈善资产管理论坛

陈达文　仁人家园（中国）

陈越光　敦和基金会

陈一梅　万科公益基金会

顾晓今　中国青少年发展基金会

黄浩明　国际公益学院

康晓光　中国人民大学公益创新研究院

廖晓义　北京地球村环境文化中心

牛彩霞　福特基金会（美国）北京代表处

宋庆华　社区参与行动服务中心

王香奕　中国国际民间组织合作促进会

王行最　中国扶贫基金会

翟　雁　北京惠泽人公益发展中心、北京博能志愿公益基金会

江明修　台湾政治大学公共行政学系

四、 家属代表

吴　宁　商玉生先生女儿，吴作人国际美术基金会

商玉生先生 2020 年线上追思会全纪录

杨团： 各位同仁，各位朋友，今天是 2020 年 8 月 1 日星期六，我们一起在线上召开商玉生先生追思会。

追思会第一项：默哀 3 分钟。

（默哀 3 分钟）

杨团： 默哀结束。追思会第二项，我们一起观看《公益元老商玉生》纪念短片。

（观看《公益元老商玉生》纪念短片）

杨团： 现在我们进行追思会的正式议程。首先，请各机构的代表致哀，每一位代表根据自己的情况可以发言 3 ~5 分钟。第一位，我们请国家自然科学基金委员会离退休工作办公室的代表翟云飞先生致哀。

翟云飞： 各位尊敬的长辈，各位领导，各位好友，大家下午好，我是国家自然科学基金委员会离退休工作办公室的翟云飞。

群山俯首，草木含悲，今天我们怀着十分沉痛的心情，悼念国家自然科学基金委员会、中国科学基金研究会优秀的共产党员，退休老干部商玉生同志。

商玉生同志 1939 年出生于辽宁省锦西市（现名“葫芦岛市”），1958 年被保送北大物理系，1964 年毕业分配到中国科学院物理所，1985 年 1 月加入中国共产党，1986 年 2 月正式从中科院物理所调入国家自然科学基金委员会，是基金委成立时的第一批工作人员。

作为我国自然科学基金创立和发展的见证人，商玉生同志先后在基金委办公室调研处和政策局宣传调研处负责调研宣传和政策研究工作。商玉生同志于 1986 ~1992 年担任调研和宣传处处长期间，通过广泛宣传科学基金制及其管理经验和方法，组织召开科学发展战略研究工作会议，为完善自然科学基金管理服务、促进自然科学基金事业的发展做出了重要贡献。

1988 年，商玉生同志作为发起人之一，推动成立了中国科学基金研究会。1992 ~ 1999 年，商玉生同志先后担任中国科学基金研究会专职副秘书长、秘书长，为中国科学基金研究会的建立发展做出了突出贡献。

1996 年，商玉生同志主持编写了第一本《中国基金会指南》，并提出建立中国基金会中心。他通过积极组织多种形式的学术研讨会，探讨与国外合作，不断总结适合国情及地方行业特点的基金管理体制，开拓工作新局面，在发挥积极信息资源作用，促进各科学基金组织间的信息交流、资源共享方面做了大量工作，使研究会成为我国科学基金组织的桥梁和纽带，为我国科学基金事业的发展发挥了重要的推动作用。

商玉生同志退休后曾先后担任吴作人国际美术基金会秘书长、北京恩玖非营利组织发展研究中心创始董事长、理事长，成为推动中国基金会行业自律的先行者，为促进地方和行业基金的蓬勃发展，特别是中国公益基金行业的整体发展壮大，做出了重要贡献。

商玉生同志的病逝，使他的家庭失去了一位好丈夫、一位好父亲，我们失去了一位好同事、好朋友。他虽然离我们而去，但商老师那种勤勤恳恳、忘我工作的奉献精神，那种艰苦朴素的优良传统，那种为人正派、忠厚谦和的崇高品德，永远值得我们学习和记取，他那和蔼可亲的音容笑貌也将永远留在我们心中。

商玉生同志的一生是光明磊落的一生，勤劳俭朴的一生，艰苦奋斗的一生，无私奉献的一生，清清白白的一生。

青山永在，英名长留，让我们永远记住这样一位平凡而又伟大的老人。

山河悲痛，草木含情，让我们怀着无限敬佩的心情，深痛追思这位饱经风霜的老人。

商老师，请安息吧，亲人们永远怀念您。

商老师，请安息吧，同志们永远会记住您。

杨团：谢谢翟云飞先生。下面我们请徐永光代表商玉生先生在公益事业当中先后创建的三个组织——NPO 信息网、恩玖中心和基金会中心网致辞。

徐永光：今天，我为商玉生老师写的挽联加了几个字，感觉这样才能展现他的真实境界：

天降大任于斯人笃行公益大道其修远兮鞠躬尽瘁不止步

德惠无量一完人寄托美好社会未竟理想死而后已有来者

对商老师的评价，用得上“完人”两个字。人说世无完人，但按照儒家传统还是有的，完人的标准是“立德，立功，立言”。商老师是当代中国公益创新发展的元老级、功勋级人物，是中国公益行业自律制度建设第一人，他的专业追求、责任担当和道德感召力，令几代公益人高山仰止。所以，他称得上我们公益界的一位“完人”。

我们 20 世纪八九十年代开始做公益的一代人，多半是体制里出来的，怀着一种社会理想来做公益，那个时候只有很少几个人在一起。

今天，我想讲一点大家可能不太了解的故事，特别是我们和商老师一起追求公益行业自律，以及在谋求自律组织合法性道路上碰到的一些事情。

从 1990 年开始，商老师就想到要推动基金会行业的融合发展，发起召开了基金会承德会议。1994 年，我们谋划成立中国基金会联合会，后面加了一个“筹”字，还开会、出简报。结果没有成功，政府通知我们这是非法的，要取缔。我和杨团被谈话。到 1998 年，我们商量，在互联网上注册就有合法性了，于是联合 17 家基金会包括中华慈善总会注册 NPO 信息中心，商老师主持了信息网的日常工作。2001 年恩玖中心（公司）注册成立，商玉生先生担任董事长，机构有了法人资格，合法性又迈进了一步。恩玖中心做了多少事情，大家都知道，我就不详细介绍了。但它还没有一个公益机构的身份。

2009 年，何道峰领导中国 NPO 自律行动，在北京注册成立了北京恩玖非营利组织发展研究中心。何道峰接棒成了恩玖中心第二任理事长。有一天，何道峰通知我到亚运村一个地方，去了以后发现只有道峰、商老师和我三个人。道峰拿出一份合同，说永光你签字。我说签什么字？他说，我把恩玖中心注册下来了，但是我这个理事长是过渡的，理事长必须你来做。我问，为什么？他说，不能让商老师继续干了，他已经70岁了，我在扶贫基金会也不宜担恩玖中心理事长之责，你60岁，南都基金会又是恩玖中心主办机构之一，所以你必须接下来。我就这样接下来了。到2010年，就有了依托恩玖中心设立基金会中心网的后续故事。

今天，我们三代公益人在一起追思商老师。商老师已经累了，走了，他的脚步终于停止了。我们今天有很多年轻的公益人在这里，希望大家能够继承商先生的遗志，完成他未竟的事业，为了我们的社会理想——这个社会理想就是建立一个民主、法治、自由、平等、公平、正义的社会——大家一起努力。

老商，你安息吧！

杨团：谢谢徐永光先生。下面我们请基金会中心网的理事长卢德之先生代表基金会中心网追思。

卢德之：尊敬的公益界的朋友们，今天大家怀着沉重的心情在这里悼念敬爱的商老师，愿老人家一路走好。

商老师是改革开放后中国社会改革领域的第一代拓荒者，是第一批“吃螃蟹的人”，应该说他与朱传一老师、徐永光老师、杨团老师等，他们这一代人为中国社会公益慈善事业的发展进行了最早期的探索实践，奠定了今天基金会行业的基础，是最早进行改良土壤和培育良种的先行者。

商老师几十年如一日，致力于推动基金会行业的发展，呕心沥血，不计个人的名利得失，始终保持着作为行业先驱者的乐观、豁达和斗志，兢兢业业，任劳任怨，保持着童真般的热情与执着，体现出功成不必在我的胸怀。

商老师是北京恩玖非营利组织发展研究中心的发起人和创办人，也是基金会中心网的终身名誉理事长。我最后一次见到商老师是在基金会中心网的换届理事会上，我连任基金会中心网的理事长，当时我是有些犹豫的，是商老师的精神鼓舞了我；当时，他抱病参会，与会者都被深深感动，只是没想到不久以后，老人家就永远离开了我们。

在这里，我代表基金会中心网，以及我个人，对商老师表示最崇高的敬意和最深切的缅怀。

中国社会改革和社会治理现代化是中国现代化体系建设的重要内容。中国经济经过了40多年的发展，已经取得了举世瞩目的成绩，但是仍有很多领域亟待突破，特别是社会改革，应该说还刚刚起步，任重道远，需要一代又一代的人去努力奋斗。

我们深深知道这个过程很可能会有多重的艰难险阻，不会一帆风顺，但我们相信只要我们继承和发扬商老师、朱先生的精神，继续坚守，一定能开创中国公益慈善事业以及社会改革和社会现代化的新局面，实现社会的公平正义，完成商老师、朱老师他们这些先行者的遗志和夙愿。

商老师安息！

杨团：谢谢卢德之先生。现在我们请恩派（NPI）公益组织发展中心的创始人、负责人吕朝先生追思。

吕朝：尊敬的商老师的家人，尊敬的公益界的前辈朋友们，大家好，我现在在成都机场参加商老师的追思会。

恩派创办于2006年，商老师是恩派的创始人、理事。在恩派后来所有的发展过程中，商老师都给了非常多的指导，给了很多从资源到精神上的支持。商老师在恩派的发展中，我觉得是，如果没有商老师，就没有恩派，没有后来很多我们所做的工作。商老师像帮助其他很多组织一样，也帮助了我们，从无到有，从非常弱小到取得了一点点的进步。

商老师于我个人也是非常重要的。引领我进入这个领域的有一些公益界的前辈。当时，朱传一先生在我想要离开公益界的时候，就说让我去见一下商老师。

我记得跟商老师有几次特别重要的谈话。

我第一次见到他，他请我在亚运村的一个茶馆喝茶。我们当时谈了一个下午，他给我介绍了恩玖中心所有的工作，包括中国公益慈善发展的历史，还有国际公益慈善，让我那个时候就坚定了应该对公益领域有更多的了解，希望能够更多地投身到这个领域。

第二次，是我在恩玖中心做志愿者的时候，他说你应该去中华慈善大会协助徐永光先生，因为这样的一个大会其实可以让一个公益后辈能够了解当时所有的公益组织的现状。参与筹备会半年以后，我也坚定了要投身到草根公益组织的支持工作中去。

第三次，是在上海浦东非营利组织发展中心，也就是恩派的前身的时候，当时商老师说你去把所有的手续跑下来以后，希望你能够去主持它的工作。商老师还是跟我讲，在三个发起单位当中，恩玖中心是一个，我是一个，商老师个人也拿出 33000 元钱，说这是他个人作为发起人的一个投入，来表达他对这个事业的信心和对我的信心。

这样的瞬间还有很多。希望商老师能够安息。今天上午我和同事们还在一起做 NGO 的培训，希望我们能够继承商老师的事业。

杨团：谢谢吕朝先生。机构代表追思的最后一位是丘仲辉先生，他代表的是爱德基金会和爱德基金会传一慈善文化基金。

丘仲辉：亲爱的商老师的家人们，亲爱的各位同行，17 天前商玉生老师驾鹤西去，永远地离开了我们。永光在他的悼词、杨团在她的悼文当中，都不约而同地评价商老师为推动中国公益行业自律制度建设的第一人，我认为非常地恰如其分，当之无愧。

商老师从一位科研工作者到科研基金的管理者，进而推动基金会行业的发展，一路走来，几十年如一日，是值得我们尊敬的前辈。他在推动中国公益行业能力建设的过程当中，有一个非常突出的关注点，那就是始终坚持抓住自律建设，把它作为我们整个公益行业能力建设的一个关键点。为什么？我想，是因为诚信是我们公益行业的生命线，没有诚信就没有公益。那么，诚信，来自法律也好，管理也好，他律也好，最重要的还是应该来自自律，来自一种基于信仰、价值观、发自内心的自律的精神；有了这种自律精神，才能做好我们的诚信，才能使公益事业永葆青春，永续发展。这也是商先生生前持之以恒的事业。

我们今天齐聚云端，共同追思商老师，我想对他最好的纪念就是应该继续推动公益行业自律制度的建设、自律文化的建设。我想，毫无疑问，这对当前公益行业的发展也是具有十分重要的现实意义的。我认为这是对商老师在天之灵最好的告慰。

我还想说的一点是，商老师不但推动行业的自律建设，他自己本身就是一个自律之人。刚才永光用了“完人”两字，我想关键就在于商老师总是严于律己，但对别人和蔼可亲。对于我来讲，因为我们机构的驻地不在北京，每每我到北京、到会场，只要商老师看到我，一定是主动带着笑脸迎上来嘘寒问暖，关心我们的工作。这就是我们的商老师。

我想，我们在推动公益行业发展的时候，我们要记住这位老人，我们要像他一样身体力行，推动行业的建设。最后，我想用这样一句话结束我对他的追思——

真理是爱，在爱里我们上下求索。愿先生在爱里沐恩安息，愿我们在爱里永远如先生初心如磐、笃志如斯。

杨团：谢谢丘仲辉先生。现在，我们进行追思会的第四项，由师友个人致哀追思。我们首先请和商老师一起工作了多年的国家自然科学基金委员会退休干部汤锡芳先生追思。

汤锡芳：各位好，我是汤锡芳。我和商玉生先生既是同事，又是朋友，我们俩都是 1986 年调入新成立的国家自然科学基金委员会的，一认识我就称呼他为老商，他称呼我为小汤，这一互称 34 年没有变。

老商是我的良师益友。

我感谢主办单位精心策划和举办这次隆重的网上追思会，使我有机会表达对老商的深切缅怀，同时追忆老商对我国科技事业和慈善公益事业做出的杰出贡献！在此，我也再次向老商的家人表示深切的慰问。

得知老商去世的消息，我心中十分悲痛。往事历历在目，老商的优秀品质和高尚的人格操守给我留下最深刻的印象是如下三个方面。

一是老商作为“文革”前的北大毕业生，展现了那个年代知识分子的家国情怀、忧国忧民的意识和使命责任担当。

二是他作为一位科研工作者展现的科学精神。他从 1964 年到 1986 年在中国科学院物理所做科研，一干就是 22 年，科研工作就是要不断地发现问题、探索未知、解决问题，在他身上充分体现了一位科研工作者尊重科学、尊重规律、尊重事实、严谨细致的科学精神。

三是作为中国科学基金委员会的第一代工作人员所展现的国家层面科技管理者的战略视野、前瞻性的眼光和全局性的胸怀。

1985 年中共中央发布了《关于科技体制改革的决定》，其中提出要在基础科学和部分应用基础科学领域试行科学基金制，成立国家自然科学基金委员会。这一决定发布后，国内除了成立了国家自然科学基金委员会外，各个地方和行业的基金会像雨后春笋般涌现，科学基金制是新生事物，如何管好用好科学基金，成为摆在各个基金会面前的重大课题。老商作为发起人之一，筹建成立了科学基金会的共同体——中国科学基金研究会，他作为该科学基金研究会的创始秘书长，抓了 4 件大事：一是各个基金会信息共享，二是组织间的经验切磋交流，三是共性问题研讨和提出解决问题方案，四是科学基金工作者的培训。他奋力开拓了中国科学基金研究会工作的局面，有力地促进了国内科学基金会联合体的成长进步。

在中国科学基金研究会期间的工作实践为他退休后从事公益慈善事业积累了宝贵的经验。1999 年 9 月退休后的老商，积极献身公益慈善事业，成为中国公益慈善事业的开拓者和领军人物。

老商走了。他留下了丰富和宝贵的精神遗产。我们对他最好的缅怀和纪念就是要学习他的精神，把他未竟的公益慈善事业继续往前推进，以告慰他在天之灵。

老商千古！

杨团： 谢谢汤锡芳先生。下面，我们一共有 5 位商玉生先生创建的恩玖中心的原同事来缅怀商玉生先生。他们当中的第一位是姚晓迅，他曾经任过恩玖中心的代理主任，现在请姚晓迅先生追思。

姚晓迅： 尊敬的商老师的家人，非营利组织行业同仁们，我是姚晓迅。20 世纪 90 年代末，我曾作为中国青基会人员，参与了商老师主持的基金会与非营利机构信息网组建和推广工作；2004 年下半年在 NPO 信息咨询中心任代理主任。有机会在商老师直接领导下工作，直接推动、参与了几个重要项目开发、推广，亲身体会商老师的做人、做事风格，我受益匪浅、感慨良多。

在那个年代，非营利行业加速发展，也面临着理念不清、能力不足等诸多问题。商老师目光高远，在众多议题中，将诚信作为推动行业建设的核心议题，并且表现出异常的坚定。在他看来，诚信是非营利组织的立身之本，诚信建设绝非一日之功。商老师对诚信建设的选择和坚持，对形成中国非营利组织能力建设基本格局做出了重要贡献。

商老师是一个思想开阔、襟怀宽广的人。恩玖中心作为一个机构，其实很小很小；但在商老师带领下，恩玖中心放宽视野，集纳资源，开发出很有质量的项目，作为一个平台又是很大很大。例如与麦克利兰基金会共同开发的诚信系列培训项目，明晰了使命、治理、领导力、资金发展等关键概念，以公信力统合起来，极大提高了行业的专业水准。

商老师是一个实干家，很多项目都是亲力亲为。在他的直接推动下，虽然几经反复，OCA 项目结合实际情况，最终实现了中国化，做成一套全面、实用的组织能力评估工具，在全国推广开来，取得很大成效。

商老师不但倡导诚信，更是力行诚信。他遇事总是反求诸己。一般人的习惯，是先要求别人，再要求自己；好一些的，则是同时要求别人和自己。孔子说，如果能够改变过来，只要求自己，而不对别人求全责备，那就是君子了。商老师正是这样的君子。

商老师走了，他的人格风范、他所倡导和坚持的非营利组织诚信之道将永存。

怀念商老师！

杨团：谢谢姚晓迅先生。下一位追思者是老恩玖中心的章萍女士，现在请章萍女士进行追思。

章萍：尊敬的商老师的家人，尊敬的行业的前辈和同人，我是章萍。商老师对我们老恩玖的同事们来说是恩师、是慈父。

2001 年 3 月，老恩玖刚工商注册下来的时候，我来到西三环中国画研究院吴作人国际美术基金会商老师的办公室，成了恩玖的员工。

恩玖正式成立后，我们在隔壁租了一间 10 余平方米的小屋，就是老恩玖最初的办公室，两张办公桌，两名员工，黄锂和我，一张斑驳陆离的画案铺上一块蓝灰色的棉布就是我们的会议桌，还是崔老师的办公桌。

在强有力的董事会和商老师、崔老师的带领下，老恩玖发展很快，陆续有新员工进入，大多是刚出校门的年轻人。商老师温润如玉，低调谦和，以自己的风骨和理想影响和激励年轻人，提携后辈，让他们迅速成长，很多人都成了公益行业的佼佼者和骨干。

商老师言传身教，为我们营造了温暖的恩玖大家庭，即便 10 多年后大家与商老师聚集在一起，依然亲密无间。我们每一个人都感受过商老师的关怀，都有自己和商老师之间动人和难忘的故事。

当年我提着箱子来北京，从零开始在京城工作和生活，住地下室。隆冬时节，商老师将他父母居住的房子借给我，让我感激万分。

有同事为了事业发展，争取 BC 资助的伦敦政治经济学院的留学机会，请商老师写推荐信，顺利成行，回来后成了行业骨干。

有同事想在公益行业创业发展，但又有诸多的困惑，商老师为他指点迷津，予以鼓励，现已独当一面，开创了自己的事业途径。

有同事家里出了大事，家庭关系紧张，痛不欲生之际，想到的是尊敬的商老师，向这位慈父哭诉，心灵得到巨大的安慰。

商老师及其创办的恩玖给我们这些外地来京的年轻人提供了最初的落脚点，引领我们走向公益之路，并由此结识了一批良师益友，开启了今后的各种因缘际遇。为此我们感念商老师。

商老师是一面旗帜，在我们每一位老恩玖员工的心中飘扬，永远不落。

杨团：谢谢章萍女士。下一位是老恩玖中心的阎军楠先生。

阎军楠：亲爱的商老师的家人，公益界的同行们，我是阎军楠。

我个人非常幸运，2003 ~2006 年能够有机会在老恩玖商老师的身边工作。商老师对于我个人的成长，还有我个人的发展的几个关键阶段，都给予了极大的鼓励和支持，每次想起来，我心里都有诸多感恩。

记得 2004 年的时候，我刚刚到恩玖工作不久，工资不高，在北京的生活成本压力比较大，有一次商老师主动找我，问我有什么困难，我跟商老师讲起了我自己的一些经济上的压力，商老师当时有一句话影响了我的一生，他当时跟我讲：小阎，你就把这里当成你学习的另一所学校，一边在这赚着工资，一边在这学习更多的知识。我把这句话记到今天，也在这个行业坚持到今天。同时，商老师又默默地帮我联系了朱传一先生原来在化工大学旁边的一套房子，使我和另外一个同事有幸能够在朱先生的身边汲取更多的营养。

2006 年的时候，因为我个人家庭的原因，我要离开北京，那时候上海恩派刚好要成立，我找到商老师，一方面是征求商老师的个人意见，另一方面也是想表达自己想参与上海工作的一些想法，同时心里也有很多的困惑，因为当时恩派刚刚在上海成立，还不知道以后的路能不能走得通。商老师给了我很大的鼓励，他说让我跟着吕主任一起更好地学习，同时为了打消我个人的一些顾虑，我刚刚到上海工作的时候，前几个月的工资还是北京恩玖在帮我发。当时商老师还跟我讲，说小阎如果在上海不行的时候，你再回来嘛。

2012 年的时候，我从上海恩派到杭州开始自己创业，当时也有很多的困惑，不知道以后的路应该怎么走，这个时候又想起商老师，就跟商老师发了一条短信。过了没多久，商老师打电话给我，给我很多鼓励，同时还鼓励我，说如果现在其他的事情还没有想清楚，可以考虑诚信系列能不能在浙江试验；他还跟我讲，说崔玉在杭州，你如果有问题、有事情，可以寻求崔玉的一些帮助。

商老师对于如我这样的晚辈和新人，永远都是那么地无私和爱护，永远都是那么地和蔼可亲，温文儒雅，永远都是为别人考虑得多，为别人考虑得周全，我们有太多的公益同行从老恩玖中心，更是从商老师身上看到公益的方向，寻到行业的灯塔，更是让自己拥有了更强大的前行力量。

商老师走了，想起在商老师身边工作的几年时光，如昨天一般都历历在目。每每想到商老师给我的信任、鼓励和支持，我的心里都会充满无限的感恩和想念。本来还想着过了春节能够有机会到商老师家里再看看老人家，给先生汇报一下我在杭州的发展情况，没想到因为疫情影响竟一直未能成行，这也成了留在我心里的深深的遗憾。作为商老师的后辈、晚辈，也是老恩玖的一员，我想我会记住商老师的一些嘱托，把后面的事情做好，把这个行业的事情做好。

我永远敬爱的商老师，您安息吧。

杨团：谢谢阎军楠先生！下面我们请也在老恩玖工作过的庄爱玲女士进行追思。

庄爱玲：各位公益界的同仁，商老师的家属，大家好，我是庄爱玲，现在我在美国参加今天商老师的追思会。

上周惊闻商老师因病去世，心里非常非常悲痛，原来打算回国后就去北京探望商老师，没想到这一愿望成了永远的遗憾。

我一直在回想我跟商老师认识中间的很多片段。今天，我想分享三个片段。

我记得是 1999 年与商老师相识的。那时，我从他那里了解到刚刚创办不久的中国基金会与 NPO 信息网在开展公益行业支持的工作；当时我在爱德工作之余也在攻读社会学博士学位，并且计划以基金会发展作为博士学位论文的课题，但当时基金会基础材料非常匮乏，商老师就赠送了我他自己主编的一本《中国基金会指南》，这成了我研究课题非常重要的资料。

后来，商老师又邀请我以志愿者的身份参与了恩玖很多工作，包括首次的全国 NPO 能力建设研讨会的筹备工作，还邀请我这个年轻人在大会上做 NPO 能力建设的主题发言，并且在我回国后又邀请我参加了恩玖和麦克利兰基金会公信力培训预培训的中方培训师。这些都让我感受到商老师对于公益后辈的栽培和厚爱。

2003 年，我从哈佛毕业回国筹备“上海映绿”，并且征求商老师的意见，他不仅全力支持，而且给了很多建议。2004 年，映绿成功在上海登记注册，商老师欣然同意担任映绿的董事，并且在此期间给了很多建议，引航把舵，使得刚出生的映绿在比较短的时间内快速成长，为行业提供一些能力建设的支持。在这个部分，我又深刻地感受到商老师以行业为大的那种宽广胸怀。

2010 年，我又有幸受邀担任恩玖中心主任和基金会中心网总裁。在商老师的指导下和理事会的领导下，将商老师倡导推动将近 20 年的基金会行业透明与自律落地实施，促进基金会行业的健康发展。在这里我又看到并感受到商老师对公益行业发展的高瞻远瞩。

所以，我想说：如果没有商老师，中国公益行业就没有今天这样的发展；如果没有商老师，我本人也没有今天。听到商老师逝世的消息，心里真的难过极了。

如今，经过 40 年的发展，中国的公益行业已经有了很大的发展，但我知道商老师的心中还有一些未竟的公益事业。但我也相信我们已经有了更多的后来者可以继承。商老师，您的公益精神将永远激励我们不忘初心，砥砺前行；您对公益的厚爱，对我们后辈的支持，永远铭记在我们的心中，我们一定会努力前行，把公益进行到底。

我敬重的商老师，您安息吧。

杨团：谢谢庄爱玲女士。下一位发言者是来自四川海惠助贫服务中心的陈太勇先生。

陈太勇：尊敬的商老师家人，各位老师，各位同仁，商老师驾鹤西去，非常悲痛，在这里，我谨代表我个人和四川海惠助贫服务中心，向商老师的家人表示深切的哀悼之意。2019 年中秋节前我去看了商老师，他问我参与精准脱贫的情况，鼓励我继续努力，没想到就成了永别。

商老师对公益界的贡献建树良多，大家都列举了很多了。让我记忆犹新的是他以身作则，通过引进和推动诚信系列培训，推动中国公益行业自律诚信建设。正因为这个培训，我更系统地认识了公益和公益组织。虽然当时我已经参加公益 10 多年了，做小母牛项目，但是真正全面系统地认识公益和公益组织还是通过诚信系列培训，它从各个方面充实和完善了我的知识体系。我后来也被选为培训的培训师和推广者参与了相关的推广工作。我还在商老师的带动下，和一些公益同仁去美国华盛顿参加了“中国建设和谐社区论坛”，并在那里就国际 NGO 在中国做的工作发了言。

在学习过程当中，我经常得到商老师的指导，他帮助了我本人的成长和整个机构的发展。我现在以一首打油诗表达我的深切缅怀——

中国公益开拓者，良师益友商玉生。

当年诚信系列课，而今记忆依然新。

虽然腾云驾鹤去，必定难释东土情。

慈容笑貌永难忘，先生英明万古存。

商老师永远活在我的心里！

杨团：谢谢陈太勇先生。下面一位是基金会中心网的总裁程刚先生，请程刚先生进行追思。

程刚：尊敬的商老师家人，各位公益界同仁，我是程刚。近 10 年来，我一直工作在商老师创办的恩玖中心和基金会中心网，担任主任和总裁。可以说商老师是影响和改变了我人生的重要的一个人物。

基金会中心网是中国公益事业的一个传承点，也是商老师倡导的公益行业自律理念的一个传承点。在我不清晰的记忆当中，第一次见到商老师可能是 1997 年前后，也是在那个时候，我第一次听商老师讲到基金会中心网这么一个概念和名词，没有想到这改变了我后来的人生。在 2009 年（徐）永光找到我筹备基金会中心网以后，可能是命运使然，我最终在基金会中心网坚持下来，成为一名商老师理想的实践者，成为他的一个门徒。

商老师是我对基金会行业自律理念形成的一个启蒙者。基金会中心网从一个名词、一个概念，到成为我的一个社会实践、一个职业发展，在这个过程当中，商老师始终以他那特有的温和、儒雅、坚毅的大家之气在影响、教育着我，使我从一个技术工作人员，成为基金会中心网理念的追随者；在我迷茫的时候，基本上也是商老师在给我更多的支持和坚定的信念。

商老师也是我关注国际慈善、全球慈善发展的一个启蒙者。商老师把基金会中心网引入国内，使得我有机会近距离地了解美国的基金会中心和欧洲的基金会中心，以及其他的国际慈善组织，也有机会参与到更多的全球性慈善活动当中去。他也指引着我对基金会中心网的工作理念有了更坚定的认识。

刚才几位同行、同事先后也都讲到老恩玖跟新恩玖的传承。7 月 8 日，在基金会中心网成立 10 周年的当天，我还向商老师发了一封由衷的致敬信，没想到后来老人家去世了。

我们怀念商老师，也很痛心失去了商老师。商老师精神不死、泽被永远。

商老师安息！

杨团：谢谢程刚先生。下面我们请来自中国慈善资产管理论坛的刘文华先生做追思发言。

刘文华：大家好，我是刘文华，20 多年前在中国青基会与商老师相识。

综观商老师的一生，他一直致力于推动公益行业自律和行业联合，关注行业的未来。在今天的追思会上，来了公益行业许多一二线的“大佬精英”，我本人可能只能算是五六线“跑龙套”的，但是我斗胆提议——

各位是否可以考虑联合倡议发起筹建中国当代民间公益博物馆？这个博物馆，我想，它应该是一个开放的平台，以民间的、公民的视角来定标准，编目录，做案例，而每一个参与公益的组织和个人都可以是博物馆的建设者。

商老师说，阳光照不到的地方，我们去照。我想说，我们公益组织现在就像手电筒，把光明洒向千千万万的受助人，体察他们的需求，考虑他们的参与，记录他们的成长，但是公益组织自己的员工却往往是灯下黑，无人关注。有一个同事跟我是同一年即 1991 年进入中国青基会的，也干了一些大事，如希望工程附捐电话磁卡、希望工程纪念邮票、希望厨房等，干了将近 30 年；这个月他就要从中国青基会退休了，你在媒体和中国青基会大事记上可以搜到那几件事，但你根本看不到他的名字。

提议共建中国当代民间公益博物馆，对于广大公益从业者而言也许就是一缕阳光。人人都是自己的历史学家。公益行业最应该倡导公民写史，人人写史，而不是只有那些成功的“大佬”来说历史，或者只为那些“大佬”来唱赞歌。但我们认为“大佬”有责任带头，与那些跟着你们干了几年、十几年乃至几十年的公益从业者，一起来建这个博物馆，为公益行业的人人写史提供必要的资源和空间。当然了，不管有没有人带头，每一个公益人依然可以自己为博物馆添砖加瓦。

我们知道一个草根组织“工友之家”可以建起一个“打工博物馆”，公益行业难道不能建起自己的中国当代民间公益博物馆？

期待下一次我们再追思商老师，是在中国当代民间公益博物馆。

杨团：谢谢刘文华的建议。这个建议之前也已经有人提出，最近我们正在就这个事情进行讨论，会后我们还可以进一步讨论。好，从现在开始，以下还有十几位发言人，这些发言人我们是按照姓氏首字母排列的，从陈达文先生开始。

陈达文先生是香港公益界的元老，香港公益金的前总裁，现在仍然担任仁人家园（中国）的名誉理事长。陈达文先生已经80多岁了，这次得知我们要开商玉生先生的线上追思会，他一定要参与，而且要发言。现在我们就请陈达文先生来做追思发言。

陈达文：大家好。我是陈达文，来自香港。

我与商先生相识是在2000年初，那个时候他刚成立了恩玖信息咨询中心。我听了他介绍这个中心之后，去问他：为中心取这个名字有什么考虑？为什么用“恩玖”两个字，是不是英文NGO的音译，是不是当时非政府组织这个名词有些敏感？他点点头笑笑，跟着说：21世纪是信息的时代，所以恩玖是一个以信息交流为主的中心，而咨询是交流最有效的方法。

从他取恩玖信息咨询中心这个名字，就可以看到商先生的抱负和远见。

以后我也有很多机会跟商先生交谈，主要是谈国际公益事业的情况。我跟他说，国际公益有一个比较新的概念，就是发挥公益事业的影响力，这在一个机构制定它的策略的时候，是值得研讨的。商先生很赞同这个看法，他也提到，在吴作人国际美术基金会的工作，让他觉得发挥影响力这个概念在推动文化艺术发展方面特别有用。另外，他也提出建立公益行业的平台，培训自律人才和诚信工作者，都是有前瞻性的，而且符合实际的需求。

这十几年内地的公益事业全面发展，商先生的理念和探索是有巨大贡献的。我们钦佩商先生的智慧和远见，我们感谢商先生的先驱和倡导，我们永远怀念他的风范。

商先生，安息吧！

杨团：谢谢陈达文先生！下面我们请敦和基金会理事长陈越光先生进行追思。

陈越光：尊敬的商玉生先生家人，各位朋友，我们今天在这里追思商玉生先生，追思这位老师、老友、老同事、公益界的老伙伴，请他安息。

我和商老师的交往都是在会议上，都是在和许多人一起工作的场景中，所以，我看到的老商是群体中的老商。这就像在林子里看树，很容易每棵树都似曾相识，但是，商老师是林子里一棵特别的树，是整体中一个独特的个体。当得悉商老师因病离世后，我在纪念他的微信群里发过这样一段话——

“非常怀念商老师的微笑。大约在 10 年的时间里，我和老商总会在中国青基会的理事会上相遇，当时的青基会理事会常常争论激烈，老商往往是最后发言的几位之一，没有颠覆性的惊人之论，绝不会重复前面的发言，他总是不紧不慢，微笑着说出他独到的见解和建议。怀念老商的微笑，怀念他微笑里那种宁静致远的力量。”

为什么老商的微笑有力量？我们都知道，在中国做公益组织是不容易的，做公益行业的组织建设更是十分困难的。所以，我们的商老师不是“躲进小楼成一统”去自我完善的人，他要在社会的潮流中迎风走浪；他也不是振臂一呼从者如云战无不胜的人，他一路走来，屡经挫折，多有失败，但是他无怨无悔。他的特点就是不刻意逃避失败，不一味追求成功，更不一味迎合成功，他始终敢作敢为，又始终温文尔雅。他是温润如玉而又坚不可摧！

中国人有句老话，叫作“宁为玉碎，不为瓦全”。我想，我们在商老师身上可以对这句话有更全面的理解。也就是说，你要选择的是做玉，还是做瓦？至于你是“全”还是“碎”，那是上天的选择。而且，你如果选择了做一块玉，并不只是在生死成败的关键时刻经受考验，而是要在每时每刻检点自己；作为一块玉，要体现在日常的工作和操守中。所以商老师要倡导自律，要讲究作风，要培训方法。

商老师首先使自己成为一块玉，继而上天使他成为一块完璧。我们不可能也没有必要去复制他的人生，而他却可以作为我们人生的镜子，通过他让我们常常检点自己是在做玉，还是在做瓦。在这个意义上，商老师始终在这里；也是在这个意义上，他是不朽的。

这就是我的追念和思索。

杨团：谢谢陈越光先生很深刻的追念和思索。下面，我们请万科公益基金会秘书长陈一梅做追思。

陈一梅：谢谢会议主办方邀请我来参加今天的追思会。

商老师是我公益的引路人。在1997年我刚加入福特基金会的时候，连NGO是什么都不知道，是商老师当时的那一代人教会了我什么叫NGO，什么叫基金会。在之后很多重要的场合，培训、会议、交流，我也知道了很多关于第三部门发展的理念。

在2002年我准备报考哈佛肯尼迪学院的时候，有朋友问我，要去学什么，是不是只是为了镀金？我当时说，我其实就是感触于商老师这样一代在中国的公益实践中辛勤耕耘的人，非常希望能成为他们中的一员。我很荣幸在这条道路上走了这么久，这与商老师和他的同辈一直以来给我的鼓励和关怀分不开。

除了商老师对我个人的关怀，我特别想提到商老师他身上的那种开放的精神。刚才陈越光老师说到，商老师一方面温润如玉，另一方面坚不可摧，我有深深的体会。我觉得这个特质的来源就是他的开放的精神。

首先，在20世纪七八十年代中国刚刚改革开放的时候，社会发展的态势尚不明朗，我认为，在当时是要有相当的想象力，才能想象到我们这个社会应该是什么样，和应该怎样去建设的。

其次，我觉得商老师的开放性还表现在他自己和带领团队进行了海量的学习，不仅有中国的，也有国外的，不仅有高端的、政策的、研究的，也有实地的、草根的、个人的、机构的，等等。我目睹了他们一直在不断地学习。

再次，我认为商老师身上体现了非常明显的兼收并蓄。我们从无到有的社会组织发展过程，涉及政府各个部门，涉及在以史无前例的速度发展的经济，同时有大量的社会需求，同时有大量涌现的草根组织，同时又有汶川地震这样的灾难，同时又有整个全球非营利部门和慈善发展的这种趋势，在这样的情况下，只有像商老师这样有一种兼收并蓄精神的人，才能够看到大局，又知道如何从细处着手，比如诚信系列的培训，比如后来一系列的自律方面的努力，等等。

最后，商老师的开放精神还体现在合作共融。商老师在我认识他后的20多年的工作当中，不管是在一个什么样的角色，他创办了很多公益组织，他自己也在一些公益组织任职，他同时又是一些晚辈、一些年轻人的老师和精神导师，甚至像家人一样关怀他们，而他时刻都把合作共融放在他的视野当中，鼓励我们更多地相互合作、相互理解，把精神和实力拧在一起来推动一个事业的发展。

所以，我想在这里特别提到的就是商老师的这样一种开放的精神。他是用他个人的这样一种风范影响了我，影响了我们一代人。我非常感恩商老师对我们年轻人的提携。

我相信虽然现在是一个“乌卡时代”，可能20年后我们也不一定能看到一个像我们想象的那样更美好的社会，但是我们一定要按照这个想象去努力，至少我们会无愧于商老师和这一代公益先锋、公益先驱者的期待。

杨团：谢谢陈一梅女士。下面我们请中国青少年发展基金会前副理事长顾晓今女士进行追思。

顾晓今：尊敬的商老师的家人，大家好。我这几天在翻看商老师的一些照片，刚才在短片里面也看到很多商老师的照片，我发现，不管哪一张照片，商老师总是站在或者是坐在最边上和最不起眼的位置，哪怕会议是商老师主持的。

7月19日，我和杨团还有康晓光等，我们一起去商老师家吊唁，商先生的夫人萧老师说：“这几天看了大家写的悼念老商的文章，我真的没有想到，老商在你们大家眼里竟然是那么一个值得怀念和让人敬重的人，这是我没有想到的。”

的确，老商是一个普通的人，没有显赫的职位，也没有什么至理名言，但这样一个普普通通的老人，在他去世的时候，我看到很多很多的慈善公益界的朋友都在缅怀这位长者，相识的和不相识的，熟悉的和不熟悉的。大家不约而同地都在说“商老师是个好人”“商老师是个无私的人”“商老师是个令人特别敬重的人”。

我和老商相识比较早，是在20世纪90年代初，他在国家自然科学基金委员会任职，我在中国青基会工作。那个时候一批体制里面生出来的基金会刚刚登记注册，基金会的政策也不明朗、不明确，所以大家经常会聚在一起交流，谈谈各自碰到的问题，多数是政策的问题、注册登记的问题、机构管理的问题、筹资的问题，老商是核心人物之一，他总是能带来问题，而且贡献他的独到见解。

后来老商创办和领导的恩玖信息中心，常常举办各种研讨会、NPO培训和公信力系列培训，我是参与者，也是培训的首批学员。

2002年，我记得老商找我商量说，恩玖中心要开展中国NPO的机构自我评估项目，问中国青基会能不能作为首批试验评估工具的机构来先行开展。这当然是好事。所以那时候我们又有了和商老师和恩玖中心一起合作的机会。

再后来，恩玖信息中心和几家基金会联合发起自律行动，发起成立基金会中心网，我也参与其中，所以和商老师的接触还是很多的。

很多时候我们并不能够一一说出别家机构、别家基金会的工作领域，包括工作的内容，但是老商和恩玖中心做了什么，带来了什么变化，我们很多人都能说得清楚。这是为什么？我觉得有几点特别重要。

第一个是确定机构方向，有眼光，有责任担当。老商创办的恩玖中心是个非常小的民间机构，先工商注册，后来民非注册，这也是现在很多机构都在走的道路。正是因为老商的阅历和他在体制里面工作多年的经验，让他看到正在兴起的基金会存在制度体制冲突、专业能力不足和信誉风险的问题。那时候中国青基会和像中国青基会这样的机构，都在集中精力把项目规模做大，往往对内控下力不足。而老商的观察，恰恰是非常冷静的和有远见的，他选择了民间公益的道路，选择了承担提高行业专业能力、自律和公信力的重任。这也就奠定了老商要在这方面下功夫，要有所作为。

第二个，就是怎么去找到恰当的方式，专注落地。恩玖中心是一个支持性组织，搭建平台，大家唱戏。这是老商定下的调子，也得到永光、道峰、杨团、仲辉这样一批慈善公益界同行的认可。大家在提高公信力、行业能力和政策倡导方面有共同的需求，有相互的信任，愿意支持恩玖中心以平台的方式做事情，也愿意联合做事情，更愿意长期合作，所以大家一拍即合，非常地纯粹。我在这个过程当中，经常被老商和大家的理想主义、责任担当和互为己师的情怀感动。

第三个，我看到的是，在困难面前老商的锲而不舍。我们常常说营造一个好的环境，需要政策的支持，需要和政府部门建立沟通对话的渠道。但是，这对没有政府背景的民间组织来说，是一个非常难的事情。在这方面，老商特别有韧性。凡是有政府召开的相关议题的座谈会，老商必去参加，并且都是充分做好准备，也必会就基金会和非营利组织遇到的困难做具体的陈述，提出建议。老商言辞得体，有理有据，有见解。以致后来，我记得政府部门会邀请恩玖中心来协调收集对基金会政策的意见。可见老商精诚所至的功力，也可以看到老商在困难面前的锲而不舍。

总之，我觉得商先生在慈善公益领域的贡献载入史册是毫无疑问的，但是我们更应该记住和学习的，是商先生的品格、情怀，以及他对慈善公益的执着和热爱。

让我们永远缅怀商玉生先生！

杨团：谢谢顾晓今女士。下面我们请深圳国际公益学院的黄浩明先生进行追思。

黄浩明：尊敬的商老师的家人，尊敬的公益慈善界的各位同人，大家好，我是黄浩明。今天怀着十分沉痛的心情来参加商老师的追思会。请允许我代表深圳国际公益学院的全体师生和以我个人的名义，对商老师的辞世表示沉痛的哀悼，并向商老师的家人表示慰问，愿你们节哀顺变。

我是在 1999 年通过朱传一老师认识商老师的，当时商老师给我的第一印象就是一个文雅的人。

我记得 2002 年，当时我在中国国际民间组织合作促进会（以下简称"中国民促会"）担任秘书长，中国民促会召开了一个中国民间组织发展专家会。我将这篇商老师具有战略意义的发言摘要，念给大家听听——

商老师说，在市场经济和社会转型变革时期，为了解决各种社会问题，NPO 组织应运而生，发展迅猛，但 NPO 同样也非一块净土。

商先生指出，当前中国 NPO 的发展主要面临着 4 个方面的威胁。第一，组织运作及行为的非规范性；第二，组织及个人的腐败和争名夺利行为；第三，由狭隘的小农意识而引发的恶性竞争；第四，违背 NPO 的非政治化原则。

商老师还说，政府机构的不断改革和重组造就了 NPO 的发展空间，同时政府也制定相应的法律法规来规范 NPO 的发展。他认为，与来自政府的强制性相比，NPO 的健康发展更需要 NPO 的自律，它包括 NPO 对自己成员的约束，NPO 行业自律和 NPO 的专业，NPO 的自律行为也可视为一种监督机制。商老师最后借鉴国外 NPO 在自律面的发展经验，提出了有关中国 NPO 自律守则条款的建议。

18 年过去了，但是商老师的发言依然就像在昨天发生的事。因为当时中国民促会是在 2002 年 7 月 16 日召开的专家座谈会，其他专家都讲的是组织的治理、组织的筹资、组织的运作等方面的内容，但是商老师讲的是公益行业的事。所以，我认为商老师对我的影响很大，也是商老师改变了我对公益慈善事业的认识。具体如下。

第一点，商老师的战略思维改变了中国民促会当时的发展战略。记得 2002 ~ 2017 年，连续 15 年中国民促会都开展了草根组织能力建设项目，应该说这 15 年当中，商老师每次讲课都特别受欢迎。商老师也成为中国民促会的国内顾问，帮助中国民促会开展业务转型，他为中国民促会的公益人才培养和能力建设起到积极的引领作用。

第二点，商老师的谦卑自律改变了我的人生观和我从事公益的价值观。非常有幸的是，在2001年，当时商老师委托中国民促会帮助翻译一本《美国慈善法指南》，作者是贝奇·布查特·阿德勒女士，她是美国的一个研究公益慈善法律的专家。当时商老师找我，并且请刘振前教授和我一起来审校。在编译这本书的过程当中，商老师特别地谦虚，每次都说你们民促会的员工们辛苦了；因为当时我们组织年轻人翻译了《美国慈善法指南》的附件的一部分，应该说是非常复杂，也是我们第一次做，但是商老师总鼓励我们说，你们能够做好。商老师的谦卑自律确实是改变了我对公益慈善事业的认识。

第三点，商老师的兼爱博学，改变了我们中国公益慈善界对国际慈善界的认识。到目前为止，我还保存着当时商老师主持的科学出版社1999年出版的《亚洲公益事业及其法规》这本书，此外《美国慈善法指南》2002年版由中国社会科学出版社出版。

第四点，商老师是行动为先的践行者。记得2001年当时中华慈善总会会长阎明复先生倡导要召开跨国公司与公益事业的行业研讨会。2001年9月4日，商老师与我们一起召开了新闻发布会，刚刚过去一周时间，大家知道的“9·11”事件发生了，会议筹备工作就中断了，因为当时我们是与美国联合之路一起举办的。很遗憾，2001年没有办成，2002年因为其他原因又没有办成，到2003年春天，大家知道我们经历了“非典”(SARS)，2003年上半年又没办成。但商老师总鼓励我说，我们不能够放弃，我们一定要办，一定要办成，所以我们在2003年11月9日，历经两年半时间的筹备，在北京终于成功地召开了跨国公司与公益事业研讨会。当时，商老师还专门发表了《中国NPO诚信发展报告》并做了专题发言，同时商老师还邀请了公益界的各位朋友联署发表了NPO诚信和自律的声明。可以讲，如果不是商老师的鼓励和鼎力支持，这样的盛会是无法完成的。

很多过去的人与事，今天因为时间关系没法说太多，但是商老师对于我个人来讲，有 4 个关键词在我脑海当中一直在萦绕，那就是：战略思维、谦卑自律、敬爱博学、行动为先。

我与商老师一起参加各种研讨会和各种活动，一起去台湾地区参加两岸公益界的交流和活动，一起接待朱传一的哥哥朱传榘先生等，他经常跟我讲，说公益事业是一个非常难做的事业，我们要有锲而不舍的精神往前走。

所以，最后也想用自己书写的挽联来寄托我对商老师的哀思——

上联：公益元老倡导自律流芳百世博爱千秋；下联：慈善功勋行业引领音容宛在正气长存。横批：商玉生先生千古。

商老师安息吧！

杨团：谢谢黄浩明先生。下面我们请中国人民大学公益创新研究院的负责人康晓光教授进行追思。

康晓光：今天，在这里，我本人，同时也代表冯利，与各位公益界同人一道追思、缅怀商老师，在此也向商老师的夫人、儿子和女儿致以深切的慰问。

关于商老师的品德和他对公益事业的贡献，刚才大家说了很多，我也深有同感。在这里，我只想说一点感受最深的东西。这感受最深的东西，就是商老师很少考虑自己的名和利，也很少考虑自己机构的名和利，他更多的关怀、努力、所思所想、所作所为都是围绕着我们这个公益部门的发展，围绕着公益事业的整体利益。

在我们这个领域的早期发展阶段，无论是部门的能力建设还是行业自律、行业联合，还有国际交流等方面，商老师都是当之无愧的开拓者和推动者，也做出了不可磨灭的贡献。在这些方面，商老师都是开风气之先，而且不但自己身体力行，还联合更多的人一起来做。这些努力对我国公益事业的发展具有基础性和长期性的积极影响。

商老师之所以能做到这一切，是因为他有长远的眼光，也有无私的胸怀，还有知其不可而为之的勇气。这一切归根结底，我觉得就是古往今来中国人都认同的一种价值观，这就是“天下为公”。“天下为公”的理念，恰恰是公益事业的真精神，是我们这个部门中最需要珍惜、最需要弘扬的东西，也是支撑我们这个部门团结起来一起向前的基石性的理念。公益部门需要这种“天下为公”的精神，需要这种对公共利益的关怀和担当。在这方面我觉得商老师做得非常好，他实实在在地践行了“天下为公”的理念，是我们每个人学习的榜样。商老师之所以值得我们怀念，不仅仅是因为他的谦和，也不仅仅是因为他做出的这些功业，而是他身上的这种“天下为公”的精神。

7 月 19 日，我和杨团、晓今、程刚、坛子，还有吕全斌、章萍、赵敏，我们一起到商老师家里去吊唁。我见到商老师的夫人，还有他的女儿吴宁。回家的路上，心中涌起一种欣慰的感觉。商老师有一个幸福的家庭，有一个美满的事业，身后还有这么多同人怀念他，此生足矣，可以安息了！

老商，祝你在另一个世界过得快乐。你就在那里等待着亲人，等待着我们这些同人吧！总有一天我们会再度重逢，我相信那一定是幸福的时刻！

杨团：谢谢康晓光先生。下面我们请北京地球村环境文化中心的创始人廖晓义女士来做追思发言。

廖晓义：尊敬的商先生的家人，尊敬的公益界的各位师友，大家好！我是廖晓义，在这里代表我所创办的三个公益机构，北京地球村环境教育中心、北京乐和社会工作服务中心、北京乐和公益基金会的全体同人，向商先生和他的家人表达我们的哀思！

关于商先生的功德，各位都谈了很多，对我也非常有启发，很感谢主办方能够给我这样一个机会，聆听、学习和表达。我想，商老师给大家留下的特别深的印象，是用生命影响生命来实现的。商老师给人最深的印象，大家都谈到，如沐春风，我和地球村的同人们也都领略过商老师的这样一种春风。我想他对于我们公益人的人格养成和行业发展都有非常重要的意义。

我对商老师印象最深的就是他那种中西合璧的风范，既有现代公益的亮色，又有传统文化的本色，他的仁爱、义勇、礼敬、智慧和诚信，仁义礼智信，和他的那样一种现代开放的大气内在地融为一体，真的是我们这个时代，尤其是我们这个时代公益人的楷模。

我注意到商先生的追思片前面谈到商先生在青少年时候“性格温润”，后面结束的时候又特别谈到他的“谦厚”。在我看来，这种温润谦厚与其说是性格，不如说是人格。我把对商老师的追思作为对自己的反思，以及如何像他那样去修己安人的深思。一个人可以有多种多样的性格，但是这种谦厚礼敬，这种严于律己、宽以待人，就应该是我们公益人应该具备的人格。你可以坚不可摧，你也可以温润如玉，你可以思想非常锐利，但是你又可以为人非常地温厚；这样一个奇迹般的组合不是一个传说，它就是商先生身上的存在，并且是能够留给我们公益人，尤其是留给我本人的一个最重要的遗产。他就像一面镜子，从中我自己和我的伙伴们可以获得强大的榜样的力量。

再一个，说到行业发展，刚才晓光谈得也是非常到位：这样一种“天下为公”的基本精神如何能够在我们的行业里发扬光大？我想我们这样的人，我从 1996 年创办北京地球村到现在，也是“奔七”的人了，在那个时候，在商老师那里我们曾经是“后浪”，但现在我们也被时间逼成了“前浪”，那么，我们如何来再进一步对我们后面的“后浪”尽更多的责任，能把商老师的人格、他对行业的战略思维这些遗产，不光我们自己能够传下来，而且能够传下去？

我想，不仅是各个机构要培养自己的接班人，是不是作为公益行业也可以考虑有机会让行业的年轻人有更多的交流，从而更多地互相激励？商老师的故事，能不能一直讲下去，在我们的二代、三代、四代中间一直能够讲下去？希望他的思想、他的精神连同他的微笑，作为中国公益行业的遗产，能够造福更多的人。

商老师，安息！

杨团： 谢谢廖晓义女士。下面我们请福特基金会（美国）北京代表处的牛彩霞女士来做追思发言。

牛彩霞： 尊敬的商先生家人，中国公益界同人，大家下午好。我是福特基金会北京代表处公共事务与传播官员牛彩霞，我代表我自己和福特基金会全体同事对商先生的去世表示沉痛哀悼，并向商先生的家人致以深切的问候。

商先生为中国公益慈善事业的发展做出了卓越贡献，为开拓和推动这个领域的发展鞠躬尽瘁。福特基金会非常荣幸能与商先生同行，助力商先生或创办或推动 NPO 信息网、恩玖中心、恩派和基金会中心网，开展人才培训，推动诚信和行业自律。商先生也因此与基金会结下了不解之缘，福特基金会也因此拥有了商先生这样的良师益友。

福特基金会前首席代表华安德和费约翰先生都发来唁电，深切缅怀这位中国公益领域的开拓者，他们对商老师所推动的公益孵化器、基金会中心网、恩玖中心、吴作人国际美术基金会记忆犹新。华安德先生 2008 年离任时，商先生送他的吴作人先生所书的《友谊之华》的书法作品至今还挂在华先生澳大利亚的书房里。这一次他特地把照片发给我。

我早期在基金会的时候并不负责公益慈善方面的工作，但是也有幸多次在办公室见到商先生，聆听他在 NGO 发展、人才培训等方面的远见卓识。后来还有机会在一些行业会议上与他谋面，他的谦逊、和蔼、包容和对理想的执着追求，给我和同事们留下了深刻的印象。

庆幸的是，商先生为之奋斗的事业如今已经后继有人，愿商先生的精神得以发扬光大，愿商先生九泉安息！

杨团： 谢谢牛彩霞女士，她实际上代表的不是她个人，而是福特基金会驻华的几届总代表。下面我们请社区参与行动服务中心的宋庆华女士做追思发言。

宋庆华： 尊敬的商老师家人，尊敬的公益行业的朋友们，下午好。我叫宋庆华，我来自社区参与行动服务中心，我想在这里作为一个公益界的最普通的人来参加对于商老师的追思。

我是 1997 年在廖晓义女士的邀请下进入这个行业的。其实这个行业我以前是完全不知道的，当然，在和廖晓义的共事当中，在她带领我认识了这些公益前辈以后，我开始对公益界有了一些初步的认识。我今天在这里特别想代表我的组织和我个人表达对商老师的感激。

首先，我想说，在 2002 年，就是在商老师带领的恩玖中心组织的公信力培训上，我应商老师的邀请参加了公信力培训一开始的培训师培训，以及后来的整个系列培训。在培训过程当中，我真正地对公益慈善有了更深刻的理解，同时也对我个人的发展奠定了特别重要的基础。在这一点上，特别地感谢商老。

其次感谢的是商老对我们机构的支持。2002 年我们创办了社区参与行动服务中心，我们的第一届理事会，我邀请了商老作为理事会的理事长，加入我们机构的发展战略的思考。我开始没有想到商老，这个领域里面这么德高望重的一个前辈，他能够接受我的邀请，来参加我们理事会的工作，并担任理事长，但是他欣然地就答应了，而且在整个担任理事长期间，对机构的发展战略做了特别细致的引导，以及对我们组织的方向给了很好的建议，也奠定了我们机构在社区参与式发展行业里面的一个特别重要的方向，就是我们坚持做技术支持型的机构，朝着技术支持型的机构发展。一直到现在，我们机构其实还是秉承商老师的方向一直在继续前行。

时间关系，我就表达这两点我个人和我们机构对于商老师的感激。今天商老师离开了，我个人其实还特别怀念可能 10 年前，也许更早一点公益界的氛围，当时在商老师和各位前辈的引领下，公益界经常一起开会，组织大家学习思考，并对于公益做一些指导性的工作。但是，我真的觉得这些年越来越弱，我们好像都在自己做自己的事儿，找不到更多的联系和热情。

今天商老离开了我们，在我们对他追思的过程当中，我突然又感到，我们这个行业大家在一起追思商老师的过程当中又聚到一起，我想这可能是商老师给我们留下的礼物。我们公益需要可持续，需要大家共同努力，所以，我特别希望在商老师的追思会以后，我们是不是能够召开一个别的会，能把我们公益界的人再聚集起来，再让大家一起分享更多的前辈留下来的思想，以及大家的努力所带来的一些成效。我虽然在这个里头，不是后辈，也是一个很老的“老人”了，但是我真的是一个很普通的公益人，我也代表普通的公益人谈一谈我的请求，我的发言结束了。

最后，我想对亲爱的商老师说，我们永远爱您！

杨团：谢谢宋庆华女士。关于追思会以后，公益界应该如何用行动来纪念商老师，我们已经有了一些安排，在会后会和大家一起商量。下面我们请中国国际民间组织合作促进会的王香奕进行追思。

王香奕：尊敬的商老师的家人，尊敬的公益慈善界的各位前辈，大家好，我是中国民促会的王香奕，是现任的秘书长，今天怀着十分沉痛的心情，悼念商老师。

商老师是民促会顾问，刚才我的前辈、民促会的名誉理事长黄浩明先生，在发言中也提到，18 年前商老师参加民促会专家会上的发言，也给了民促会战略上的一个指导，这个指导我们一直延续至今，就是民促会从 2003 年开始做 NGO 能力建设，现在我们还在做，也会一直做下去。非常感谢商老师给民促会这种战略上的指导，我们非常感恩有商老师这样杰出的一位顾问，当然今天我们非常遗憾我们失去了这样一位杰出的顾问。

商老师几十年如一日推动公益行业的自律和能力建设，令几代公益人高山仰止。刚才各位前辈的发言，也都让我深深地感受到商老师为公益界做出的杰出贡献。虽然我没有机会当面聆听商老师的教诲，但是，从各位前辈的讲述中，我能了解到商老师对公益事业的卓越贡献，和他对公益的情怀和大爱。

我看到过商老师接受采访的一篇文章，他提到公益行业的人才建设、人才培养；采访人问到从事公益事业会不会后悔的问题，商老师的回答是“从事公益事业是光荣的，公益行业是朝阳产业”。我非常幸运，研究生毕业就进入了公益行业工作，我想说，民促会的使命也是推动公益行业的能力建设，商老师没有完成的公益理想，将由我们这些后来者一代一代地去完成。

刚才廖晓义老师在发言中也提到，希望商老师的故事能够一直讲下去，能够让商老师的精神一直传承下去，让更多的公益人从中受益。我也非常地有同感，也非常希望商老师的故事能够延续下去。另外，宋庆华老师刚才也提到，希望除了今天的追思会，我们还有更多的机会，让我们这些晚辈能够有机会聆听前辈的教诲，能够学习前辈身上的精神，让我们能够把工作做得更好。

最后我想说，商老师，您安息吧，愿您在天堂一切都好！

杨团：谢谢王香奕女士。下面，我们请中国扶贫基金会的执行副理事长王行最做追思发言。

王行最：尊敬的商老师的家人，尊敬的公益界的各位师友，大家好。首先我谨代表我个人和中国扶贫基金会，向商玉生老师的家人致以最诚挚的慰问。

我最后一次见到商老师是在 2019 年 9 月。实际上，我们不是面对面地见到，而是通过视频。当时我正好是在非洲出差，会坛跟我联系说商老师身体不适，我们大家以视频的方式向商老师进行问候；我听到这个消息以后，马上就在考察项目的路上找了一个地方坐下来录。后来，会坛还把商老师看到我们问候以后的视频回发给我们，他当时指着我说，这个人是何道峰那里的秘书长。尽管我们近几年见面很少，他可能都记不起我的名字了，但是能看见他、能听到他的声音，我觉得非常地亲切。

跟商老师我接触得比较多的应该是在我刚跨入公益界不久的那段时间，也就是 2001 ~ 2009 年这段时间，因为 NPO 自律行动和 NGO 行业建设、能力建设等跟他有许多的接触，也聆听了他的教诲，从他身上学习了非常多的东西。商老师给我留下两个最深刻的印象。

第一个是他的谦逊的为人。从年龄上来说，他是我的父辈，从公益行业来说，他是我的前辈，他是元老，但是他从来不以元老和前辈自居，也从不高高在上，给我们教诲，给我们教导，而总是非常地谦和，非常地亲切，有什么事情总是娓娓道来，让人觉得这位长者、这位前辈非常地亲切，观点很容易让我们接受。

第二个是他的好学。他总是怀着一颗虚空的心和一颗少年的心。尽管他当时年龄已经60多岁了，但还是怀有一颗少年的心，对新生事物充满好奇。他在引入美国那套NGO能力评估体系的时候，已经到退休的年龄，对大多数人来说60多岁是安享晚年的时候，但对商老师来说这是他的第二次生命的开始。我知道的就包括引入了倍能的、OCA的、麦克利兰的等许许多多西方的一些比较好的NGO能力评估和建设体系。

当时他给我打电话说想把中国扶贫基金会做一个试点，来进行能力评估，问我说行不行。我说当然欢迎，我们求之不得。我以为他联系完了以后，具体的事情就交给崔玉他们来做就完了，没想到他亲自带队，然后亲自讲解，一张张的纸画得满满当当，把我们机构的各个方面的能力短板缺陷一一地列举，包括在品牌建设、项目管理、传播、财务管理等方面存在的不足，一一给我们道来，并且提出了未来我们需要努力和改进的建议。我觉得对我们来说真的受益匪浅，我们作为年轻人也不见得有这么大的精神劲头去引入和学习那么多新东西，是商老师给我们带来了新鲜的营养和血液。

商老师身上的这种谦逊和好学的品质，永远值得我们学习。商老师千古，商老师安息！

杨团：谢谢王行最先生。下面我们请北京惠泽人公益发展中心、北京博能志愿公益基金会的代表翟雁女士做追思发言。

翟雁：尊敬的商老师的家人们，还有我们公益界的各位老师以及伙伴们，大家好。今天我代表惠泽人和博能志愿公益基金会的同人表达对商老师的哀思。

我想谈和商老师交集当中给我印象最深的三个片段。

第一个是我与商老师的生命交集。我与商老师的生命交集时间点是2000年前后，是NPO信息网成立不久，当时我在红枫妇女热线任主任助理，去参加一个NGO调研会，讨论有关行业自律的内容。会议是在西城区北海后门街道边的一个不大的房间里召开，当时好像是崔玉主持，我一直没有注意到坐在一边的商老师，直到他提出几个与行业有关的问题，他声音温和而缓慢，却是坚定而有力，他自身所散发的浸润的力量，是渗透到心里的。那是我第一次参与本土公益支持性机构的活动，第一次感受到娘家人的亲切和支撑。因为在此之前，我们主要是受到来自国际和海外的支持与帮助。

第二个是诚信之道。2003年我有幸参与恩玖中心组织的NGO诚信系列培训，包括4期课程及其师资培训，并成为该课程的培训师。在每次培训班上，都能看到商老师站在一边，用慈爱和欣赏的目光，关注着我们每个学员。有时候，我们小组讨论得过于激烈而争吵不休时，他就会走过来，轻声地问询和指导，我们才意识到已经影响到周边的学员。记得当时针对诚信Accountability（公信力）这个词进行讨论时，我们对几个国际NGO丑闻案例进行分析，层层剥茧一点一点去理解诚信的内核，这在我的生命中印刻下深深的烙印，并成为我公益生涯的信念，受用至今。正是这样的影响，我创办的惠泽人志愿者服务中心，演化成为志愿大学，用赋能的方式去支持和倡导更多的志愿精神。

我记得的第三件小事儿，我把它称为“执子之手”。后来我与恩玖中心常来常往，让我对民间公益行业有了越来越深入的了解和学习，与商老师也经常会面。记不清楚是哪年哪次活动了，当时参会人员我大多并不认识，就一个人站在边上有些无聊，这时商老师微笑着走过来，紧紧握住我的手，把我拉到一些人中，介绍我与他们认识与交流。商老师那个温暖而有力的握手和牵引，让我这位当时孤独的公益创业者倍感激励。

我一直在想，商老师留给我们的遗产是什么。正如晓光老师所言，

“天下为公”的公益精神。中国第三部门需要公益精神的榜样，而商老师用他的生命为我们树立了这样的人格榜样，成为我们继承传递和发扬光大的公益精神内核。

最后，请允许我用《牵手》这首歌词来纪念我们亲爱的商老师——

“因为爱着你的爱，因为梦着你的梦，所以悲伤着你的悲伤，幸福着你的幸福；因为路过你的路，因为苦过你的苦，所以快乐着你的快乐，追逐着你的追逐。没有风雨躲得过，没有坎坷不必走，所以安心地牵你的手，不去想该不该回头……”

亲爱的商老师，您安息吧，您不朽的公益精神永远激励着我们奋勇向前！

杨团：谢谢翟雁女士。现在我们要播放一个来自台湾政治大学的江明修教授专门录制的追思音频，请大家看屏幕。

江明修：尊敬的商先生的夫人与家人，各位大陆公益界的先进、好友、同道，大家好！我是江明修，来自台湾政治大学社会科学学院。今天感谢主办方邀请，有此机会得以在线悼念和追思我们共同的前辈——商玉生先生，明修无法在线与各位同步追思，特别以提前预录方式，请主办方协助播放，敬请大家见谅！

20 世纪 90 年代，随着台湾地区社会力量的释放，各类 NPO、基金会开始百花齐放。我当时从美国博士毕业，回到台湾地区，就在政大开设了“非营利组织管理”课程，以及进行“非营利组织领导行为”研究，开始了推动第三部门相关的研究与实务工作。1990 年成立的台湾地区喜马拉雅基金会，正是这个时期台湾地区基金会的翘楚。它是海峡两岸的沟通平台和交流桥梁，支持了许多早期跟大陆公益界、学术界的合作，可谓“基金会中的基金会”。我参与喜马拉雅基金会的咨询顾问工作，得以经常陪同造访大陆，进行学术参访和实务见学工作，也因此结识了很多大陆公益界和学界先驱人士，不乏今天在线的诸多先进好友，其中最令人感动的正是商玉生先生。

跟商先生多次于学术研讨会中匆匆交谈，未能深谈，唯有一次在北大开会，虽迄今已 20 余年，仍然让我印象深刻。那次开会，大家畅谈到深夜，夜宿芍园宾馆，刚睡下没多久，第二天一大早，突然有人敲门。开门一看，竟然是西装笔挺的商先生来访。相形之下，我仍身穿睡衣，相当尴尬，商先生说早点面谈，可以畅所欲言。我们从大陆第三部门发展的议题，谈到两岸第三部门之间如何加强研究交流，如何通过办理研讨会、合作研究及教学等来共同成长等。这场清晨的惊喜之约，商先生以真诚相待，期许甚深。商先生，如此具有声望的先进学者，基于理想的追求，以最大的热忱，积极、用心于公益事业，让我非常钦佩和敬重。

此后，在我担任政大第三部门研究中心主任时，即邀请商先生和崔玉，以及先进学者，来到台湾地区，参加政大第三部门研究中心举办的学术研讨会。在台北重要地标，政大后山的猫空山上，商先生无比感慨，也欢天喜地，他说没有想到自己会在有生之年踏上台湾地区这块宝岛的土地。我非常幸运，得以在 90 年代就与商先生建立跨越两岸的情谊，也很庆幸地看到，大陆公益界近些年来日新月异的变化。

商先生的谈吐仪表高雅，颇有古人之风，在明修心目中，他是当之无愧的公益先行者、启蒙家。启蒙家固然孤独，却更为坚韧，他的尊贵灵魂与典范精神，将永垂不朽，成为公益发展历史的北斗星光，指引和照耀后人继续探索前行。

以上是我的发言。谢谢大家！愿商先生安息！

杨团：谢谢江明修先生。下面，我们进行追思会的第五项，由家属代表致辞。我们请商玉生先生的女儿、吴作人国际美术基金会的秘书长吴宁女士致辞。

吴宁：杨团老师、各位老师、各位同仁，大家下午好！刚刚听了这么多的回忆，这么多深情的表达，我想首先要表达的就是：感动和感谢！在我父亲病危和去世以来，有这么多人关心他，慰问他，怀念他，今天的追思会有这么多他生前的同事、老友故交来参加，真的是情深义重，令人动容！在此我代表我母亲、我哥哥和我们全家，向今天参加追思会的各位，表示由衷的感谢！

在我们的家中，父亲是慈祥而谦虚的。他在公益界做了这么多的事业，并且得到大家的尊敬和怀念，我们心里其实还是有一点点意外的。

这种意外并不是因为他的公益情怀——这一点在我们家族中历来有这个传统，几代人都是如此，而且准备把这样的公益精神再在下面的几代人中继续。我们感到意外的有两点。

第一，我们没有想到他在社会上做了这么多的工作，或者说我们完全没有感觉到。因为家里的事情他一样都没有少做过，而且他还要操持吴作人基金会，准备很多大型的画展，工作量很大，他每次都是亲力亲为。他从来没有因为外面的工作而减少对家人的关心和对家里事情的关注。这次通过大家的回忆，我们才知道他在外面做了那么多的工作，可以说超负荷，他的身体可能就是被这种过度的劳累而压垮的。

第二点意外，是从我个人的角度来说的。我进入吴作人基金会快20年了，我知道他在公益方面做了很多工作，但我会把他的工作跟做吴作人基金会放在一起想，视为理所当然，因为都是在做公益、做基金会。我们在做吴作人基金会的时候，主要是从专业性、示范性这个角度上着手的，所以我们的注意力都在艺术的专业性上，而把基金会看作为专业性提供的一个平台。那么现在我们都理解到，之所以能够来做艺术的专业性，实际上是因为我父亲已经做了这么长久的准备和这么仔细的研究，从结构、思路和方法上为我们奠定了基础，才使得我们有机会来做专业，这使我对他的工作有了更深的理解。

当然在公益事业上，我和他是同行者。我也很高兴，看到有如此多的同事跟我们一样，在继续着他所心之向往的事业。父亲的追思会也使得我有机会认识许多公益界的同行，今后我们还要继续多多交流。我想接下来我们能做的事情，就是要把我们自己的事情做好，只有如此，才是对父亲最好的怀念。

我父亲临终之前表示什么都不要，这体现了一个公益人的畅达与通透。他不要葬礼，不要墓碑，不要建立以他个人名义的基金（会），虽然我和我的哥哥都愿意，在有可能的情况之下，帮他建立一个纪念基金，而这样的纪念基金并不是用来彰扬他的功绩，而是要让后人在继续公益事业的时候，总能感觉到其来有自。

今天我们特地把电脑放在我父亲的灵前，把声音放出来给他听。所以我们大家刚才所说的一切，我父亲都已经听到，相信他在天上会很欣慰！

最后再一次感谢大家！谢谢！

杨团：谢谢吴宁女士，特别感谢你把电脑放在他的灵前，让他聆听，让他在天上也能够得到安息、安慰。

我们的追思会进行到最后一个阶段了，我给这次追思会做一个简单的小结。

今天，我们中国公益界老中青三代人，在线上隆重地召开追思会，悼念商玉生先生。这不仅因为他是中国公益先驱、公益元老，不仅因为他笃行大道、天下为公，首倡诚信、自律、透明、公信力是中国公益行业立身之本，并将这个战略思想付诸实践、长期坚守，还因为他的人格，我们几乎所有的发言人都谈到，他在提携后辈、携手同济的过程中，让所有的同行者都感到如沐春风。大家说，他温润如玉、坚不可摧，他迎风走浪、无怨无悔，他谦厚包容、兼收并蓄、宁静致远，他是困难时候温暖我们的一股暖流，是激励我们不断前行的动力。

追思商先生，我们更想到的是中国近代以来一代又一代的知识分子为国家兴盛、人民权益不畏艰险，不计得失，呕心沥血，鞠躬尽瘁，死而后已，立德立功立言。商先生就是这样一位杰出的代表。

阳光照不到的地方，我们去照。这是商先生的名言，现在成了他的遗言。愿我们所有的人都以商先生为镜，检点自己，激励自己，继承商先生的遗志，为传承中国公益精神，为中国公益行业的持续开拓而奋力前行。

商玉生先生，安息吧！

我们的追思会到此结束，谢谢所有的参与者、所有的来宾，同时也希望吴宁女士向你的母亲特别致敬，谢谢！

商玉生先生追思会外的致哀

王振耀（北京师范大学中国公益研究院）：首先，请允许我代表北京师范大学中国公益研究院向商玉生先生的不幸逝世致哀。

其实从我内心来说，我特别要表达的是，向商先生致敬。我非常难忘，在15年前，当我们开始筹备中华慈善大会的时候，我有幸拜访并且深度向商先生学习；我从他那里学到很多现代慈善的知识，特别是从他那里得到很多很多的启发。

我最大的启发，其实商先生像一个智者，也就是说他不仅仅是长者，我印象非常深刻的是他有很多智慧，他在静悄悄地推动着很多社会建设领域的改革。我当时印象很深的是，要召开中华慈善大会，如何邀请全国乃至世界方方面面做慈善的人来参与，让大家能够在国家层面上来合作，他出了非常多的好主意。

大家都知道他自己建的社会组织，他发现简单地说个NGO，可能大家不好理解，他就把名字改改，例如改成“恩玖”，他说大家不愿意接受或者一时不理解的时候，不要着急，想一想能够用什么样的方式、什么样的语言让大家接受，他就不断地来设计；召开中华慈善大会也是一样，有很多障碍，但商先生总是不急，而是非常坦然地给大家提出很多很多好的细节性的建议，让会议能够取得圆满成功。

我记得在召开中华慈善大会的时候，也包括后来在发展慈善事业的很多政策性的调整过程中，商先生都会很平和、细腻地告诉我们，哪个环节如何来做可能更好，哪个领域、哪些体制性的建设可能更为有效，等等。所以，我一直说，商先生其实像我的老师一样不断地对我，也包括我所供职的当时是民政部救灾救济司，给了非常大的支持。我再一次在这里表达向商先生的致敬。

冯燕（台湾大学社会工作学系）：我在 2001 年暑假接到来自北京恩玖中心的邀请，去参加创办人商玉生先生想为中国 NGO 部门发展，擘画全国人才培训蓝图的会议，分享我在台湾地区社工社福界的专业培训经验。对我而言，那次行程最值得纪念的，是认识了胸怀大志却低调随和的商老，和他在恩玖的好搭档崔玉，展开了后来我们长久的友谊与培训合作。我认为商老的高瞻远瞩、勇于尝试、欣赏人才、提掖后进等诸多特质，以及总是与人为善的好性情，直接间接建构起今日被公认为是中国社会良心的这个公益部门的脉络，对整个社会的正向发展功不可没。如今斯人远去……此时除了怀念商老，我们更要努力向前、莫忘初衷，让善的循环发挥更大的社会影响力。

【附录5】更多对商玉生先生的（文字）纪念*

沉痛悼念商玉生老师！敬其谦谦君子德，仰止灼灼睿智光。（马伊里）

最后一次见商老师是2019年9月到他的家里探望。回忆起他发起筹备基金会联合会、创办NPO中心等往事，他只说了一句："那时候，我们做公益都是想着做行业整体的事情；不仅是行业的视角，甚至是国家的和民族的视角，是为国家在做事情"。缅怀商老师这位老知识分子和公益先驱的家国情怀，愿商老师安息！（甘东宇）

商老是中国基金会与非营利部门发展的重要开拓者，对公益行业的发展居功至伟。沉痛悼念商老！（邓国胜）

与商老交集不多，但一直把商老作为学习楷模，他不仅在公益慈善领域有很深的理论造诣，在基金会生态建设中不断创新，而且在推动民间非营利部门发展方面做出了杰出贡献！在我的心目中，商老是一位大写的人！商老永远活在我们公益人的心中！（缪力）

商老师非常令人敬佩。他是典型的文人，谦和谨慎，慈祥可亲；但他老人家比传统的文人又多了很多创业的胆识和勇气，骨子里有一种韧劲。如今他老人家走了，我们后人怀念他这位令人尊敬的公益元老和拓荒者，就让他的精神点亮我们前行的道路，让我们也有勇气沿着前辈们开辟的公

* 本文是2020年7月15日~8月1日，各界师友陆续发来的悼念商玉生先生的信息汇总，由爱德基金会传一慈善文化基金整理。

益之路，坚持不懈地走下去。我想这是我们对他老人家最深切的缅怀！（裴彬）

商老是公益元老，是推动中国非营利部门发展的核心人物，他们那一代敢想敢试，为中国公益的发展积极调研，推动行业改革、行业联合、行业自律，新一代公益人要多学习他们的研究成果，不走弯路，把他们那一代的心胸气魄眼界装在自己的思考里。商老师一路走好，盼公益行业改革发展后继有人！（张媛）

我大概是2000年之后见到和认识商老师，之后陆陆续续和商老师有着越来越多的接触与交流和学习，从他身上深深感受到老一辈公益人的精神风采。感恩他对中国公益事业和爱德事业发展的关心、鼓励和支持。斯人已逝，但他和其他老一辈公益人对中国公益事业发展不懈探索追求的精神值得我们学习和传承！愿商老师安息！（凌春香）

商老师走了，恩玖时代的音容笑貌还历历在目，谆谆教导言犹在耳……泪水不觉涌出来——但这不是老人家想要看到的，让我们用坚持代替悲伤！（李劲）

公益行业的每一次创新都有商老的身影，从透明、自律到互联网、信息化，再到市场化和社会企业。手机中还留着商老"2020新年大吉"的微信，每当遇到困难的时候，想想商老的作为和指点，就被这份"纯粹"的力量所鼓舞，再奋力前行，为一个美好的社会而努力。（陶泽）

没有赶上商老师开创行业的时代，却承接着建设行业的重担！我们当一代一代不断地传承，在逼仄的空间里创造想象中的未来。愿商老安息！（吕全斌）

商玉生先生生于战乱年代，长于松花江畔，风华之年求学北大，而政治运动又开始，一代学人的青春转眼散作烟尘。在极端年代，商玉生先生不激不随，不告密、不害人，以疏离抵抗反智，对建立一个良序社会念兹在兹。改革开放之后，商玉生先生将澎湃的生命化作春雨，倾尽一生在焦土之上培育森林，他播撒的种子、筑下的根基便是民间公益。商玉生先生坚信，民间公益可以参与塑造一个更好的中国。30 年前，他对同仁说：“阳光照不到的地方，我们去照。”一事之行，即一世之道。中国民间公益最初无立锥之地，是商玉生先生等老一代公益人付出无量心血，承受无数风险、压力、困顿甚至是永远的痛，方有今日之跃迁。明天，我们将沿着先生的路继续远行。（章伟升）

下　辑

商玉生先生生平与自述

斯人已逝，德馨长存。此辑收录了爱德基金会传一慈善文化基金根据资料整理的《商玉生先生生平》、原载于《中国发展简报》的《为公益发展鼓与呼——商玉生先生口述史》，以及《社会创业家》杂志 2010 年第 7 期封面专题《透明主帅之商玉生》作为附录，希望能够在上辑“听其言”、中辑“观其行”的基础上，相对完整地对商玉生先生的生平、事业、追求与信念再做一个综合性介绍，帮助读者进一步“得见其人”。

商玉生先生的遗孀萧慧女士用心审校了《商玉生先生生平》一文，在此再次向她表达诚挚感谢；同时，感谢《中国发展简报》、《社会创业家》和《中国慈善家》授权本纪念文集收录它们原创的相关稿件；此外，也感谢《中国发展简报》前记者郭婷、《社会创业家》前记者周丹薇，他们分别是《为公益发展鼓与呼——商玉生先生口述史》《透明主帅之商玉生》两篇文章的作者；最后，长青图书馆工作人员任梦洁女士、李秋池先生为本辑内容提供了两篇附录的原载刊物，在此也再次感谢。

商玉生先生生平*

1939 年 9 月 24 日，生于辽宁省锦西市（现名“葫芦岛市”）。

1946 ~ 1952 年，就读于黑龙江省哈尔滨市正阳小学。

1952 ~ 1958 年，就读于黑龙江省哈尔滨市第八中学、第十二中学。

1958 年，响应党中央“向科学进军”“科技报国”等号召，作为优秀学生，被保送北京大学物理系就学。

1964 ~ 1986 年，北京大学物理系毕业后，分配到中国科学院物理研究所，先后作为高压物理研究室实习研究员、助理研究员、副研究员，主要从事高压物理和高压下新材料合成研究及高压下光谱研究。其间 1973 年下放到中科院河南确山五七干校劳动一年。

1986 年，作为我国科学基金制创立和发展的见证人，成为国家自然科学基金委员会成立时的第一批工作人员，先后担任基金委办公室调研处处长、政策局宣传调研处处长，负责调研、宣传和政策研究工作。

1988 年，作为发起人之一，推动成立中国科学基金研究会；中国科学基金研究会是商玉生先生最早搭建的基金会联合平台。

参与筹建吴作人国际美术基金会，并于 1989 年基金会成立时出任副秘书长，后任秘书长、名誉理事长。吴作人国际美术基金会是中国最早、影响力最广泛的艺术基金会。

1990 年 8 月，参加在承德召开的中国第一次民间基金会经验交流与研

* 商玉生先生生平由爱德基金会传一慈善文化基金整理，经商玉生先生遗孀萧慧女士校订。

讨会，并在发言中引用日本同行的话“阳光照不到的地方，我们去照”，向中国同行介绍第三部门的功能和定位。

1992 年，中国科学基金研究会经科技部批准注册成为一级学会后，先后担任其专职副秘书长、秘书长，为中国科学基金研究会工作的开展，为推动我国科学基金事业的发展，特别是促进地方和行业科学基金的蓬勃发展，做出了重要贡献。

1993 年，以中国科学基金研究会秘书长、吴作人国际美术基金会秘书长身份，参加在北京香山召开的第二次中国民间基金会会议。

1994 年，与杨团、徐永光等人联合 10 多家民间基金会，共同成立中华基金会联合会（筹），希望推动中国公益行业的联合发展。

1995 年，参加中国基金会访美代表团，赴美交流学习；回国后，主持编写《美国基金会研究》，介绍美国第三部门的基本情况。

1996 年，主持编写国内第一本《中国基金会指南》。

1998 年，带领中国科学基金研究会牵头召开持续 4 天的民间基金会管理报告会，报告会一共包括 4 个专题，分别是“基金会、非营利机构与法律”“基金会如何筹集基金”“基金的保值与增值”“面向 21 世纪的基金会”。同年底，与徐永光等人共同发起中国基金会与非营利组织信息网（简称“NPO 信息网”），致力于推动基金会与非营利组织间的信息交流和行业公信力建设。

2000 年，担任 NPO 信息网董事长。同年 10 月，时任中华慈善总会会长阎明复带团访美，临行前，他请商玉生先生写下需要重点解决的问题；带着商玉生先生列出的 18 个问题，考察团考察了 20 多家美国基金会，访问了众多美国非营利行业专家。

2001 年，推动 NPO 信息网工商注册成立“北京恩玖信息咨询中心”（简称“恩玖中心”），担任创始理事长。推动中外专家合作，将美国麦克利兰基金会诚信培训课程本土化，形成“公信力系列培训”教材，内容涉及公信力、筹资、领导力、治理四大部分，并开启了持续几年的行业诚信系列培训，累计培训1000多人。徐永光评价说："大家公认，中国非营利部门的培训源头是恩玖，时间最早、水平最高。"同年年末，组织召开中国首届NPO自律论坛，提出"中国NPO自律的九条守则"，将"自律"这一概念在公益界做了推广。

回忆恩玖中心的成立，商玉生先生说："从成立开始，我们就把自己定位为一个支持型组织，而不是操作型组织，面向NGO，面向NGO和政府的关系，面向整个NGO的发展环境。那时候，恩玖中心有一个精英组成的理事会团队，如阎明复、朱传一、杨团、徐永光、何道峰、李小云、康晓光，都是比较活跃的操作和理论都很强的专家。这是我们的核心力量，大家不断地研究、分析中国NGO发展中的问题，当然，我们也很注意机构是为大家服务的，不是说去指导谁。注册之后的几年，我们做了非常多的NPO支持性工作，也得到广泛认可。"

2002年，带领恩玖中心组织召开"中国NPO诚信国际研讨会"，包括国际非营利组织领导人和研究人员在内的与会者就NPO诚信的国际经验、理念、标准、认定及实施等进行了讨论和交流。

2003年，起草《中国非营利组织（NPO）公信力标准》；同年，恩玖中心正式发布该标准，并发起"公信力的价值"培训；同年，恩玖中心发布《中国非营利组织（NPO）诚信和行业自律呼吁书》，商玉生先生为联署人之一，其他联署人包括阎明复、范宝俊、朱传一、徐永光、商玉生、何道峰、丘仲辉、丁元竹、黄浩明、杨团、程淑琴、邓国胜、吴建荣。

2004年，在《基金会管理条例》起草阶段，受民政部相关领导委托，召集、主持通告会，并结合会上意见和自己的研究，最终形成了一份条例修改意见，指出民间基金会注册程序、资金使用规则等方面不够合理。

2005年，作为大会组委会成员之一，参与民政部组织的中华慈善大会；恩玖中心为大会6家协办单位之一，与中国青少年发展基金会、中国扶贫基金会、爱德基金会联合主办了NPO自律论坛并发起中国NPO自律行动。

2006 年 1 月，受时任上海浦东新区社会发展局局长马伊里邀请，前往上海浦东新区注册成立上海浦东非营利组织发展中心；该中心即为后来恩派（NPI）公益组织发展中心（简称“恩派”）的前身，商玉生先生任其首任副理事长；次年，恩派发起国内首个“公益孵化器”，并参与发起了国内最早的企业公益创投计划。

2008 年，承担制定的《中国公益性 NPO 自律准则》正式发布。

2009 年，推动恩玖实现民办非企业单位注册，更名为“北京恩玖非营利组织发展研究中心”（简称不变）；同年 7 月，《中国非公募基金会自律宣言》发布；同年 12 月，恩玖联合 30 多家基金会，正式启动基金会中心网筹建工作。

2010 年 7 月 8 日，基金会中心网正式启动，商玉生先生为终身名誉理事长。基金会中心网的启动，被半月谈杂志社评为当年“中国社会建设十大新闻”之一；同年，基金会中心网获环球慈善杂志社所颁发的“环球慈善项目奖”。两年后，基金会中心网研发的基金会透明指数（FTI）正式上线。

2011 年底，获“责任中国”2011 公益盛典年度致敬大奖，颁奖词为：“潜心物理学 20 年，转而研究公益慈善，跨界之大无出其右。然而公益思想自成体系，公益思考烛照当世。物理与人情兼顾，物理与情理融通。公益泰斗，名不虚传。”

2013 年 9 月，促成恩玖为“爱德恩久关爱基金”的设立捐赠启动资金；该专项基金旨在帮扶那些突遭重大疾病、意外伤害或其他特殊困难的公益组织从业人员渡过难关。

2016 年，登上《中国慈善家》杂志 2 月刊封面。当期杂志封面文章标题为《公益元老商玉生》，文中写道：“从 90 年代开始，商玉生就是推动民间非营利部门发展的核心人物”（徐永光语），但他性格平和温厚，总是谦让，“所有的成绩他都是讲别人，讲朱传一老师，讲永光，讲杨团，实际上他做了大量的主持、协调工作，很多幕后工作都是他来组织的。”（吕朝语）而在该文的最后，商玉生先生说："我自己做这个工作，好像做了很多事情，其实最大的受益者是我本人。是我自己在项目的执行中、在接触的人中，受到感染，得到教育。这一点上，我就慢慢体会。"

2017 年，与陈越光、顾晓今、黄浩明、吕朝、丘仲辉、徐永光、杨团联合倡议发起设立"传一基金"，以纪念中国公益领路人朱传一先生，并搭建中国公益慈善思想文化平台。同年 8 月 31 日，传一基金以"爱德基金会传一慈善文化基金"之名正式宣布成立，吴作人国际美术基金会为 10 家联合发起机构之一。这是商玉生先生生前为中国公益行业建设做出的最后一项重要贡献。

2019 年底，入选"为中国赢得尊敬"的"中国慈善公益品牌 70 年 70 人"；共同入选者还有艾路明、白方礼（1913 ~ 2005）、蔡崇信、曹德旺、曾宪梓（1934 ~ 2019）、陈伟鸿、陈一丹、丛飞（1969 ~ 2006）、崔乃夫、杜晓山、何道峰、何享健、李连杰、李小云、马蔚华、马云、缪力、牛根生、秦国英、曲格平、邵逸夫（1907 ~ 2014）、陶斯亮、王克勤、王名、王振耀、徐永光、杨团、朱传一（1925 ~ 2015）等人。

2020 年 7 月 15 日 20 时 15 分，病逝于北京海淀医院，享年 81 岁。

为公益发展鼓与呼

——商玉生先生口述史*

三段人生

1958 年上大学以前，我都在哈尔滨，但我不是哈尔滨人。我出生在辽宁锦西椴木冲村的一个农民家庭，但家境还算可以。大概是军阀割据的时期，我爷爷去哈尔滨谋职业，后来在电业局做了个小职员，落户后把我奶奶接了过去，我就在三四岁的时候也跟着到哈尔滨。现在有些资料上说我是哈尔滨人，其实也不是。

我今年已经过了 73 岁，如果把这 70 多年分成三段的话，那么学习基本上占了 1/3，20 多年都在念书，那是一种很愉快的生活。

在哈尔滨念高中的时候，正是社会主义建设轰轰烈烈的时期，课业不像现在负担那么重。我那时候主科、副科、文艺、体育各方面全面发展，又唱歌又跳舞又搞体育。我是学校田径队的队员，短跑还能拿名次。那时候功课也不错，高中毕业时，因为门门功课都是 5 分，就保送上的大学，当时一个学校只有两三个保送名额。

那时候，保送可以选学校，北大、清华、师大都可以选，我选了北大

---

* 本文原载于知识产权出版社出版的《中国发展简报》2013 年夏季刊，访谈时间为 2012 年 11 月 23 日，访谈地点在北京银谷大厦艺术馆，访谈暨编辑为郭婷；收入本纪念文集时，部分小标题有修改。

物理系。当时说北大第一、物理第一，就是所有学校当中北大是第一号，在北大当中物理系是第一号，所以我那时选北大物理系是有些雄心壮志的，其实还是有些盲目。

在全国进入“大跃进”时代的1958年，我开始了北京大学的学生生活。刚一进校就被要求参加了各种政治运动，学习反而被放在次要地位。1962年快升到高年级时，北大理科学制从五年改制为六年。陆平校长做报告时说，你们是“太”学，就是比“大”字还要多一个点，希望这个年制能够培养出更尖端的人才。这次改制虽在教师队伍中引起争议，但受到广大同学们的热烈欢迎。多读一年书，正好弥补前段不能正常学习的不足。同学们在校拼命读书，都想在校把学习基础打得更牢。

毕业之后，我分配到中国科学院物理研究所。当初报考物理系，跟科学救国是有关系的，但那时整个科技的发展形势无法让个人实现科学救国的愿望。之后还是连续不断的运动：“四清”“下放”“文化大革命”，工作很难按照原来设想的去做，但也尽自己努力做事吧，这一做，就是22年。

改革开放以后，国务院要改革科技管理体制。之前，科研经费由财政部统管，分到科学院后，又分到物理所，再到课题组。这种资金分配制度弊端丛生，研究经费也不多，大量研究低水平重复。因此，1986年国务院从中国科学院、国家科委和教育部三个部门抽调干部，组成一个新的机构——国家自然科学基金委员会。这应该说是十一届三中全会以后，改革开放政策指引下科技体制改革方面的一个重要举措。

这一年，我就转到基金委员会，从搞研究工作变成做管理工作，进行课题审批和基金科学管理方面的研究工作，在这里，我一直做到退休。

算起来，在基金委员会14年，2000年退休后到现在又已经12年，加起来26年。所以我这一生，学习占1/3、中科院物理所做研究工作占1/3，如果从基金委员会做管理工作算起到现在，又占了1/3左右。这是我人生的三段，其中，我觉得最有意义的还是最后一段。

搭建早期基金会交流平台

我的第三段人生始自国家自然科学基金委员会的工作，到委员会后不久，我们发起了中国科学基金研究会。这是中文名，英文名其实是 China Association of Science Foundations，应该翻译成“中国科学基金联合会”，但是申请时说研究会，容易批准，要是说联合会，就敏感了。所以我们设计基金会名字的时候，有意避开了当时法律环境的敏感性，审批者一看研究会，学术团体嘛，就批了。

名为研究会，实际还是联合会。因为自从国家科学基金委员会成立以后，各部委看这个模式挺好，就也纷纷成立科学基金会，地震局、机械部、国家气象局、纺织部……差不多 20 几个部委司局都成立了类似性质的基金会。中央开了头，各省市也都闻风而动，广东、山西、河北、上海……成立好几十个地方科技基金会。由于国家自然科学基金委员会不承担对这些机构的监管和领导作用，我们就成立了联合会，以学会的方式，促成大家的交流，起些指导作用。

研究会在 1988 年成立时，作为中国管理学会的分会，是个二级学会。到 1992 年，发展壮大之后，科技部同意作为业务主管部门，到民政部注册成为全国一级学会，也是社团组织。

1992 年以前，我在基金委员会政策局工作，兼职研究会秘书长，后来随着工作增多，需要专职的秘书长，我就辞去了政策局政策处处长的职务，专职做研究会秘书长。之后直到退休，差不多七八年我都以这样的身份进行工作。

那时候，从事业单位到社团，身份变化还是很大的。当然我从基金委员会到社团来，还是有一些保障的，福利待遇和以前一样，退休后还回到基金委员会的系统，后路都有。但毕竟从国家事业单位跳到社团，一般人都是不愿意走这一步的，不过我觉得很坦然，因为我喜欢新的工作。

新工作要面向全国 100 多家基金会团体会员、1000 多名个人会员，时常探索、交流很多新的东西、好的做法，而且在此期间，我开始和一些民间基金会有了很密切的联系。

首次正式的交流是 1990 年的承德会议。1988 年《基金会管理条例》出台以后，各地成立了很多基金会，当时在中国科技发展基金会的牵头下，14 家民间基金会在承德举办了第一次行业交流会。到 1993 年，30 多家基金会又在北京香山举办了第二次交流会。我当时参与的身份既是中国科学基金研究会的秘书长，又是吴作人国际美术基金会的秘书长。后来随着基金会越来越多，1994 年前后，我和徐永光他们还想过成立一个中华基金会联合会，但没有成立起来。

但我在中国科学基金研究会期间，成立了一个地区基金会专业委员会，包括 20 多家基金会，后来还专门成立过民间组织工作委员会，所以我在退休之前，主持研究会工作的同时，实际上已经在做一些类似于基金会联合会的协调工作。

退休前后，我考虑到很难再借用中国科学基金研究会的平台，就想再创立一个新平台。总体来说，我在国家自然科学基金委员会的经历，为后来从事民间基金会的许多工作打下了基础，比如我做政策研究时，调查了很多国外基金会的情况，其他做民间基金会的人很难获得这样的经历和视野。也因为对国际情况相对了解一些，1998 年，我还是中国科学基金研究会秘书长时，就跟福特基金会有过合作。由福特基金会资助，研究会主办了一次民间基金管理报告会，一共包括 4 个专题："基金会、非营利机构与法律"、"基金会如何筹集基金"、"基金的保值与增值" 和 "面向 21 世纪的基金会"，当时会议开了 4 天，影响很大，有 200 多人次来参与。这是第一次有人来真正地介绍美国基金会的发展理念，几天的讨论之后，一些参会者又开始思考、酝酿下一步怎么做。

加上之前的考虑，我就在 1998 年底和徐永光他们共同发起了中国基金会与 NPO 信息网，后来注册为北京恩玖信息咨询中心，这就开始了我的恩玖中心时代。

所以我人生的第三段，其实又可以分三小段，国家自然科学基金委员会机关工作时期和中国科学基金研究会工作时期以及退休以后的恩玖中心时期，这期间我还兼任了吴作人国际美术基金会的秘书长工作。

恩玖中心的形成与倡导

刚开始，几家基金会组成的“基金会与 NPO 信息网”还比较松散，徐永光那时候是中国青少年发展基金会的秘书长，他出资为信息网注册了 4 个域名，关键词是 ChinaNPO、ChinaNGO、NPO、NGO 等，非常有远见。随后在对外运作中，我用 NPO 信息网的名义开展了一些活动，如请人做报告、搞一些活动等。但很快又有问题了，因为那时候，有的机构要给我们资助，一个松散的联合体无法接收；我们要开展活动，也需要一个名义。我就跟徐永光等人商量怎么办，后来就决定采取工商注册的办法，所以 2001 年时，我们将 NPO 信息网注册为北京恩玖信息咨询中心。

注册时，我们起草了两份章程，一份是到工商局注册的合法章程，另一份是我们自己拟定的非营利机构章程，就是我们所遵循的守则：机构不是去赚钱的，也不分红，完全按照非营利组织运作。

从成立开始，我们就把自己定位为一个支持型组织，而不是操作型组织，面向 NGO，面向 NGO 和政府的关系，面向整个 NGO 的发展环境。那时候，恩玖中心有一个精英组成的理事会团队，如阎明复、朱传一、杨团、徐永光、何道峰、李小云、康晓光，都是比较活跃的操作和理论都很强的专家。这是我们的核心力量，大家不断地研究、分析中国 NGO 发展中的问题，当然我们也很注意机构是为大家服务的，不是说去指导谁。注册之后的几年，我们做了非常多的 NPO 支持性工作，也得到广泛的认可。

2005 年民政部组织中华慈善大会，当时有 6 个协办单位，工商注册的北京恩玖信息咨询中心和中华慈善总会、中国扶贫基金会、中国青年基金会等全国性权威基金会并列，并承担了自律、诚信论坛的设计工作。虽然很特殊，但也有它的必然性，因为这几年的工作大家认可了。当时慈善大会是王振耀和徐永光的双秘书长制，把中国 NGO 代表人物徐永光和民政部的官员放在一起作为大会秘书长，因此也就有了我们民间这些人、草根机构的位子。

总体来说，恩玖中心这么多年来，做了很多事，但有一件事是最关键的，就是倡导。其实一开始我们不敢提倡导。2000 年前后的时候，倡导还很敏感，那时候我们还用一点其他名词来修饰一下，比如说引导、引领啊，不敢直接说倡导，因为一提这个词，人家会说你有什么权力倡导？

现在回想起来，恩玖中心组织了很多次论坛、报告会、交流会、培训，不光是 NPO 之间的，还有跟政府的交流。说来说去，就是在向大家包括政府普及和倡导第三部门、社会组织及公益机构，从宗旨理念到工作方法，到它在社会当中所起的作用。

这么多年来，我们通过各种机会、各种方式来使政府部门逐渐接受这一点，所以其实倡导贯彻恩玖中心工作的始终。只有通过倡导、交流，才能实现发展目标。在重视社会部门作用这一点上，政府也在慢慢地加深认识：十六届六中全会上，社会问题首次成为中央全会的议题，到党的十七大、十八大再次提出，现在已经是经济建设、政治建设、文化建设、社会建设、生态文明建设五位一体了，其中涵盖社会建设。当然政府所讲的跟我们所说的概念不完全一致，但是至少已经把社会问题放到一个相当的位置上。忽视社会部门的发展一定会产生社会问题，中国在 30 多年改革开放中积累了大量的社会问题，现在开始引起政府的重视，而在他们重视之前，我们民间组织已经关注很长时间了。

还有一点我也想谈一谈，就是这些年做民间组织工作，可能有很多困难，经费问题、人才问题都很重要。实际上，做 NPO 的很多人都会感觉到处于一种被边缘、被敏感的状态，有时候我回家都不敢跟家人过多谈我的工作。

其实我倒挺坦然。因为我感觉到，20 多年在 NGO 接触这么多人，看到的基本都是一些很正面的东西，当然 NGO、第三部门也有问题，也有失灵的时候，但是我所感觉到的还是这个部门的向上、纯洁，它的一种责任感、使命感的东西，让我感觉到一种促人向上的力量。虽然谈不上是一片净土，也有很多有理想、有修养的朋友，我就深受教益。

后来我在和一些安全部门、涉外部门的人员接触过程当中，我觉得也让他们加深了理解。在处理跟这些部门的关系过程中，我们尽量做到工作公开、透明，就是用我们的坦诚、用我们的理性、用我们的工作来使他们认识到，我们跟你们所特别戒备的人是不一样的，我们不是反政府组织。当然我们始终保持着工作的独立性和理念，通过说服、交流逐步得到他们的理解。

推动行业自律与透明

非营利部门在中国是一个新事物，很多从业者都是半路出家，比如我开始是学物理的，徐永光以前当工人、当兵，后来到团中央当了干部。我们开始也不懂，大家都是在摸着石头过河。总体来说，这个部门的发展受到的法律制约是比较严的。可以说，没有法律乱发展不行，法律严厉到不合国情也不行。政府用法律作为管理的工具，管理民间组织的发展，而民间组织完全处于被动位置，怎么办？我们也希望能够在政府面前争得空间，但凭什么争空间呢？

回想起来，有件事情对我震动挺大的。有次在上海开一个国际会议，一位民政部的副部长演讲，他说现在大家争论双重管理体制，我做一个解释，为什么必须要进行严厉的管控，因为非营利部门能力太差了。他说的有一定道理，如果我们没有很强的能力，行业之间大家没有沟通，没有彼此强化能力，你怎么能胜任，并要求你的一席之地呢？所以我觉得要通过自律强化我们的能力，这样才能够去争取到你应该有的权利，这是最主要的一个想法。

此外，我们也从国外的一些例子看到，第三部门也有失灵的时候，肯定也会出问题，如果没有强烈的自律要求，光靠外部法律制裁，你会很被动。所以我们也觉得，首先要自己约束自己，自己提高自己，这样你在跟政府申请放宽政策的时候，才有底气，人家才能信。有了好的自律效果，他律也会有好的基础。后来也有中国台湾地区学者跟我们说，应该用高密度的自我管理，来换取政府的低密度管理，也是这样一个路径。

这样一个理念，我在 1990 年承德会议、1993 年香山会议时就有过想法，但真正到比较系统地做自律倡导，还是 2001 年恩玖中心成立以后，当时做了一些诚信研讨会、诚信培训会议，后来又开始提出一些自律的条款。也就是希望告诉政府，我们有自律联盟，我们有自律公约，你看我们的公约要求得比政府的条例还要严格，做得比政府要求的还好。

这几年，大家的意识更鲜明了，特别是前两年“郭美美事件”出现之后，更看出来我们倡导的自律是多么重要，大家一提到透明就很容易理解。所以这里还能看出来做工作要看形势的发展，如果我们能走到发展的前边去，事先有一些预防，那在有些事情出现后就不至于那么被动。

去年（2011 年）到广州参加南方都市报的公益盛典颁奖，主持人问我，现在 NGO 不断出现信任危机，是不是 NGO 的冬天来了？我说，我没感觉到是冬天，这种丑闻曝光是好事，因为它是客观存在的。从整个行业来看，我说，我看到的还是春天呢。因为总体来看，从各方面透露的一些信息，行业中的自律发展、基金会中心网的透明行动等，我们都看到这种好的势头。另外，那些有问题的人、被揭露的机构，也能重新审视自己、检讨自己，这难道不是一件好的事情？

一个行业的发展，需要有预见性，有对整体形势的分析、对大局的把握，以后可能在局部上还会有这种事件，但我们得把大的趋势看清楚。

到 2005 年、2006 年之后，很多组织也开始在做行业支持、能力建设，行业整体快速发展，恩玖中心就面临一个新问题，就是它作为行业支持性机构，怎么持续起到引领行业发展的作用？

这时候我们参与促成了两件事情。一是当时上海浦东民政局多次邀请我们去设立一个机构，说了好几年，我一直觉得不成熟。2006 年，我觉得比较成熟了，就跟崔玉一起去了上海，在浦东注册了一个机构，就是现在的恩派。当时吕朝说他愿意来上海推动新机构的工作，我们就和永光商量决定由吕朝负责了这家机构。可以说，在上海成立恩派应该是恩玖中心推动的，但它不是恩玖中心的拷贝。我们特意针对浦东的发展需求，以孵化器的模式，为当地民间组织的发展开辟了一个新的天地，而现在这个模式已经遍地开花了。

除了孵化器以外，我们又想，恩玖中心这个 NPO 信息中心的底子，是很好的资源，如果能够设立像美国基金会中心那样一个机构，实际还是我 20 世纪 90 年代想推动的基金会联合会那样的机构，那将对行业发展起到重要作用。

有了这种考虑之后，特别是 2009 年中国非公募基金会高层访问美国，考察了好几十家基金会，高层都很兴奋，回来之后大家愿意组织起来做中国基金会中心，再加上中国 NGO 发展当中透明度的问题越来越迫切，所以基金会中心网在 2010 年成立后推动透明正赶上好时机。

基金会管理体制的放宽

说起来，我经历了基金会从三重管理体制到直接登记的转变。1988 年的《基金会管理办法》要求基金会注册时先要找对口的业务主管部门，之后再找中国人民银行审批，最后再到民政部门登记。比如 1989 年吴作人国际美术基金会成立的时候，我们先找统战部作为业务主管，之后到中国人民银行统一申请，再到民政部门登记注册为法人，所以那时候是三重管理体制。

当时我到中国人民银行申请审批吴作人国际美术基金会时，有个处长接待我，他的话让我哭笑不得。他说，吴作人有钱为什么建立基金会，把钱捐到政府不就完了嘛。要是一般人这么说我还可以理解，可当时负责管理基金会注册的处长这样说，我就觉得没法对话——他根本就不理解为什么要有基金会。

后来因为吴作人是个有影响力的名人，就有新华社记者写文章——吴作人想办基金会没办成——作为内参递到上面去了，上级批示到中国人民银行。过几天这位处长就把我叫去了，一见面就说你干嘛告状啊。其实我也没告状，吴作人和时任新华社社长曾涛是好朋友，又都是人大常委会委员，在一块儿时聊起来的。

之所以需要中国人民银行来主管基金会，是因为那时候国务院把基金会看成金融机构。虽然基金会其实是社会团体，但因为它有钱，所以就纳入中国人民银行非银行金融机构司下面的一个处来管理。这完全是错误的概念，一直到 1999 年，国务院才发文决定中国人民银行退出对基金会的业务主管，从此改成了双重管理体制。

其实现在还有不少人愿意有双重管理体制，因为有政府背景，做着社团的事，又由国家发工资，一切后顾之忧都没有，这比纯民间组织舒服多了——所以像这种有政府背景的机构，它愿意有双重管理体制。但在双重管理体制下，一提到要对真想做事的机构进行管理，担任他们的主管部门，谁都不愿意当，因为要承担责任。其实执行过程中也有过松动，比如说很多非公募基金会的成立，企业家个人出钱办基金会找谁给你当业务主管部门？找不到，没办法，就找民政部门做主管。这样民政部门既是业务主管部门又是注册单位，这等于还是独家管理。但一时又废不掉，没办法，我曾就这种情况写过一篇没发表的文章，叫《永远的痛》。

当然现在改革了，不但取消双重管理，可以直接登记，而且延伸了业务。以前基金会只能国家、省级注册，现在市级都可以注册，但我觉得这种发展态势也有可能出现问题。因为现在基金会的治理能力其实是不足的，很多人不懂基金会，就去当秘书长，这不是瞎胡闹吗？当前的技术储备其实根本不够，怎么办？要大量培养人才，但一下子又培养不过来，所以现在我也有点忧虑，就当前的2000多家基金会就已经严重感觉到人才缺乏、人力不足。

公益人才之忧

现在基金会中心网有个新项目就是专门培训基金会人才的，实际是希望多培养点秘书长。这又回到恩玖中心创立之初的一大任务——能力建设。为什么要能力建设？因为我们这批人原本就不懂，最初向外国学习，再引进培训，再互相之间学习，所以我在中国科学基金研究会当秘书长时，我就把互相学习、培训作为重要内容，因为确实需要，而且完全照搬不行，要变成有中国特色的切磋式学习。

恩玖中心成立后，第一笔经费是从世界银行要来做培训的，我当时就提出要对基金会秘书长这一级的人员进行培训。那时候设计的课程第一是基于机构管理问题，机构应该有哪些项目，理事会该怎么建等；第二就是对秘书长的培训，秘书长应该具有哪些素质、有哪些能力。开始我们的培训能力不够，就请来几位中国台湾地区专家和美国专家，专门讲基金会能力建设，后来我还从美国引进来一个项目评估，对机构进行能力自我评估。

2000年的时候，阎明复会长应美国麦克利兰基金会邀请，率中华慈善总会代表团访问美国。那时候中国正在进行基金会立法，我正参加民政部和国务院法制办组织的跟立法有关的会议，阎会长找到我说，老商你赶紧给我开个单子我带到美国去，你在基金会立法当中遇到哪些问题，我当时给他开了18个问题的单子。

阎会长带着问题在美国待了十几天，回来专门写了一本书，叫《美国慈善事业一瞥》，很值得一看。回来后他把我找去说，老商，我到美国看了这么多天，也跟美国许多专家、基金会领导人都做过讨论，那么基金会发展的核心是什么？诚信。

为此，他把麦克利兰基金会的诚信培训项目带回来给我，恩玖中心由此做了几年的诚信系列培训，并在中外专家的合作下，形成了 4 本“公信力系列培训”教材，包括公信力、筹资、领导力、治理四大部分，现在还有许多人在用，我们当时累计培训了 1000 多人。

当然这套教材和培训现在在使用上面临两个问题。一是课件需要更加本土化一些，多增加一些国内的案例；二是需要培育我们自己的讲师，以前培训都是外请专家，我们应该有意识地培养一些自己的人员。所以现在基金会中心网正在策划跟一些商学院合作开辟一些新模式的培训，使培训更本土化一些，能够培养出新的人才。

实际上，中国基金会和第三部门的发展都面临着人才瓶颈。虽然我们多年来一直在致力于解决这个问题，但很难，因为公益大环境如此，你想吸引人来，又不给人家好的待遇，光叫人搞奉献也不行啊。

以前大家都关注扶贫济困，很少关注 NGO 本身，现在我觉得应该更多地关心从业者，像银杏计划就在关心一些组织的领导者了。而且银杏计划很特别，其资助都是给个人的，获奖者可以随便怎么用，可以买东西，也可以去上学，南都基金会也不管你将来是否还在 NGO 工作。我觉得（徐）永光设计的项目特别大度、有远见，因为即使获奖者将来离开这个行业，但你有这个行业的工作经验，仍然是公益行业的宝贵财富，是同盟者嘛。所以我也希望现在能有更多人多想一些办法为 NGO 行业人员，为他们的待遇、生活、发展、个人的前途多想一想，这样才能促进整个行业的良性循环。

公益行业期待跨越式发展

谈到今后中国公益的发展问题，我认为形势会越来越好。但也有人看法不一样。观点不同很正常，但我还是比较乐观的。因为我走过这么多年，回头看每一步都是进步。你只看这一段会觉得，还是那么困难，那么多不足，但如果你把它连起来看，会发现整个趋势是螺旋式上升的。

发展中会有各种各样的问题，但有一点我特别提出来，就是我觉得公益行业即将有更进一步发展的信号。而这个信号至少到目前为止，还没有出现。我觉得中国 NGO 发展还需要一个大突破。具体是什么突破我也不知道，但这个突破无论是理论上还是实践上的，目前都是缺乏的，但又是非常迫切的。我也曾向一些做国情研究、战略研究的朋友建议，关注第三部门的发展，因为第三部门较前两个部门更敏感。

在第二部门发展过程中曾有几个大的关键点，如国企改革、开放民营经济，最早始自改革开放后的第一个命题——真理问题，就是检验真理标准的大讨论。这一问题不解决，什么是对什么是错，没有办法判断。改革开放以来，经济发展中跨过了一个个沟坎，现在我们第三部门还缺少类似这样力度、这样有影响力的讨论或论断或中央的决议，有了之后，大家在观念上、认识上、理论上都有一个突破，第三部门才能真正实现跨越式发展。

现在公益发展总体来看，还都是一步步渐进的，但我在等待这样一个时刻，我相信会有这样一个突破式的关键点。

【附录6】《社会创业家》2010年第7期封面专题：透明主帅之商玉生*

北京40多度的盛夏，一位鬓发苍白的老人从西三环赶到北四环，在一个咖啡厅里，应约为一位年轻的公益人传道授业解惑。

这是前辈和新丁之间的对话，他们谈NPO不透明的积弊、谈公益组织自律行动，老人温和慈祥地解答着每一个问题。

这位71岁高龄的老人，正是商玉生先生。他被称为基金会行业自律的元老级、功勋级人物，已经为中国基金会公信力建设奋斗了20年，“白了少年头”。

从1990年承德民间基金会行业交流会开始，商玉生就致力于中国基金会公信力建设。1998年推动“中国基金会与NPO信息网”的发起并担任召集人；2001年创办北京恩玖信息咨询中心，推动MPO公信力培训，起草《中国非营利组织公信力标准》；2003年恩玖中心与美国麦克利兰基金会开发的公信力培训教材，至今仍是行业此类课件中最完整的；2005年他承担了《公益性NPO自律准则》的制定工作，为基金会和NPO行业自律做出了实质性突破。1996年他主持编写了国内第一本《中国基金会指南》，并提出建立中国基金会中心。而今年7月启动的基金会中心网，正是他多年追求的结果。

---

* 本文原载于《社会创业家》杂志2010年第7期（总第30期），作者为周丹薇；在该期杂志中，共采写了8位“透明主帅”，除商玉生先生之外，还有阎明复、徐永光、何道峰、王振耀、邓国胜、杨团、陈鸿道。

这位信奉老子思想的老先生，却并不“无为而治”。当有感于业内太多的盛衰浮沉，看到问题的症结在于缺失自律时，他疾呼“自律者生，不自律者亡”，并且开始联合业内志同道合者，探寻行业自律机制的构建。退休之后，他也没有在家颐养天年，而是全身心投入自律行动中来，带领年轻人“长江后浪推前浪”。

商玉生经常会提起的四个字是“顺其自然”。最初做自律，他并没有什么蓝图，只是觉得这件事情对行业发展和社会发展很重要，就“一根筋”地做了。他甚至有些羡慕现在年轻的公益人，可以由师傅领进门，“我们那个时候，刚开始根本没有 NPO 的概念，都是从头学起，一点一点积累。”

在“摸着石头过河”的道路上，德鲁克成为商玉生的精神导师。15 年前他翻阅德鲁克经典丛书，读到非营利组织的使命是为了改善社会和我们每个人的生活，它们为其使命存在，这一点让他铭记于心，也成为这些年来他兢兢业业推动行业自律的动力。

如今外在的诱惑力太大，商玉生老先生常常告诫年轻人不要因为进了公益圈，从事了公益事业，就觉得进了“保险伞”。他说，“保险伞”不是金钱不是权力，而是我们对自己的要求，“非营利组织是干什么的？是一种进行人类社会对人类的改造，是做一种人类精神文明这样的工作，如果我们从事的是这样一个伟大的事业，那么，我们应该从自己做起，应该更加自律。”

《石匠的故事》是商玉生最爱给青年人讲的故事之一：山脚下有三个石匠，有人走过去问他们在干什么。第一个石匠说：“我在混口饭吃。”第二个石匠一边敲打石块一边说：“我在做世界上最好的石匠活。”第三个石匠眼中带着想象的光辉仰望天空说：“我在建造一座大教堂。”

也许，跟第三个石匠一样，商玉生也在乐此不疲地敲石砖、垒石料，参与打造着一座中国公益的殿堂。

（徐永光先生对此文亦有贡献）

编后记

商玉生先生是爱德基金会传一慈善文化基金（以下简称“爱德传一基金”）的倡议发起人之一。当其时，2016 年末，他已病养在家，深居简出，但在收到爱德传一基金筹建的邀请函后，他第一时间积极回应，表达支持，并出面商请吴作人国际美术基金会参与联合发起。

2017 年 8 月 31 日，在以商玉生先生为首的多位公益前辈的积极推动下、在众多公益同人的共同见证下，爱德基金会、恩派公益基金会、南都公益基金会、华民慈善基金会、深圳壹基金公益基金会、无锡灵山慈善基金会、吴作人国际美术基金会、中国扶贫基金会、中国妇女发展基金会、中华少年儿童慈善救助基金会等 10 家基金会，正式联合发起爱德传一基金。

商玉生先生希望，爱德传一基金能够建成中国民间公益的思想文化平台——在这里，有思想的公益行动者们能够不断成长，收获精神上的启蒙与信念上的坚定；在这里，能够相遇，并携起手来合力推动社会的进步与文明；在这里，能够传承，把民间公益的信仰与生命力一代又一代地传递下去。

商玉生先生自己就是这样一位有思想的公益行动者。他经历过时代的跌宕，见识过社会的纷繁，但他从不随波逐流，而是始终能够保守内心沉静的力量和高远的追求。改革开放之后，他更是以公益为志业，几十年如一日积极思考和探索中国民间公益事业发展，恰似春蚕，至死方休！

他在世的时候，是引领者，以其身先士卒的行动激励着同行的人们；

如今，他的肉体回归尘土，但是，他的精神犹如炬火不灭，依然发光发热，鼓舞着仍在奋斗和将要加入奋斗的人们——爱德传一基金的同人亦在其中，并愿以持续不断的努力把先生弥足珍贵的精神遗产发扬光大。

编辑这本纪念文集，正是我们的努力之一。在此，再次向编辑过程中给予过我们鼓励、建议和支持的同人致以诚挚的谢意；同时，也特别感谢本纪念文集的读者们，并诚邀你们通过微信公众号“爱德传一基金”（ID：Chuanyi_2015），向我们反馈对编辑方面的意见或建议，或分享阅读后的心得与体会。

徐会坛

爱德基金会传一慈善文化基金项目总监

2021 年 7 月

图书在版编目(CIP)数据

商玉生纪念文集/爱德基金会传一慈善文化基金编
. --北京：社会科学文献出版社，2021.12
ISBN 978-7-5201-9657-4

Ⅰ.①商… Ⅱ.①爱… Ⅲ.①商玉生-纪念文集
Ⅳ.①K828.9-53

中国版本图书馆 CIP 数据核字（2022）第 018756 号

商玉生纪念文集

编　者 / 爱德基金会传一慈善文化基金

出 版 人 / 王利民
责任编辑 / 薛铭洁
责任印制 / 王京美

出　版 / 社会科学文献出版社 · 皮书出版分社(010)59367127
地址：北京市北三环中路甲 29 号院华龙大厦　邮编：100029
网址：www.ssap.com.cn
发　行 / 社会科学文献出版社（010）59367028
印　装 / 三河市龙林印务有限公司

规　格 / 开　本：787mm × 1092mm　1/16
印　张：20.5　插　页：1　字　数：279 千字
版　次 / 2021 年 12 月第 1 版　2021 年 12 月第 1 次印刷
书　号 / ISBN 978-7-5201-9657-4
定　价 / 128.00 元

读者服务电话：4008918866